Geheimnisvolles Zürich

Kurt Derungs

GEHEIMNISVOLLES ZÜRICH

Sakrale Stätten am Zürichsee

edition amalia

Verlag und Autor danken herzlichst:

Georg und Bertha Schwyzer-Stiftung
Präsidialdepartement der Stadt Zürich
Lotteriefonds des Kantons Zürich,

die durch ihren Beitrag
das vorliegende Werk unterstützt haben.

Derungs, Kurt:
Geheimnisvolles Zürich.
Sakrale Stätten am Zürichsee.
Grenchen 2004
ISBN 3-905581-22-1

2004

© edition amalia, Breitengasse 32
2540 Grenchen b. Solothurn / Switzerland
Grafik und Gestaltung:
www.webartisan.ch • D. Schoch
Printed in Germany and Switzerland
www.amalia.ch

INHALT

Einleitung

Ein schöner Frühlingstag führte mich vor Jahren auf den Uetliberg, den Zürcher Hausberg. Langsam rollte die Bahn aus dem lärmigen Hauptbahnhof, stieg allmählich an und immer höher Richtung Kulm zu. Es ging vorbei an Quartierhäusern und nach einiger Zeit befand ich mich in einer ländlichen Umgebung mit Wald, Wiesen und Bauernhäusern. Nach halber Wegstrecke stieg ich aus, denn ich beschloss, den besonderen Berg zu Fuss zu besteigen. Der Weg führte einmal durch dichten Wald und einmal durch Lichtungen, aber immer ging es stetig bergauf. Ich stellte mir vor, wie die Menschen früher in einer Prozession vielleicht den gleichen Weg gegangen waren, ebenfalls an einem Frühlingstag im Mai. Sie waren schon sehr früh vor Sonnenaufgang aufgestanden und schritten im Dunkeln ihrem heiligen Berg zu. Ihr Ziel war sicher ein Ort beim Kulm, denn es war Brauch, von hier aus die aufgehende Sonne zu begrüssen. Vorher aber besuchte die Prozession den heiligen Hain, der heute Felsengarten heisst, oder einen anderen Kultplatz, bei dem man die Ahnen und die Natur begrüsste. Dies war vor allem im Felsengarten möglich, denn die natürlichen Felsformationen boten sich an, die Behausung der Vorfahren zu sein. Zumal in diesem Hain ein Heiligtum stand, der Kinder schenkende Stein, der die Ahnfrau des Stammes verkörperte. Es ist daher gut möglich, dass der Kultplatz mit Blumen und Blättern geschmückt war und die einzelnen Steine mit Garn umspannt wurden. Dies sollte die Würde des Ortes auf natürliche Art ausdrücken und ihm in seiner Schlichtheit gerecht werden. Umsorgt wurde der Platz von dazu bestimmten Personen, und es ist denkbar, dass Frauen, Männer und Kinder etwas auf den Weg mitnahmen, um es bei der Ahnenstätte niederzulegen. So stellte ich mir die Prozession im frühen Morgen vor, und auch ich sammelte einen glitzernden Stein oder ein gewundenes Holzstück, um es im Felsengarten niederzulegen. Bei meiner Suche führte mich der Weg zu einem kleinen Hügel im Unterholz, und ich erinnerte mich, dass dies ein alter Grabhügel sein musste. Ganz sicher war ich nicht, doch schliesslich entdeckte ich den Wegweiser mit einer entsprechenden Aufschrift. Der Grabhügel erscheint so natürlich, dass er kaum vom anderen Erdwerk zu unterscheiden ist. Doch nun stand ich vor ihm und dachte an seine Beschreibung. Wurde hier eine sakrale Frau bestattet, die im Hain des Felsengartens die Steine schmückte und den Ahninstein umsorgte? Der goldene Schmuck und die Gewandkette legen dies nahe, die in diesem Hügel gefunden wurden. Wahrscheinlich nahm sie die Gaben der Prozession in Empfang und begrüsste auf dem Kulm die ersten Sonnenstrahlen, die von den weissen Bergen der Alpen langsam Wärme und Licht in den Tag brachten. Gut möglich, dass sie auch ein stilles Ritual vollzog, nur mit wenigen Frauen, die sich vom Ahninstein eine Kinderseele wünschten. Und was lag näher, als auf dem heiligen Berg eine Ruhestätte zu finden, einen Erdbauch, in dem die Verstorbene ihre Jenseitsreise zur Wiederkehr antrat?

So in Gedanken versunken, wanderte ich stetig durch den schattigen Wald voran, und merkte erst kurz vor einer Gabelung, dass ich schon bald auf dem Kulm angelangt war. Doch zuerst wollte ich zum Heiligtum, zum Felsengarten und dem Kindlistein. Von einem Feldweg aus gelangte ich zu einer Steingruppe, die den Hain umgab. Zwei Blöcke bilden eine Art Tor und könnten den Eingang bezeichnen. Und welcher Stein war der Kindlistein? Ich glaubte, ihn gefunden zu haben, legte meinen glitzernden Stein und meine gesammelte Wurzel auf den Ahninstein. Ich berührte ihn und stellte mir vor, wie die Frau im Grabhügel einst den Stein mit Wasser oder Öl salbte und die ersten Feldfrüchte auf ihn legte. Gleichzeitig fragte ich mich, ob die Ahnin mit ihrer Landschaft zufrieden ist. Ich wurde traurig, denn ich sah, wie Scherben, Plastik und Abfall den heiligen Hain entweihten. Ich nahm aus meinem Rucksack eine Tasche hervor und begann, den gröbsten Abfall einzusammeln. Nach etwa einer Stunde machte ich mich auf den Weg zum Kulm. Der Feldweg wurde breiter, Menschen sammelten sich und hatten nur ein Ziel, das auf jedem Wegweiser unmissverständlich angezeigt war, nämlich den Freizeitpark. Auf dem Kulm angekommen, suchte ich zuerst einen Abfallkübel für meine übervolle Tasche. Dies war also die Kuppe des Uetliberges. Es roch nach Speiseöl und nach Latrinen. So wollte ich weg von diesem Ort, wo man einst die Sonne begrüsste. Glücklicherweise fand ich einen hohen Turm, auf den man einige Meter steigen konnte. Der Ausblick auf dem höchsten Punkt entschädigte mich etwas, denn der Zürichsee lag in seiner ganzen Pracht zwischen den Hügeln, und die Alpen, allen voran der Glärnisch und das Vrenelisgärtli, glänzten mit ihren weissen Kuppen herüber. Nach diesem eindrücklichen Bild stieg ich vom Turm herab und verliess den Ort in Richtung Albispass. Mein Weg führte an kleinen Häusern mit bunten Gärten vorbei, und nach einer geraumen Zeit gelangte ich durch einen steilen Waldweg zur Ruine Manegg. Es war ein schattiger Ort, bei dem man verweilen konnte. Ich stieg auf den runden Hügel, auf dem die Burg einst stand. Auf diesem Hügel begann meine zweite Reise an den Zürichsee. Doch diesmal nicht auf den Uetliberg, sondern in die Tiefenschicht der Geschichte und in die Landschaftsmythologie der Region. Gleichzeitig erheiterte mich der Anblick der Ruine, denn sie zeigte mir, wie vergänglich dicke Mauern und Goldstücke sind.

MYTHENSAGEN

1. Felix und Regula

Unter dem römischen Kaiser Diokletian herrschte eine Christenverfolgung. In dieser wurden Mauritius, Exeporius, Candidus und Viktor, die der Thebäischen Legion in Ägypten angehörten, bei der Stadt Sitten im Wallis mit anderen Soldaten christlichen Glaubens verfolgt. Sie stammten aus dem Orient und einer Stadt Ägyptens am Nil. Da diese Soldaten kriegserfahren waren, wurden sie von Maximian, dem Mitregenten des Kaisers, nach Gallien gegen den dortigen Aufstand zu Hilfe gefordert. Als er sie aber gegen Christen sandte mit dem Befehl, den Göttern zu opfern, taten sie das nicht. Mauritius, ihr Heerführer, munterte die anderen auf, bei ihrem Glauben zu bleiben. Und so legten sie die Waffen nieder und kamen um.

Felix, Regula und Exuperantius mit ihren Köpfen

Nun begab es sich, dass die heilige Regula ihrem Bruder Felix, der einer der Thebäischen Legion war, aus Ägypten und der Stadt ihrer Geburt in schwesterlicher Liebe nachfolgte. Es geschah nämlich, dass viele der Verfolgten abgesondert und nicht getötet wurden, wie Salvator, Adventer, Constantius, Viktor, Ursus, Felix, Exuperantius, Regula, Verena und andere. Also zogen die Geschwister Felix und Regula mit ihrem Diener Exuperantius, der ein alter Mann war, durch das Hochgebirge und kamen in die wilde Wüste Clarona, das heutige Land Glarus, das damals rauh und unbebaut war. Sie zogen der Linth nach bis an den Zürichsee, dann den See hinab. Da trafen sie auf das alte Thuricum. Und sie fingen an, dort Hütten zu bauen, wo jetzt die Wasserkirche steht.

Doch Maximian gebot dem Statthalter Decius am Lindenhof in Thuricum, dass er alle Christen gefangen nehme. Als die Diener des Decius zur Wohnstatt der Heiligen kamen, fanden sie diese beim Gebet vor dem Mittagessen bei einem Brunnen, der einst unter dem Altar in der Wasserkirche eingefasst war und daher der heilige Brunnen genannt wurde. Bald wurden Felix, Regula und Exuperantius gefasst und an den Ort, wo sie gefangen worden waren, hingeführt. Das war dort, wo jetzt die Wasserkirche steht. Sie neigten ihre Häupter gegen die Erde und empfingen den Todesstreich. Als die Heiligen ihre Seelen geopfert hatten, nahmen die toten Körper ihre abgeschlagenen Häupter, trugen sie von der Malstatt am Wasser mit den Händen an ihre Brust gedrückt auf die nächste Anhöhe, legten sich alle drei nebeneinander und wählten diese Stätte, um hier zu ruhen.[1]

2. Hildegard, Bertha und der Hirsch

Nicht weit von Zürich am Albis stand ein altes, herrschaftliches Schloss, die Baldern. Da wohnte Ludwig, ein König des Frankenreiches. Der hatte zwei Töchter, Hildegard und Bertha. Die dienten Gott Tag und Nacht. Aus Gnade sandte er ihnen einen schönen Hirsch, der zwei brennende Lichter auf seinem Geweih trug und ihnen von der Burg bis in die Au zwischen dem See und der Aa voranleuchtete. Da stand eine Kapelle, in der sie ihr Gebet verrichteten.

Das währte eine Zeit. Doch eines Tages wurde dem König berichtet, dass seine Töchter nachts allein von der Burg weggingen, und niemand wüsste wohin und was sie täten. Der König aber traute ihnen und hielt sie für fromm. Doch eines Nachts folgte er ihnen und sah sie im Gebet. Er besann sich, was zu tun wäre. Dann berief er seine Töchter und sprach: «Ihr seid nun in einem heiratsfähigen Alter. Könige und Herren werben um euch. Ich begehre euren Willen zu kennen, damit ich den Werbern antworten kann.» Da antworteten sie beide: «Wir haben uns verpflichtet, Gott zu dienen. Darum bitten wir, uns dabei zu helfen.»

Bertha und Hildegard mit dem leuchtenden Hirsch

König Ludwig war selber ein frommer Mann und fragte sie, wo sie ihr Leben begehrten zu beschliessen. Und sie antworteten: «An dem Ort, wo die Aa aus dem See rinnt, wo wir immer gebetet haben.» Darauf schaute er sich diese Stätte an, aber der Platz passte ihm nicht. Das verstanden die würdigen Töchter so, dass sie den rechten Ort von Gott erflehen sollten. Nun vertieften sie sich Tag und Nacht in ihr Gebet, bis er sie erhörte und ein grünes Seil vom Himmel herab sandte. Das legte sich als ein Ring auf die Hofstatt (des Frauenmünsters), und der König sah und merkte, wie gross das Gebäude werden sollte. Also wurde das Gotteshaus gebaut.[2]

3. Karl der Grosse und der Hirsch

Als Kaiser Karl einst von seiner Stadt Köln aus auf die Jagd geritten war, stiess er auf einen grossen schönen Hirsch, wie er in seinem Leben noch keinen gesehen hatte. Dem jagte er nach, in der Meinung, ihn zu fangen. Er verfolgte ihn so lange, dass er mit seinem Gesinde im Wald übernachten musste. Am folgenden Tag fand er den Hirsch wieder, aber der führte ihn den ganzen Tag durch Berg und Tal, und er kam dem König so oft zu Gesicht, dass dieser sich vornahm, nicht eher abzulassen, bis er den Hirsch stellen konnte.

Also jagte er ihm nach, von Köln bis nach Zürich. Nicht weit bei Thurricum, jenseits des Wassers, dort wo Felix, Regula und Exuperantius begraben worden waren, fiel der Hirsch auf die Knie. Dies taten auch die Hunde und wollten nicht weiter laufen. Solch ein Wunder berichteten die Jäger dem König, der eilends herbeiritt, um es zu sehen. Als die Pferde herzukamen, fielen sie auch auf die Knie, gleich wie Hirsch und Hunde. Da verstand der König. Karl stieg von seinem Pferd und bat Gott, er möge ihm seinen Willen offenbaren.

Bald erschienen zwei Einsiedler der Gegend. Sie sagten, dass hier Heilige begraben lägen. Der Kaiser liess graben und die Märtyrer suchen. Nachdem man sie gefunden hatte, wurden sie zu hohen Ehren erhoben. Der Kaiser liess sie in Särge und Gräber verschliessen. Felix und Regula wurden in die Abtei zum Fraumünster getragen, Exuperantius führte er nach Aachen, wo er bestattet wurde. Als Karl etliche Jahre später, nämlich im Jahr 760, das Grossmünster baute, liess er die Heiligen wieder an die frühere Stätte tragen.[3]

4. Der Schlangenring I

Zur Zeit da Kaiser Karl das Grossmünster baute, wohnte er oft und lange in Zürich. Er hielt sich in seinem Haus, gleich neben dem Grossmünster auf, das den Namen hatte «zum Loch», und das er sich selbst errichtet hatte. Damit reich und arm zu ihrem Recht kommen sollten, liess er eine Säule aufrichten und ein Glöcklein daran hängen, an dem Ort, wo die Stadtheiligen enthauptet worden waren. Er liess verkünden, wer Recht begehre, der könne, wenn der Kaiser beim Mittagsmahl sitze, dieses Glöcklein läuten, und er wolle ihn anhören.

Als einige Zeit verstrichen war und der Kaiser zu Tisch sass, hörte er es läuten. Er schickte einen Diener, um nachzusehen, wer des Rechtes begehre, aber er fand niemanden. Kaum war er vom Platz weg, so läutete man wieder. Dies geschah zum dritten Mal. Da befahl der Kaiser, dass man beobachte, wer das täte. Da kam eine grosse Schlange, hängte sich ans Glockenseil und läutete. Dies verkündete man dem Kaiser. Der stand vom Essen auf und sagte, man solle einem unvernünftigen Geschöpf ebenso das Recht lassen wie den Menschen. Und als der Kaiser an den Ort kam, da verneigte sich der Wurm und kroch voraus gegen eine Reuse im Wasser, wohin er seine Eier gelegt hatte. Es hatte sich aber darüber eine grosse Kröte gesetzt. Als der Kaiser und all sein Hofgesinde sahen, dass die Schlange Rechts begehrte gegen die giftige Kröte, sass er zu Gericht und urteilte, dass sie verbrannt werden solle.

Einige Tage, nachdem das Urteil vollstreckt worden war, als der Kaiser wieder am Tisch sass, erschien die Schlange am Hof. Das ward dem Kaiser kundgetan, und er befahl, sie einzulassen. Die Schlange kroch zum Kaiser hin, verneigte sich vor ihm, wand sich auf den Tisch, stiess den Deckel von seinem Trinkgeschirr und liess einen edlen Stein hineinfallen. Dann kehrte sie sich um, verneigte sich vor dem Kaiser und ging von dannen. Dieses grosse Wunder, und auch da einst die Heiligen auf dieser Hofstatt zu Tode kamen, bewegte den Kaiser, zu ewigem Gedächtnis ein Gotteshaus zu bauen. Dieses wurde die Wasserkirche genannt, weil das Wasser darum fliesst.

Den Edelstein behielt der Kaiser und hielt ihn für ein gar köstliches Kleinod. Er schenkte ihn aus Liebe seiner Gemahlin. Der Stein barg eine wunderbare Kraft: Seitdem die Kaiserin ihn trug, mochte sie Karl nicht mehr verlassen, sie musste immer bei und um ihn sein. Nun ward die Kaiserin krank. Sie hatte aber des Steines Kraft erkannt und fürchtete, wenn eine andere Frau ihn erhielte, würde der Kaiser jene liebgewinnen und sie vergessen. In ihrem letzten Augenblick nahm sie den Stein unter ihre Zunge und verschied. Sie wurde nach kaiserlichen Sitten einbalsamiert und begraben. Aber der Kaiser, der nicht ohne sie leben konnte, liess sie wieder ausgraben und führte sie tot 18 Jahre mit sich, wohin er sich begab.

Am Hof lebte ein Ritter, der dachte, dass dies von des Steines Kraft käme. Er untersuchte die Tote und fand den Stein unter ihrer Zunge. Sobald dies geschehen war, liess der Kaiser sie begraben und dachte nicht mehr an sie, sondern nur noch an den Ritter, der den Stein besass. Was dieser Ritter auch begehrte, stets willfahrte ihm der Kaiser. Das währte einige Zeit, und man fing an, von dem Kaiser und dem Ritter Übles zu erzählen. Da nahm der Ritter diesen Stein, und als er einst mit dem Kaiser von Köln wegritt, warf er das Kleinod beim warmen Brunnen in den Sumpf, damit es niemandem mehr gehören solle. Augenblicklich verliess der Kaiser den Ritter und gewann so grosse Liebe zum Ort, dass er die Stadt Aachen darin baute.[4]

5. Der Schlangenring II

Kaiser Karl hatte am Tor seines Palastes eine Säule errichten lassen, an deren oberem Ende eine Glocke an einem Seil hing, das jeder ziehen durfte, der in Nöten vom Kaiser selbst Recht verlangte. Eines Tages nun, als Karl gerade beim Mahl sass, geschah es, dass die Glocke gar laut erscholl, aber als die Diener hinab eilten, wurden sie niemand gewahr. Während sie dies berichteten, klang jedoch die Glocke von neuem, und der Kaiser gebot ihnen, nochmals zu gehen und genau acht zu haben, wer der geheimnisvolle Bittsteller sei.

Als sie nun achtsam hinzutraten, gewahrten sie, dass eine buntfarbige Schlange sich an dem Seil emporgewunden hatte und die Glocke zog. Stracks eilten sie zum Kaiser zurück und berichteten ihm das staunenswerte Begebnis. Karl erhob sich alsbald und begab sich hinab, da er dem Tier so wenig als den Menschen sein Recht vorenthalten wollte.

Als die Schlange den Kaiser gewahrte, erhob sie sich ehrerbietig vor ihm und kroch, ihm mit dem Kopf winkend, zu dem nahen Flussufer, wo sich ihr Nest befand, auf dessen Eiern eine riesengrosse, hässliche Kröte sass, die der Schlange Trotz zu bieten gewillt war und nicht von dannen wich. Da entschied der Kaiser den Zwist der beiden Tiere in der Art, dass er der Schlange recht gab und die Kröte wegen ihres räuberischen Überfalls zum Tode verdammte. Dieses Urteil wurde alsbald vollstreckt und die Kröte verbrannt. Am Tag darauf kam die Schlange zur Mittagszeit wieder, sie neigte sich abermals vor dem Kaiser, wand sich darauf auf den Tisch und liess aus ihrem Mund einen kostbaren Edelstein in des Kaisers Becher fallen, darauf neigte sie sich nochmals und verschwand dann aus dem Saal. Jedermann bewunderte den von der Schlange gebrachten Stein, denn er war von wundersamem Glanz und Feuer. Karl liess ihn deshalb in einen Ring fassen, den er seiner Gemahlin schenkte. Der Stein aber hatte die geheime Kraft, dass er den Kaiser unaufhörlich zu demjenigen hinzog, der ihn besass.

So kam es, dass Karl seine Gemahlin immer um sich haben wollte und dass er stets, wenn er auf Fahrten abwesend war, Trauer und Sehnsucht nach ihr empfand. Als nun die Kaiserin erkrankte und starb, war Karl untröstlich und gestattete nicht, dass man seine geliebte Frau zu Erde bestatte. Vergeblich baten ihn seine Fürsten und Räte, er möge nach Gottes Gebot den toten Leib wieder der Erde zurückgeben lassen. Der Kaiser hörte auf niemand, er sass immer bei der Toten, küsste und umarmte sie und redete zu ihr, als ob sie noch lebendig wäre.

Da hatte ein Erzbischof, des Kaisers vertrautester Berater, ein Traumgesicht, welches ihm die Ursache des sonderbaren Gebarens offenbar machte. Er sah nämlich die Schlange vor der Leiche sich emporrichten und sich bemühen, einen Ring von ihrer Hand herabzuziehen. Der Bischof ahnte, dass dieser Traum ihm von oben gesandt sei, und begab sich am Morgen in aller Frühe in das Gemach, wo die Tote lag, und zog ihr, ohne dass der Kaiser es merkte, den Ring mit dem Schlangenstein, den sie noch immer trug, von der Hand. Als er nun mit dem Geschmeide wieder weggehen wollte, stand der Kaiser auf, warf sich schluchzend in seine arme und bat ihn, nicht von ihm zu gehen.

Die unwiderstehliche Sehnsucht, die er bis zu diesem Augenblick für seine Gemahlin gehegt hatte, wendete sich jetzt auf den Bischof, den er gar nicht mehr von sich lassen wollte. Die tote Kaiserin war vergessen und durfte nun alsbald bestattet werden, der Bischof aber musste bleiben. Karl tat fortan nichts mehr ohne ihn, und der fromme Mann hatte Gelegenheit, viel Gutes zu tun und zum besten der Kirche gar manches Werk zu vollführen. Aber sein frommes Gemüt nahm doch Anstoss an der zauberhaften Macht, die ihm durch den Stein verliehen war, und er warf deshalb nach einiger Zeit den Ring in eine warme Quelle nahe der Stelle, wo man die Kaiserin beerdigt hatte.

Kaiser Karl und die Schlange mit dem Edelstein

Von der Stunde an gewann der Kaiser diesen Ort so lieb, dass er nicht mehr davon weichen wollte. Er liess in dem warmen Quellwasser Bäder errichten und nahe der Stelle eine grosse kaiserliche Pfalz und einen Dom. Hieran schlossen sich binnen kurzem Häuser für das Gesinde und die Handwerksleute an, und bald war aus dem Ort eine Stadt geworden, die von Karl Aachen genannt wurde und in der er nun den grössten Teil seines Lebens zubrachte. Er verordnete auch, dass er nach seinem Tod im Dom begraben werden müsste, und das alle seine Nachfolger in dieser Stadt sich zuerst salben und weihen lassen sollten. Es geschah nach seinem Gebot, und die Stadt Aachen bewahrt noch bis zum heutigen Tag die Gebeine des Kaisers. Das ist die Sage vom Schlangenring.[5]

6. Die Schlange der Manegg

Als der Glücksstern über dem Geschlecht der Ritter Maness untergegangen war, musste Ital Maness die Burg Manegg verkaufen. Unter seinen Nachfolgern kam sie bald in Verfall. Später hauste ein armer, einfältiger Mensch darin. Im Jahr 1409 zogen mutwillige Burschen aus Zürich hinauf und trieben ihren Spass mit dem Bewohner der Burg. Diese verbrannte dabei, mehr aus Unvorsichtigkeit als aus böser Absicht. In den Ruinen soll ein Schatz vergraben liegen, der von einer gefährlichen Schlange bewacht wird.[6]

7. Der Garten der schwarzen Frau

Vor grauer Zeit hauste zu Zürich Hans Glockner, der Glockengiesser. Von dem ging die Rede, er habe eine Mohrin zur Frau. Nie aber konnte man sie sehen; streng hielt er sie verwahrt in seinem Garten, wo sie tief in Schleier vermummt der Blumenpflege oblag. Seltsame Düfte entstiegen den zwischen den Palmen wachsenden fremden Blumen; ein Springbrunnen sprühte gen Himmel. Wenn in der Umgebung ein Kind zur Welt kam, ein Leben auslöschte oder eine Hochzeit gefeiert wurde, so brachte ein stummer Diener aus dem Garten der Schwarzen einen Blumenstrauss oder einen Kranz ins Haus. Und da dies zu jeder Jahreszeit geschah, verbreitete man über den Schwarzen Garten die seltsamsten Gerüchte.

Aus Neugier liess ein Junker, dessen Grundstück an den Schwarzen Garten grenzte, einen Turm bauen, um von dort die Vorgänge in Hans Glockners Garten beobachten zu können. Doch ehe der Turm die Höhe der Gartenmauer erreicht hatte, war Hans Glockner verschwunden samt seiner vermummten Frau. Als der Junker in den Garten hinunterblickte, sah er nichts als eine schwarzverbrannte Wildnis. Seither heisst der Ort der «Schwarze Garten».[7]

8. Die weisse Nonne

In früherer Zeit sah man des Nachts um das Ötenbacher Kloster in der Stadt Zürich eine weisse Nonne wandeln, die ein Kind auf dem Arm trug, das mit einem Tuch zugedeckt war. Man sagt, sie habe zu Lebzeiten ihr Kind in die vorbeifliessende Limmat geworfen, und dafür müsse sie nun büssen.[8]

9. Der Heilbrunnen der Wasserkirche

(1) Bei der Wasserkirche, nach andern unter der Kirche, sprudelte im Mittelalter ein Brunnen. Kranke, welche von seinem Wasser tranken, wurden gesund. Die Heilungen erklärte man sich durch die mineralischen Bestandteile des Wassers hervorgerufen. Gegen diese Meinung äusserte sich aber um die Mitte des 15. Jahrhunderts der Predigermönch Johannes de Albo Lapide: Die Heilkraft dieses Brunnens beruhe auf den Verdiensten der heiligen Felix und Regula, besonders darum, weil sie hier ihr Blut vergossen haben. Die Kraft des Brunnens sei übernatürlicher Art. Dies beweise allein schon die Tatsache, dass das Wasser die gegensätzlichsten Krankheiten heile, was natürliche Heilmittel nicht könnten. Der Naturgelehrte Scheuchzer berichtet 1746, dass dieser Brunnen 1556 zugeschüttet worden sei, weil ihn die Geistlichkeit als Lockvogel benützt habe; er sollte nicht weiterhin Anlass zu Aberglauben geben.

(2) Bei der Wasserkirche gab es einst einen Brunnen mit Heilkraft. Im Jahr 1479 wurde die alte Kapelle abgebrochen und mit dem Bau der neuen Wasserkirche begonnen. Während dieser Bauten war erstmals heilkräftiges Wasser hervorgetreten. Man sah unter dem Helmhaus ein dünnes Bächlein hervorrinnen, dessen Wasser etwas milchig und weniger durchsichtig gewesen sei, zudem soll es einen leichten Schwefelgeruch gehabt haben. Eine Frau kurierte sich mit diesem Heilwasser, was sich bald umhersprach und Nachfolge fand. Nachdem das Fundament der alten Kirche ganz abgeräumt worden war, sprudelte das Bächlein noch stärker hervor, wobei man den Schwefel deutlich riechen konnte. Das Wasser wurde in einem grossen Fass gesammelt, und die Leute kamen von weit her, um von dem Heilwasser zu schöpfen. Fassweise sei es in den umliegenden Dörfern und Städten verteilt worden und habe so manches Leiden geheilt. Später wurde das Wasser in einen Steinbrunnen gefasst. Mit einem an einer Kette befestigten Eimer konnte daraus geschöpft werden. So wurde der Brunnen bald «Heiliger Brunnen» oder «Gesundbrunnen» genannt, und zahlreiche Menschen, denen das Wasser geholfen hatte, brachten als Dank dafür bei der Wasserkirche Geschenke und kleine Tafeln an.

Die einen meinten, das Mineralsalz im Wasser brächte den Kranken Linderung, andere glaubten jedoch fest, dass die einst an diesem Ort gerichteten Stadtheiligen Felix und Regula dem Wasser seine Heilkraft verliehen. Während der Reformation wurde der Brunnen bei der Wasserkirche zugeschüttet. Als nach langer Zeit im Jahr 1791 das hölzerne Helmhaus durch einen Steinbau ersetzt wurde, legte man das Bett der Limmat trocken. Darauf quoll unter der Ecke des Chors der Wasserkirche Wasser hervor, das man mit der heiligen Quelle gleichsetzte. Das Volk freute sich über das wiederentdeckte Heilwasser, das die Regierung auf Verlangen der Leute abermals fassen und über eine Pumpe in einen grossen Brunnen leiten liess. Jedoch wurde die eigentliche Quelle nie gefunden, man hatte lediglich festgestellt, dass das Wasser etwas Mineralsalz enthielt. Dennoch wurde es weiterhin rege gegen alle Gebrechen verwendet, oft mit Erfolg und durch viel Glauben an die Heilkraft bewirkt. Der Brunnen war noch bis in die zweite Hälfte des 19. Jahrhunderts in Gebrauch. Als 1885 hinter der Wasserkirche das Zwinglidenkmal errichtet wurde, gab es den Brunnen nicht mehr, von dem man heute glaubt, es sei Grundwasser gewesen, das immer bei besonders niedrigem Wasserstand der Limmat nach oben gedrückt wurde.[9]

10. Die drei Buchen am Uetliberg

Der Burgplatz der Manegg, wo die Manesse hausten und ihre Minnelieder ertönen liessen, ist eine vielbesuchte Stätte geblieben, wo das Auge sich an der herrlichen Aussicht auf Stadt, See und Gebirge erfreut. Dabei denken manche an die Zeiten, da die Burg noch zu Tal grüsste. Wenigen aber ist es bekannt, wie einer ihrer Besitzer in der Nähe von drei Buchen, die noch vor wenigen Jahrzehnten gezeigt wurden, eine schwere Schuld sich auflud. Wenn ein Gewitter am Himmel stand und der Donner rollte, schlug bei den Buchen – auch bei Regen – ein helles Feuer empor, und beim Leuchten der Blitze sah der Wanderer eine weisse Gestalt, die mit aufgelöstem Haar verzweifelt sich in die Brust schlug, die Hände rang, dabei die starren Blicke auf die Manegg gerichtet. Es soll dieses ruhelose Wesen der Geist eines schönen, unschuldigen Mädchens gewesen sein, das, in einem nahen Bauernhaus wohnend, auf seinen Gängen nach der Stadt dem jagenden Schlossherrn oft begegnet und von ihm mit liebkosenden Worten betört worden sein. Bei den drei Buchen fand die Arglose den Verführer wieder und liess sich zum Minnespiel ein.

Mit eisiger Kälte wich er ihr von nun an aus, und die heiligen Schwüre von Treue und Ehe hatte der Wind zerstreut. Da wagte sie sich vor das Tor der Burg zu setzen, hoffend, durch den Anblick ihres Leidens einen Funken von Liebe und Mitleid in der Brust des Frevlers zu entdecken. Aber mit höhnischem Gelächter hetzten rohe Knechte die Hunde auf das unglückliche Mädchen, das wie ein gescheuchtes Wild zu den Buchen eilte, die stummen Zeugen ihres Glücks und seiner Schwüre verwünschend. Dort wich ihr guter Geist von ihr, so dass sie in wilder Verzweiflung Hand ans eigene Leben legte, und in ungeweihter Erde fand sie daselbst ein frühes Grab, aus dem sie erstehen musste, so oft die Donner des Himmels, die Vorboten des Weltgerichtes, in ihre Ruhestätte drangen.[10]

11. Der Uetliberg als Hexenplatz

Am Uetliberg ist das Lomattobel. Hier wohnte vor alters eine Frau, die in der schwarzen Kunst erfahren war, und sich dem Teufel verschrieben hatte. Sie besuchte den Hexenplatz und tanzte dort. Der Teufel gab ihr alles, was sie wünschte. Als aber die Frist verstrichen war, dreht ihr der Teufel den Hals um und nahm sie mit. Seitdem sieht man sie als schwarze Katze mit glühenden Augen des Nachts beim Lomattobel sitzen.[11]

12. Der Schatz der Iserkirche

Über dem Weiler Goldbach, unweit Zürich, auf der nächstgelegenen Waldhöhe, findet sich in einem bedeutenden Umfang altes Gemäuer, dessen Ursprung und Bestimmung ebensowenig anzugeben ist als die Gestalt des Gebäudes, von welchem diese Trümmer noch Überbleibsel sind. Die Landleute nennen die Ruine «Iserkirchlein», was den Gelehrten zum Glauben Anlass gegeben hat, dass hier zur Römerzeit ein Tempel, der Göttin Isis geweiht, gestanden habe. Nach der Sage sind dort in unterirdischen Hallen ungeheure Schätze verborgen, die von Geistern beschützt werden. Tiefe Gruben, die sich im Bereich der Trümmer finden, bedeuten, wie hier die Habsucht in stiller Nacht versucht hat, den geheimnisvollen Mächten ihr Besitztum zu entreissen, was jedoch fruchtlos geblieben ist. Manche dieser Habsüchtigen sind sogar weidlich geäfft worden, wovon folgendes Beispiel ein lustiger Beweis ist.

Ein reicher, geiziger Bauer aus der Nachbarschaft trug sich schon lange mit dem Verlangen nach dem Gold, von welchem sein Vater und Grossvater ihm soviel erzählt hatten. Endlich erhielt er durch die fünfte oder sechste Hand, was er schon so lange gesucht hatte: «Fausts Höllenzwang», die kräftigste aller Bannformeln. Nicht um Mitternacht – hierzu hatte er nicht Mut genug – sondern am hellen Mittag ging er hin und beschwor die Unterirdischen mit der lauten Stimme eines Mannes, der seine eigene Furcht überschreien will. Plötzlich steht ein langer, hagerer, erdfahler Mann in weitem, rotem Gewand neben ihm. «Du willst Geld, Armseliger», sprach er zu dem Bebenden mit einer Stimme, die aus tiefem Gewölbe zu kommen schien, «folge mir!» Und siehe, unter ihnen senkte sich der Boden, und Hans, welcher schrecklich schrie, wurde sanft in einem herrlichen Gemach abgesetzt, wo Gold- und Silberhaufen in Menge aufgeschichtet lagen. «Fülle den Sack, den du mitgenommen hast!» befahl der Unbekannte. Hans liess sich das nicht zweimal sagen. Mit gieriger Hast füllte er den grossen Sack. Als es geschehen war, versiegelte die Erscheinung den Sack mit einem Siegelring und gebot Hans bei Verlust seines Lebens, ihn erst nach drei Tagen und im Beisein seiner ganzen Familie zu öffnen. Der Bauer versprach das und befand sich im Nu samt seinem Schatz wieder auf der Ruine, wo er aber nicht lange verweilte, sondern heimrannte, als ob der Kopf ihm brenne.

Am vierten Tag nach dieser Begebenheit war in Hansens Haus ein reges Leben. Er hatte zur Eröffnung seines Geldsackes nicht nur seine nächsten Verwandten, sondern auch alle Nachbarn und Freunde eingeladen und sich so weit in der Freude seines Herzens verstiegen, dass er zur Feier der

Eröffnung einen köstlichen Kälberbraten dampfen liess. Nachdem er sein seltsames Abenteuer mit allerlei romantischen Zutaten erzählt hatte, schritt er mit grosser Feierlichkeit zur Entsiegelung und Öffnung des Sackes. Aber o weh! Statt der erwarteten Goldstücke rollten lauter hohle Schnecken-häuschen auf den Tisch, und ein lautes Gelächter aller Anwesenden be-lohnte die Herzhaftigkeit des höllenbezwingenden Helden.[12]

13. Der Drache von Küsnacht

In der Nähe des Weilers Itschnach oberhalb Küsnacht am Zürichsee be-findet sich in einsamer Gegend eine Höhle, der Fledermausstein genannt. Eine Unzahl Fledermäuse, die drinnen hausen, rechtfertigt diese Bezeich-nung. In uralter Zeit sollen saftige Weiden die Höhle umgeben haben. Das änderte sich aber, als ein gräulicher Drache im tiefsten Dunkel des Loches seine Wohnung bereitete. Aus dem sicheren Versteck stürzte sich das Un-getüm auf seine Opfer und drang, als es in der Umgebung seiner Woh-nung öde geworden, in die Höfe und Dörfer hinab, ja sogar bis in die Nähe der Stadt.

Vergebens lauerten ihm die Jäger auf, und umsonst veranstaltete man Prozessionen. Furchtlose Männer verrammelten dem Ungeheuer den Aus-gang der Höhle. Es nützte alles nichts. Der Drache wusste einen verbor-genen Nebenausgang und erschien mit doppelter Wut. Endlich beschloss

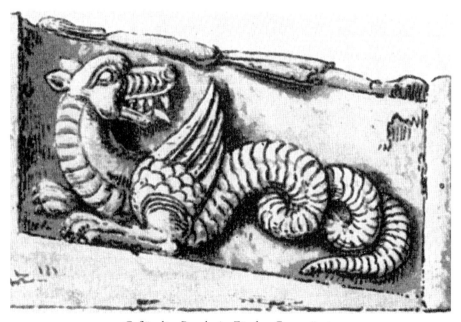

Geflügelter Drache im Zürcher Grossmünster

ein frommer Ritter, dem Unwesen ein Ende zu machen. Nachdem er in einer Kapelle am Weg inbrünstig zur Heiligen Jungfrau gebetet hatte, drang er in den finstern Gang. Zehn Schritte vermochte er darin aufrecht zu gehen, dann wurde die Höhle enger, und der tapfere Mann konnte sich nur noch mühsam durchwinden. Eine geweihte Wachskerze, die er vor sich herschob, erhellte den Schluff notdürftig.

Plötzlich vernahm er ein dumpfes Schnauben und das Licht erlosch. Aber beim letzten Schimmer hatte er noch wahrgenommen, dass sein Haupt samt der rechten Hand, welche die Kerze hielt, in eine weite Grotte vorgedrungen war; der Leib steckte noch in dem engen Felsschrund. Zwei glühende Augen starrten ihn an, und ein blutroter Rachen öffnete sich. Da rief der Ritter in höchster Not die Mutter Gottes an. Ein himmlischer Glanz erleuchtete plötzlich das Gewölbe. Auf einer rosaroten Wolke liess sich die Heilige Jungfrau zu dem winselnden Ungetüm nieder und kettete es mit diamantenen Banden an die Felswand. «Hier», donnerte sie, «bleibe und schmachte bis zum jüngsten Tag!» Zum Ritter gewendet sprach sie: «Dein Glaube hat dir geholfen, gehe heim in Frieden!» Darauf berührte sie ihn mit einem Lilienstengel; das Felsloch erweiterte sich, und der Ritter konnte glücklich zurückkehren.

Noch in den achtziger Jahren des 19. Jahrhunderts vernahmen Bauern, die in der Weihnachtszeit in der Nähe des verrufenen Ortes Gestrüpp rodeten, Gestöhn und Kettengerassel des Drachen.[13]

14. Felix und Regula in Herrliberg

Bevor Felix und Regula in Zürich wirkten, lebten sie am rechten Ufer des Zürichsees, in der Gegend des heutigen Herrliberg. Wegen ihrer Missionierungen schritt der römische Statthalter Decius in Zürich von Staats wegen ein. Er liess die beiden gefangen nehmen. Mit einem steinernen Rad, vermutlich mit einem Mühlstein, wollte er die Geschwister zermalmen lassen. Schon war zur Hinrichtung alles bereit, als das steinerne Rad ins Rollen kam und ohne Felix und Regula zu schädigen in den See sprang. Diese Stelle heisst seither «Im steini Rad».[14]

15. Der Pflugstein bei Herrliberg

Am Zürichsee wohnte ein seltsamer Zauberer namens Hartmut. Der hatte eine schöne Tochter, und diese war in einen hübschen Burschen verliebt. Der Vater sah diese Verbindung nicht gerne und verbot der Tochter bei Todesstrafe, weiter mit ihrem Geliebten zusammenzukommen. Doch die Liebe war mächtiger als das väterliche Gebot. Der Alte, der dies ahnte, schaute in seinen Zauberspiegel, der ihm die beiden Verliebten draussen im Rosenhag zeigte, gerade als sie heimlich einander von der Liebe nicht genug mitteilen konnten. Im Zorn rief der Zauberer seine mächtige Geisterschar zusammen und hiess sie, die beiden Verliebten zu verderben. Ein Wetter ging nieder, die Erde öffnete sich und verschlang das Liebespaar. Auf dieser Stelle türmten die Dämonen einen gewaltigen Stein auf, der von den Leuten der Fluchstein genannt wird.

In stillen Nächten steigen die beiden Liebenden aus der Erde herauf, umwandeln umschlungen den Stein und seufzen leise Klagen von Sünde und Reue in die Nacht hinaus. Doch wenn die Morgenlüfte von den Alpen herniederwehen, verstummt der Geister Klage, und der Stein steht wieder einsam im Feld.[15]

16. Die Drehsteine von Meilen

Ein Elfistein lag früher am Waldrand links an der Strasse, die von der Warzhalde nach dem Herrenweg führt, da, wo sich jetzt ein Schacht der Wasserversorgung befindet. Er hatte die Grösse eines Bergscheuerchens. Seine letzten Reste wurden vor Jahren gesprengt und zum Bau einer Strasse verwendet. Von ihm wurde gesagt, wenn er elf Uhr schlagen höre, drehe er sich elfmal im Kreise. Daher hatte er den Namen «Elfistein». Oftmals sassen die Buben vom Pfannenstiel und Umgebung auf diesem mächtigen Felsen, um das Elfuhrgeläute vom Dorf her zu erwarten und die Richtigkeit der alten Überlieferung zu prüfen.

Ein zweiter Stein, ebenfalls Elfistein genannt, liegt am Weg auf den Pfannenstiel, wenig oberhalb der Abzweigung der Strasse nach der Anstalt Hohenegg, rechter Hand, dort, wo ein Fussweg ins Tobel hinunterführt. Es ist ein zur Hauptsache im Boden verborgener, nur etwa einen Meter über die Erdoberfläche sich erhebender Nagelfluhblock. Auch von diesem heisst es, er drehe sich elfmal herum, wenn er es höre, elf Uhr läuten.

Eine dritte Beschreibung bezieht sich auf die grossen Findlinge, die man vom Weg auf den Pfannenstiel so malerisch in der sumpfigen Matte unterhalb des Hofes Rohren liegen sieht und die vor Jahren von der Mittwochgesellschaft Meilen erworben wurde, um sie vor der Zerstörung zu bewahren. Von ihnen heisst es: Sie drehen sich, wenn es elf Uhr schlägt.[16]

17. Der Kirchenbau in Meilen

Die alte, in ihren Ursprüngen aus fränkischer Zeit stammende und einst Sankt Martin gewidmete Kirche von Meilen steht am See. Vor dem Bau der Seestrasse grenzte die Kirchhofmauer an das Ufer. Seinerzeit sollten sie an anderer Stelle, beim Hof Betfahrt, am Hang gegen den Pfannenstiel, oberhalb der heutigen Anstalt Hohenegg, errichtet werden. Die auf die Baustelle verbrachten Balken und Steine verschwanden jedoch stets über Nacht und fanden sich am Morgen am See unten auf dem heutigen Kirchhof. Daraus entnahm die heutige Gemeinde den göttlichen Ratschluss, dass die Kirche da erbaut werden solle, wo sie noch heute steht, was denn auch geschah.[17]

18. Der Drache von Uetikon

Im Jahr 1200 brachte ein Mann namens Bürkli von Uetikon einen Drachen um. Deswegen wurde von Meilen her am Ostermontag eine Prozession gehalten. Bürkli aber blieb beim Drachen tot liegen, ganz wie es dem Winkelried von Unterwalden mit seinem Drachen erging.[18]

19. Die heilige Verena in Stäfa

In den Wannen bei Uetikon oberhalb Stäfa fliesst das Wannenbrünneli, das wegen seines vortrefflichen Wassers gerühmt wird. Nahe am Ursprung dieser Quelle soll die heilige Verena als Wohltäterin Armer und Kranker in einer Badeeinrichtung gewirkt haben. Es stand auch eine Kapelle dort. Noch heute erzählt man, die heilige Verena habe dort arme Kinder gekämmt und gespiesen.

Die hl. Verena mit Krug und Brotscheibe

Am Lattenberg, ebenfalls in der Gemeinde Stäfa, soll auch eine der heiligen Verena geweihte Kapelle gestanden haben. Als Rest früherer Wallfahrten dorthin betrachtete man die alte Sitte, zu Ostern und Pfingsten Spaziergänge an diesen Ort zu unternehmen.

Bad und Kapellen sind längst zerfallen und verschwunden. Name und Bild der Patronin aber haben sich der Nachwelt dadurch erhalten, dass die Gemeinde Stäfa sie in ihr Wappen aufgenommen hat. Ausserdem findet sich ihr Relief auf der Südseite des ersten Schulhauses auf Kirchbühl. Es trägt die Jahrzahl 1721.[19]

20. Der Schatzhort von Wädenswil

Um die Mitte des 16. Jahrhunderts wurde die alte Burg zu Wädenswil abgetragen. Nur ein einziger Turm trotzte noch lange dem Zahn der Zeit, wie ein Wächter über die Kronen der Waldbäume in die lieblichen Gefilde hinunterblickend. In diesem Gemäuer hat einst ein armer Holzhacker ein wunderbares Schicksal erlebt, aber auch seine Lust nach Reichtum schwer gebüsst.

Als er einmal in der Nähe des alten Turmes arbeitete, hörte er darin ein ungewöhnliches Geräusch. Neugierig kletterte er hinauf, um durch eine Öffnung den inneren Raum übersehen zu können. Aber was sah er: Zwei

Zwerge in langen, grauen Gewändern, mit silberweissen, bis zum Gürtel reichenden Bärten schleppten aus einer ihm unsichtbaren Türe silberne und goldene Becher und Gefässe, schimmernden Schmuck und seltene Münzen daher. Sprachlos starrte der Mann in das helle Gefunkel hinein, unbemerkt von den Zwergen. Aber ihr Verbündeter, ein Rabe, hatte den Lauscher entdeckt und kündete ihn mit Gekrächze an, worauf der ganze Spuk schnell verschwand. Nur das Knarren einer Türe verriet, dass der Schatz im Turm selbst liegen müsse. Aber umsonst suchte der genarrte Mann während drei Tagen die Spur einer Spalte oder Pforte. Das Gemäuer schien so einsam wie immer. Schon ergab er sich, arm zu bleiben, bis ihm ein fahrender Schüler begegnete.

Wie wenn der sonderbare Jüngling in sein Herz sehen würde, redete er ihm von Reichtümern, die hier unter ihren Füssen lägen, und fachte so die Habsucht des Mannes an. Endlich versprach der Jüngling, zur Hebung des Schatzes behilflich zu sein. Er beschied ihn auf die Mittagsstunde in die Ruine. Unter Gebärden und Beschwörungen machte er den Erstaunten auf eine kleine Pforte aufmerksam, die bis jetzt seiner Nachforschung entgangen war. Er gab ihm eine Wünschelrute und wies ihn an, ohne umzublicken oder etwas zu berühren, durch die kleine Pforte bis zum Schatz vorzudringen, dort dreimal zuzugreifen, aber ja kein lautes Wort zu sprechen. Auf den ersten Schlag mit der Rute sprang die Türe knarrend auf, und der Holzhacker befand sich in einem geräumigen, von feuchtem Moderduft erfüllten Gemach. Doch brauchte er seinen ganzen Mut, um nicht umzukehren, denn ein ganzes Heer von Schlangen und anderem Getier umlagerte seine Füsse, während hässliche Fledermäuse ihm den Weg zu einer zweiten Türe zu versperren schienen. Dennoch machte er sich Weg und nach einem wiederholten Schlag öffnete sich auch diese Pforte. Aber wie ganz anders sah es hier aus.

Auf weichen Polstern lag eine liebliche Frauengestalt, die ihm mit anmutigen Gebärden einen Becher köstlichen Weines anbot. Zum Glück schwieg das Zauberwesen und die tiefe Stille des in zartem Rosenglanz strahlenden Gewölbes schloss dem Betroffenen den Mund, so dass er, zu sich selbst kommend, ohne umzublicken an der Frau vorbei einer Flügeltüre zuschritt, die ihm die höchsten Schätze zu bergen versprach. Er hatte sich nicht geirrt, denn als auf den dritten Schlag die Türflügel wichen, breitete sich in blendender Pracht der ungeheure Schatz vor seinen Blicken aus. Hier standen reich mit Edelsteinen geschmückte Gefässe. Dort lachte ihm aus den geöffneten Truhen der herrlichste Schmuck entgegen. Ganze Kisten voll blanker Gold- und Silberstücke luden zum Zugreifen ein. Alle diese Herrlichkeiten erleuchteten strahlend das hohe Gemach, als ob tausend Kerzen ihren Glanz verbreiteten.

Doch der Anblick dieser Kostbarkeiten überwältigte ihn und es entfloh seinen Lippen der Freudenruf: «Herr Gott, wie viel!» Augenblicklich verschwand alles in tiefe Finsternis und von einer heulenden Windsbraut erfasst, wurde der Unselige emporgehoben und erst am späten Abend kehrten seine Sinne wieder. An Leib und Seele zerschlagen, fand er sich einsam im alten Gemäuer.[20]

21. Die alte Frau Klungerin

Am Zürichsee, vorwiegend am linken Ufer, und im Oberland, geht eine alte, gespenstische Frau um. Sie hat zwei Höcker, einen auf der Brust und einen auf dem Rücken sowie an den Händen lange, scharfe Nägel. Sie ist besonders den Kindern feind, denen man mit ihrem Erscheinen droht, wenn sie nicht einschlafen wollen. Aber auch Erwachsene peinigt sie, indem sie ihnen nachts als böser Alp zusammengekauert auf die Brust hockt und mit ihren langen Nägeln die Hälse zuschnürt, so dass sie am anderen Morgen ganz elend anzusehen sind. Sie soll sich in einer schwer zugänglichen Höhle im Sihlsprung, im «Chrungelichaste» (Nähkasten), aufhalten. Die Unholdin gab Anlass zur Durchführung der «Chrungelinacht» an einem Abend am Jahresende. Dann drangen vermummte junge Leute in die Häuser ein und trieben mit den Spinnerinnen allerlei Schabernack. Ebenso machten sie den Kindern bange. Ähnliche Gespenster, die umgingen, waren der «Böölimaa», dem am Uetliberg eine Wohnstätte angewiesen ist, und der «Haagemaa», ein bösartiger Wassergeist, der in den Gewässern lauernd seine Opfer mit langen Haken zu sich herab in die Tiefe zieht. Noch heute nennt man die dichten Schlingpflanzen am Seeufer «Haggemanne».[21]

22. Die Nixe vom Hüttensee

Im Dorf Hütten lebte einmal ein schöner Jüngling mit dunklem Haar, hellen, blauen Augen und frischem Mund. Er war der schönste und beste Knabe weit und breit, und wo er auf der Kilbi (Kirchweih) erschien, wünschte ihn jedes Mädchen zum Tänzer und noch viel lieber zum Gatten für das ganze Leben. Der Jüngling aber achtete der schönsten und reichsten Mädchen nicht. Ernst und gleichgültig wechselte er Tänzerin um Tänzerin. Die Nixe im Hüttensee war ihm im Traum erschienen, und so schön wie sie war keines der Mädchen der Gegend. Sie liebte er, die er doch niemals zu sehen und zu gewinnen hoffte. So oft er konnte, warf er sich in sein aus einem mächtigen Eichenstamm gezimmertes Schiffchen und ruderte auf dem kleinen Gewässer hin und her.

Als er einmal so das Boot auf dem glatten Spiegel hintreiben liess, ergriff er plötzlich eine weisse Rose, welche er an seiner Brust trug, und warf sie als Liebespfand in den See. Da teilten sich die Wellen in der Nähe des Bootes, und ein schönes Mädchen im leichten grünlichen Gewand der Nixe stieg empor. Sie öffnete die Arme und rief mit lieblicher Stimme: «Komm hinab zur Braut in die Flut!» Freudig sprang der Jüngling in den See, und die Wellen schlossen sich sanft murmelnd über seinem Haupt. Man sah ihn nie wieder, und nie fand man seinen Leichnam. Der See aber, in den er die weisse Rose geworfen hatte, bedeckte sich fortan jeden Sommer mit weissen Seerosen, die aus dem Garten des Nixenschlosses emporwuchsen.[22]

Nixe mit doppeltem Fischschwanz im Zürcher Grossmünster

23. Der Dreifingerstein vom Rossberg

Wenn man von der Alp auf dem Rossberg den steilen Bergpfad zur Hohen Rohne hinaufsteigt, wo die drei Kantone Zürich, Schwyz und Zug zusammenstossen, kommt man bei einem mächtigen Granitblock vorbei, der in der Umgebung unter dem Namen Dreifingerstein bekannt ist. Bei näherer Betrachtung rechtfertigt sich diese sonderbare Benennung dadurch, dass man oben Vertiefungen wahrnimmt, die so aussehen, als ob sie durch das Hineinstecken eines Daumens sowie eines Zeige- und Mittelfingers entstanden wären. Vom Ursprung dieser Löcher berichtet die Volkssage.

Ein habsüchtiger Senn machte nach dem Hinschied des Besitzers auf Alp und Wald ungerechten Anspruch. Seine Forderung geschah auf Kosten der Kinder des Verstorbenen, die durch den Verlust dieser Grundstücke arme Waisen geworden wären. Falsche Verschreibungen und Dokumente unterstützten die Ansprüche des Betrügers; die armen Kinder hatten nichts als ihr gutes Recht. Es kam zum richterlichen Augenschein und zum Eid. Der Senn leistete ihn mit aufgehobenen Schwörfingern auf der Höhe des Felsens, laut und frech. Weh dir, rief ihm der Richter zu, wenn du einen falschen Eid getan!

27

Da stiess der Mann auf dem Felsen die ärgsten Beteuerungen aus, wie ihn der Teufel holen solle, wenn er die Unwahrheit beschworen: «So wenig als ich meine Schwörfinger in diesen harten Stein tauchen mag, so wenig habe ich einen falschen Eid getan», rief er aus. Und damit setzte er kühn die Finger auf den Stein, als ob er diese hineindrücken wollte. Und siehe, der Felsen gab nach wie weicher Schnee, und die drei Schwörfinger begruben sich darin bis ans hinterste Gelenk. Entsetzt wollte er sie alsbald zurückziehen. Sie waren aber festgewachsen, und all sein Mühen und die Arbeit anderer fruchtete nichts. Gott hatte gerichtet und der Fälscher bekannte sein Verbrechen vor allen Anwesenden. Und nachdem er gebeichtet hatte, erbebte die Erde, und aus dem Wald fuhr unter Blitz und Donner eine schwarze Wolke. Der Verbrecher aber lag entseelt auf dem Granitstein.[23]

24. Die Schlange der Burg Tannegg

Wenn die Oberländer nach Wil auf den Viehmarkt fuhren, kamen sie zwischen Schmidrüti und Dussnang an der Burg Tannegg vorbei. Man erzählte davon, dass der Turm noch tiefer in die Erde hinabgehe, als er hoch sei. Vor Jahren sei im untersten Kerker einer gefangen gewesen, den man eines Abends gar jämmerlich schreien gehört habe. Man habe nicht viel daraus gemacht, weil man glaubte, er tue nur so. Aber am anderen Morgen, als der Kerkermeister ihm habe zu essen bringen wollen, sei kein Stäubchen von dem Menschen vorhanden gewesen und doch nicht eine Spur, dass er hätte flüchten können. Man habe hin und her geraten, was diesem Unglückseligen wohl begegnet sein möchte. Von den Mönchen im Kloster Fischingen sagten einige, der Teufel habe ihn geholt, und die andern, er sei gefressen worden.

Man habe allerlei probiert, dass ihn der Teufel wieder hätte bringen sollen, aber umsonst. Endlich versuchte man zu erfahren, ob er etwa von einem bösen Tier zerrissen worden wäre, und zu diesem Zweck habe der Abt einen toten, vergifteten Hund in den Kerker hinabwerfen lassen. Und tatsächlich, am folgenden Morgen sei eine furchtbare Schlange tot dagelegen. In ihrem Bauch habe man den Gefangenen samt Schuhen und Strümpfen gefunden.[24]

25. Die weisse Frau vom Wolfensberg

Zu den Zeiten der Hagheeren stand auch beim Bad Wolfensberg oberhalb Bauma eine kleine Burg, die den sanktgallischen Dienstmannen von Wolfensberg gehörte. Aus unbekanntem Grund ist diese Burg schon in alten Zeiten zerfallen. Die Alten erzählen, vor Zeiten habe man noch in den Keller der ehemaligen Burg hinabsteigen können. Einige Burschen, die das einmal taten, fanden dort ein grosses Fass mit starken Reifen. Eilig gruben sie weiter, aber je weiter sie gruben, desto weiter versank das Fass. Das kam ihnen nicht geheuer vor, und sie liessen das Fass liegen, wo es war, und machten sich davon.

Noch früher ging die Sage um, in dem Keller der Burg liege ein goldener Pflug verborgen, und eine Schlange müsse ihn bewachen. Ein Hirt, der bei der Ruine Ziegen hütete, bemerkte einst eine weisse Jungfrau im Gemäuer herumgehen. Die Jungfrau redete den Burschen an und sagte ihm, dass sie die Tochter eines Ritters von Wolfensberg sei, die seit Jahrhunderten Schätze hüten müsse, aber nur alle hundert Jahre in ihre lebendige Gestalt zurückkehren dürfe. Dann könne sie erlöst werden, wenn ein Jüngling den Mut finde, sie dreimal zu küssen, was noch keiner imstande gewesen sei. Der Bursche, von der Schönheit der weissgekleideten Frau überwältigt, küsste sie, ohne sich zu besinnen. Die Schöne lächelte traurig und sprach: «Nun musst du mich auch küssen, wenn ich als Schlange an dir heraufkrieche!» Bald wand sich eine schreckliche Schlange an ihm empor. Als der grässliche Kopf vor seinen Lippen auf seinen Kuss wartete, ergriff ihn der Ekel, und er schleuderte das Tier von sich. Was ihn die Beine trugen, rannte er talwärts, während hinter ihm Schluchzen und Wehschreie ertönten.[25]

26. Die Drachenschlange von Bauma

Am Teufenbach oberhalb Bauma liegt unweit des Höchstocks eine Höhle, die das Hagheerenloch heisst. Man überliefert, dass in dieser Höhle die unterirdischen Gänge aus der Burg im Sternenberg und von der Burg Werdegg bei Hittnau zusammentreffen. Der hintere Teil der Höhle ist zerfallen. Aber gerade dort bestanden in alten Zeiten viele Gewölbe und Gänge. Der Zugang aber war von einer eisernen Türe geschlossen. Von fahrenden Schülern wusste man, dass hinter dieser Türe ein grosser Schatz liege, zu dem aber kein sterblicher Mensch komme, denn erstens habe sich eine schwarze Schlange um die drei schweren Riegel der Türe gewunden, und zweitens liege hinter dem Tor ein grausamer Drache. Nur wer sich dem Teufel verschreiben wolle, könne den Schatz heben.

Nun lebte einst ein armes Mädchen in der Gegend, und dieses war mit einem reichen Burschen heimlich versprochen. Der Vater des Burschen wollte von dieser Verbindung nichts wissen, weil er das arme Kind verachtete. In seiner Not ging es, ohne seinem Liebsten etwas zu sagen, in das Hagheerenloch, um von dem Schatz einen bescheidenen Teil zu heben, damit es nicht weiter von seinem zukünftigen Schwiegervater gering geschätzt werde. Durch Beten zwang es Schlange und Drache, sich zurückzuziehen. Es schöpfte hierauf eine Schürze voll von den kostbaren Schätzen, vergass aber in seinem grossen Glück eine kurze Weile das Beten, und schon schnappte der Drache zu und verschlang das gute Kind. Seiner Seele aber konnte er nichts anhaben. Als weisse Taube umkreiste sie dreimal das Haus ihres Geliebten und flog in den Himmel hinein.[26]

27. Die weisse Frau von Greifenberg

Hoch über das Dorf Bäretswil erhebt sich ein steiler Hügel, der Stollen genannt. Auf diesem Berg stand einst die gewaltige Feste Greifenberg. Am Anfang des 16. Jahrhunderts zerfiel die Burg. Bewohner des greifenbergischen Burgbannes wollen wissen, dass eine weisse Jungfrau in den Ruinen umging. Ein grosser Schatz soll im Burgkeller vergraben liegen. Den musste die Jungfrau hüten. Aber es war nicht leicht, zu der Schatzhüterin zu gelangen, weil ein feuriger Drache sie beschützte.[27]

28. Der Türst und die Ritterstochter

An der Halde des Stoffels wohnte in alten Zeiten ein gewaltiger und wilder Jäger, den man den Türst nannte. Er fürchtete weder Tiere, Menschen oder das Wetter. Am liebsten ging er auf die Jagd, wenn der Wind recht pfiff und man keinen Hund hinausgeschickt hätte. Er aber lockte dann seine Wolfshunde herbei und ritt auf seinem pfeilschnellen Pferd durch Wald und Feld, über Tobel und Berge. Die Pfeile, die er verschoss, trafen ihr Ziel immer. So regierte er am Stoffelberg und störte seinem Nachbarn, dem Ritter von Werdegg, die Jagd empfindlich. Die fettesten Böcke holte er ihm vor der Nase weg. Der Herr von Werdegg schaute diesem Treiben eine Weile zu, denn er kannte die Gewalt des Türst. Dann mahnte er ihn. Der Türst kehrte sich nicht daran. Der Werdegger drohte ihm. Der Türst lachte darüber. Da schaffte sich der Ritter zwölf böse, blutgierige Hunde an und gedachte, mit diesen dem Türst das Handwerk zu legen. Kurz nachher trafen sich die beiden auf der Jagd. Der Türst hatte eben dem Werdegger ein schönes Tier fast unter den Händen weggestohlen. In seiner Wut hetzte der Ritter seine zwölf Hunde gegen ihn. Diese erschraken jedoch vor dem wilden Blick des Jägers so, das der Türst einem nach dem andern den Hals umdrehen konnte. Der unheimliche Mann warf seine Beute auf die Schulter und liess den verblüfften Burgherrn stehen. Der schäumte vor Zorn und trollte sich heim.

Des andern Morgens, als der Ritter auf seiner Zinne Rachepläne ausheckte, ertönte nicht weit von der Burg des Türsts grosses Jagdhorn. Der Herr besann sich auf seine Ritterwürde und würgte die unbändige Wut hinunter. Mit Güte wollte er es versuchen, den Schelm in seine Schranken zu bannen. Er rief daher den Türst herbei, bot ihm die Oberjägerstelle in seinem Burgbann an und versprach ihm guten Lohn. In ebenso freundlichem Tone erwiderte der Angeredete, das wäre ja ganz schön, aber seine Altvordern seien freie Leute gewesen, und das wolle er bleiben. Zwar liesse sich über diesen Fall reden, wenn der Herr Ritter ihm die Tochter zur Frau gäbe. Da schoss diesem das Blut in den Kopf, und er brachte vor Wut kein Wort heraus. Der Türst aber ritt lachend von dannen. Fortan wurde das schöne Ritterfräulein Adelheid von Werdegg den ganzen Tag von den Schlossknechten bewacht. Dass in der Nacht auch etwas geschehen könnte, hatte der besorgte Vater keinen Augenblick gedacht.

So hatte er nicht die geringste Ahnung, dass seine Tochter Adelheid dem Türst schon gar manche Nacht das Hintertürchen geöffnet hatte. Himmel und Hölle hätte er zusammengeflucht, wenn er erfahren, dass die beiden einig waren, sich nimmer zu verlassen. Da er aber vom Türst selber gehört hatte, dass dieser seine Tochter Adelheid zur Frau begehre, wollte er sie möglichst schnell an einen andern Mann verheiraten, der auch um sie angehalten hatte. Dieser andere war der Ritter von Gündisau. Adelheid aber verriet dem Türst bei seinem nächsten nächtlichen Besuch des Vaters Absicht. Der Riese säumte nicht lange und entführte seine Geliebte noch in dieser Nacht in sein festes Haus auf dem Stalden. Beim ersten Hahnenschrei des folgenden Tages stieg er zur Burg Werdegg hinab, weckte mit seinem Horn den Ritter und schrie mit Donnerstimme an sein Fenster hinauf, dass er seine Tochter als Frau begehre. Und als der Werdegger ihm höhnisch antworten wollte, erklärte der riesige Jäger unverhohlen, er hätte sie ja schon, es brauche nur noch des Vaters Segen. Auf das antwortete der wutentbrannte Burgherr, er werde ihm einen schicken, der sie dem Vater wohl wieder zurückbringen möge. Also sandte er nach Gündisau, und wütend galoppierte der bestohlene Liebhaber nach dem Stalden, um den Türst zum Zweikampf herauszufordern. Im Vorbeiweg riss er an der Linde im Burghof zu Werdegg ein Zweiglein ab und steckte es auf seinen Helm. Er hatte die prahlerische Absicht, dieses Reislein dort in den Boden zu pflanzen, wo der Türst sein Leben aushauchen würde.

Der Türst liess nicht auf sich warten und erschien mit seinem gewaltigen Schwert vor seinem Haus. Adelheid lächelte ihm von der Laube herunter hold zu. Das bemerkte der Gündisauer und hieb auf seinen Widersacher ein, dass die Funken stoben. Allein der Türst blieb ihm nichts schuldig, und seine Hiebe widerhallten im Wald. Aber das war nur das Vorspiel. Als der Türst seines Gegners nicht allzugrosse Kraft erprobt hatte, zog er zu einem gewaltigen Streich aus und schlug dem Gündisauer den Kopf vom Rumpf, dass der Leib zu Tal rollte. Den Kopf aber samt dem Zweiglein vergrub der furchtlose Kämpe vor seinem Haus.

Nach diesem grausamen Zwischenspiel gab der Ritter von Werdegg nach. Der Türst bekam Adelheid zur Frau und wurde durch sie zu einem braven Mann. Nicht weit von seiner Heimstatt bauten seine Nachfahren das Dorf Dürstelen. Vor seinem Haus aber wuchs des Gündisauers Zweiglein zu einer riesigen Linde heran. Jedermann in weiter Umgebung kannte die Dürsteler Linde und ihre sonderbare Geschichte. Im Jahr 1865 zündeten unvorsichtige Burschen in ihrem hohl gewordenen Stamm ein Feuer an, welches den Baum zugrunde richtete.[28]

29. Der Steintisch von Hermatswil

Die Urgrossväter wussten noch, dass unweit der Hochwacht am Tämbrig, zwischen Hermatswil und Isikon, ein Steindenkmal stand. Es waren nach den einen drei, nach den anderen vier grosse Nagelfluhbrocken. Diese Gegend heisst in der Umgebung «das Weibergut». Die Steine, die hart aneinander gepflanzt waren, ragten sieben Fuss über den Boden hinaus. Auf den Steinen musste eine grosse Platte gelegen haben, denn man fand zwischen den Blöcken noch Reste davon. Die Alten behaupteten beharrlich, auf dieser Platte sei einst geopfert worden, und die Gegend war nicht ganz geheuer. Man hat in der Nähe dieser Steingruppe im Boden Gerippe gefunden. 1842 wurde diese sagenhafte Opferstätte zerstört und das Gestein zum Bau einer Sennhütte verwendet.[29]

30. Der Opferstein bei Pfäffikon

An der alten Strasse von Pfäffikon nach Zürich, am Bitzbergerrain bei der Speck, sah man früher viele Ungeheuer umgehen, und manche schauerliche Geschichte wurde zum grössten Schrecken der Kinder erzählt. Als man dort seinerzeit die Strasse senkte, wurden mehrere menschliche Knochengerüste gefunden. Nicht weit davon stand bis in die neuere Zeit der «Fluchstein», den man für einen Opferstein aus vorchristlicher Zeit hielt.

Hansheiri, ein alter Müllerknecht in Pfäffikon, erzählte in den dreissiger Jahren des 19. Jahrhunderts in einer Spinnstubeten, dass einst, als er spät abends heimgefahren sei, seine Pferde beim Bitzberg plötzlich bockstill standen. Lange seien sie nicht vom Platz zu bringen gewesen. Auf einmal nahmen sie einen Satz und sprengten davon. Als Heiri zurückschaute, erblickte er ein grosses Tier, so gross wie ein Kalb, das tellergrosse, feurige Augen hatte. In gewissen Stunden ist solches fast allen Fuhrleuten am Bitzbergerrain vorgekommen. Man sagt, es sei dort eine Mordtat verübt worden.[30]

31. Die Wasserfrau Lora vom Sulzberg

Am Fuss des sonnenreichen, anmutigen Sulzberges befand sich eine Quelle, aus welcher man, je nach ihrer Ergiebigkeit, gute oder schlechte Jahre (Hungerjahre) voraussagen konnte. Diese Quelle hielt man auch für mineralhaltig, und es ist leicht möglich, dass der Name «Sulz» von dieser Quelle hergeleitet ist.

In alter Zeit wohnte hier Balz von Sulzberg, der ausgedehnte Güter besass. Ein einziges Kind hatte ihm seine Frau geschenkt. Er nannte es Lora. Es war wohlgestaltet, kräftig und schön. Mutig und kühn stand es dem Vater zur Seite. Sie opferten den Göttern und lebten in Frieden. Viele Leute aus nah und fern kamen der Quelle wegen zu ihnen, und wegen ihrer Gastfreundschaft standen sie weit herum im besten Ruf. Mit dem Nachbar

Ruosso, der ebenfalls viele Güter besass, lebten sie in bester Freundschaft, und es war kein Wunder, dass der Sohn des Ruosso und Lora einander lieb gewannen.

Auf der anderen Seite des wildtobenden, über Felsen stürzenden und durch Schluchten schäumenden Wildbaches, oben auf dem Berg, stand eine Ritterburg. Da wohnte ein Zehntgraf, ein stolzer, gewaltiger Mann, der es mit Sitten und Anstand nicht genau nahm. Er hatte es auf Lora abgesehen. Um diese zu seiner Geliebten zu machen, schloss er mit dem Teufel einen Bund. Der musste ihm zunächst am Felsabhang eine Brücke über den Bach bauen. Darum heisst diese Brücke die Teufelsbrücke.

Der Teufel kam in Gestalt eines hübschen Burschen ins Haus des Sulzbergers und fand bald grosses Zutrauen bei Vater und Tochter. Er schmeichelte vorzüglich der Lora und meinte, sie sei im weiten Umkreis die schönste und begabteste Jungfrau; sie sei zu etwas Höherem geboren und mindestens ein Graf wäre ihrer wert. So wurde der Hochmut in Loras Herz gepflanzt. Als nun der Graf selbst in blendender Kleidung vorüberritt, grüsste er sie recht freundlich, und sie erwiderte den Gruss zuvorkommend. Es blieb aber in Zukunft nicht beim Vorüberreiten. Ein zutrauliches Verhältnis entwickelte sich, welches immer traulichere Formen annahm und zuletzt zu geheimen Zusammenkünften führte, die in einer Grotte abgehalten wurden, oberhalb der Teufelsbrücke. Mit Ruosso pflegte Lora weiter ihr Liebesspiel.

Einst verfolgte dieser auf der Jagd einen Hirsch und kam zufällig zu jener Grotte. Er blickte ahnungslos hinunter, wo er zu seinem Schrecken Lora in den Armen des Grafen liegen sah. Die Wut liess ihn nicht lange überlegen. Er spannte seinen Bogen und schoss den Pfeil auf den Räuber seiner Liebe ab. Das Geschoss traf aber die Geliebte tödlich und nicht den Grafen. Dies bemerkend, stürzte sich Ruosso voller Verzweiflung über den Felsen in die Tiefe, wo er zerschellte.

Dem Grafen, dem das Schicksal den Tod so entsetzlich nahe vorbeigeschickt hatte, wurde unheimlich zumute. Er überliess die Burg ihrem Schicksal und zog in die Welt hinaus. Auf dem Gewässer, das von Lora den Namen erhielt, ging ihr Geist jahrelang als Wassernixe um.[31]

32. Die drei Frauen von Pfäffikon

In alter Zeit lagen die Ländereien um Pfäffikon im Besitz dreier Jungfrauen. Die waren aber so eigen, dass sie trotz des reichen Grundbesitzes keine Freier fanden, die sie ehelichen wollten. Unter solchen Umständen wurden sie alt, und jede machte nach ihrer Art ein Testament oder tat einen Wunsch, was nach ihrem Tod aus ihrem Besitz werden sollte.

Die älteste, welche mit der Welt schon lange gebrochen hatte und daher niemandem etwas gönnen mochte, wünschte, dass ihr Teil zu Wasser werde. Die zweite, etwas besser als die älteste, aber doch noch ewig eigen, wünschte ihr Teil zu Ried. Die jüngste war die beste. Sie musste aber das

*Drei heilige Frauen (Jungfrauenlegende,
Wandmalerei in der Zürcher Marienkapelle)*

Los, ledig zu bleiben, mit den anderen teilen, weil diese es so haben wollten. Diese wünschte, dass ihr Teil zu gutem Mattland werde. Wie sie es
gewünscht hatten, geschah es auch. Es entstanden der See, das Ried und
das Mattland, wo jetzt Pfäffikon ist.[32]

33. Die Heiden vom Allmann
Die Heiden, welche im Oberland lebten, verbargen sich in einer Höhle am
Allmann. Sie waren von den Christen verjagt worden. In ihrer Verzweif-
lung stürzten sie sich über die Felswand hinunter, wo sie, Vater, Mutter und
Kind, zerschmettert liegen blieben. Die Christen fanden sie und dankten
Gott, dass er die verstockten Heiden gestraft hatte.[33]

34. Die seltsame Frau von Hinwil
Am Nachmittag des 12. Oktober 1955 kam bei einem Bauern oberhalb
Hinwil unweit seines Hauses eine fremde Frau über die Wiese. Sie trug ein
Kleid älterer Tracht mit langem, bis zu den Füssen reichendem, grauem
Rock und eine Schürze darüber. Das Gesicht verdeckte ein grosses Kopf-
tuch. Bei jedem Schritt vertat die Frau, die eher gross als klein war, das
Gras mit einem Apfelhaken, einem naturgewachsenen Stock, wie ihn der
Bauer braucht, um Äste an sich heranzuziehen, wenn er das Obst pflückt,
und tat, als ob sie etwas suche. Doch gab es zu jener Zeit keine Pilze. Auch
bückte sich die Fremde nie, um etwas aufzulesen. Der Bauer versuchte,

den Weg der fremden Person zu kreuzen, da er eben im Begriff stand, im Berg oben ein Gerät zu holen. Doch wie er diese Absicht ausführen wollte, schossen plötzlich aus der Brust der Frau in kurzem Abstand zwei gelblichweisse Strahlen, wohl so lang wie ein Arm. Darauf ging die Frau an dem Bauern vorbei, schaute weder rechts noch links und vertat mit ihrem Apfel- oder Kirschenhaken weiter das Gras. Der Mann wagte nicht, das seltsame Wesen anzureden und ging schliesslich seines Weges. Etwas später wurde die Fremde auch von der Frau des Bauern in der Wiese bemerkt, aber auch nicht angesprochen. Am selben Abend suchte ein bedauerlicher Unglücksfall diese Familie heim.[34]

35. Der Drehstein von Wernetshausen
Wenn man vom Dorf Hinwil aus auf der Sonnenseite der Allmannkette gegen den Bachtelberg emporsteigt, bemerkt man hart an der Strasse, etwa fünf Minuten oberhalb Wernetshausen, einen Findling aus Speernagelfluh. Das ist der Zwölfistein. Dieser dreht sich, wenn es am Basler Münster (nach anderen an der Hinwiler Kirche) Mitternacht schlägt, bei jedem Schlag einmal herum. Es sind zwar schon viele um Mitternacht auf der Bank davor gesessen, besonders im Sommer, aber sie sahen in ihrer Geschäftigkeit keinen Stein sich drehen.[35]

36. Die weisse Frau vom Oberholz
Zu Vater Oberholzer in der Sonnenwies im Oberholz kam einmal bei eintretender Nacht ein Venedigermännchen und sagte, es habe in seinem Zauberbuch gelesen, dass es hinten an der Töss einen Felsen gebe, der mit einer eisernen Tür verschlossen sei. Hinter dieser Türe liege ein Schatz vergraben. Oberholzer schaute sich das Männchen eine Weile an und antwortete ihm, er kenne den Felsen wohl, das sei der Mondmilchgubel. Der Schatzgräber bat hierauf den Sonnenwiesler, er möge ihm den Weg dorthin zeigen, es solle nicht sein Schaden sein. Nachts um zwölf sollte er dort sein. Oberholzer bedachte sich nicht lange, denn er litt an Schätzen keinen Überfluss.

Um Mitternacht standen die beiden vor der eisernen Türe. Der Venediger deutete dem Begleiter, er solle von jetzt an den Mund halten, was auch geschehen möge. Dann klopfte er dreimal an die Pforte, die leise ächzend aufging. Eine wunderschöne, weissgekleidete Frau stand im Eingang. Sie winkte den beiden, ihr zu folgen. Bei einer schwarzen Eisentruhe hielten sie an. Auf dem Deckel hockte ein scheusslicher schwarzer Pudel. Den jagte die weisse Frau weg, und der Deckel sprang von selber auf. Und was sahen die beiden? Die ganze Truhe lag voller Goldstücke!

Mit grossem Eifer füllte der Venediger seinen Sack, und kaum hatte er ihn vollgestopft, so schnappte der Deckel wieder zu. Auch der Hund setzte sich wieder darauf. Während dieser Zeit musste der Bauer immer nur die schöne Frau ansehen. Ihr liebes Angesicht rührte ihn so, dass er kein Auge abwenden konnte. Aber als der Venediger seine Sache beisammen hatte, führte die Frau ihren mitternächtlichen Besuch wieder vor die Türe, und plötzlich standen sie wieder im Freien. Die Türe schnappte zu, und der Sonnenwiesler konnte am leeren Daumen saugen.[36]

37. Die Susannenhöhle
Vom Burgbühl oberhalb des Weilers Steg schaut von einem Felsgrat in der Schlucht die Susannenhöhle herab. Darin sitzt ein schönes Burgfräulein gefangen, weil sie wegen Treuebruch sich den ewigen Zorn des Burgherrn zugezogen hat.[37]

38. Die Gallusquelle
Der heilige Gallus reiste einst an den Bodensee. Auf dem langen Weg hatte er grossen Durst bekommen, und er wollte ihn an einem Brunnen in Tuggen löschen. Aber das Tuggener Wasser schmeckte ihm nicht, und er pilgerte durstig weiter über Berg und Tal. In der Nähe des Örtchens Güntisberg sah er auf einmal eine Quelle silberhell aus dem Boden springen. Der Heilige bückte sich zu dem Wasser nieder, und da es sauber und kühl war, tat er sich gütlich daran. Zum Dank segnete er die Quelle, die nun «Galliquell» heisst.

Das Wasser besass seither Wunder- und Heilkraft. Es heilte Aussätzige, wenn sie sich damit wuschen und wenn sie davon tranken. Auch noch in der neueren Zeit wurde es gerne gebraucht gegen allerlei Ausschläge. Anno 1934 wurde die Quelle für die Wasserversorgung Mettlen-Güntisberg gefasst.[38]

39. Die unterirdischen Gänge
Wie die Alten berichten, hatte jede Burg ihren unterirdischen Ausgang. Diese Schlüffe hatten natürlich einmal eine Bedeutung. Man dachte sie sich als Verbindungswege zwischen Burgen. Noch heute sagt man in Bauma, dass früher einmal ein unterirdischer Gang bestanden habe zwischen den Burgen Werdegg und Sternenberg. Der war so gross, dass die Werdegger imstande waren, darin in den Sternenberg hinauf zu reiten. Im Hagheerenloch seien die Gänge beider Burgen zusammengestossen.

Vom Eichschloss führte ein solcher Gang ins Lochbach Tobel. Die Burgen Kempten und Wetzikon waren auf gleiche Art miteinander verbunden und ebenso die Schlösser Grüningen und Liebenberg. Vom Rappengubel bei Steg, sagt man, habe ein unterirdischer Laufgang nach dem Wirtshaus zum Steg bestanden, so hoch, dass die Hagheeren darin zu Ross auf und ab reiten konnten. Am untern Bachtel führte auch ein Hagheerenweg durchs Holz. Man sieht dort eine lange, dem Hügel gleichlaufende Krinne im Boden. Dieser Graben rührte her von einem zusammengefallenen unterirdischen Hagheerenweg. Vom Batzberg bei Wald führte einst ein Gang hinunter bis zur Wellenwoog an der Jona. Vom Ritterhaus Bubikon soll ein unterirdischer Gang bis an den Zürichsee hinüber geführt haben. Es sind noch die Gänge vom Schloss Girenbad und von der Burg bei Fehraltorf zu erwähnen. Wahrscheinlich hat man früher noch von weiteren solchen sagenhaften Gängen gewusst.[39]

40. Die Taube vom Tösstal

Als auf der Kyburg noch die Grafen hausten, lebte im Tösstal unten eine hübsche Bauerntochter. Die verschmähte den Heiratsantrag eines reichen Bauernburschen, weil sie heimlich einen jungen Grafen liebte, mit dem sie sich oft traf. Den Jüngling quälte die Eifersucht, und er schlich seiner Angebeteten eines Tages nach, ertappte sie auch mit dem Grafen. Stracks lief er aufs Schloss und meldete dem alten Grafen, was er gesehen. Der Alte sperrte den Sohn einen Monat lang ein. Dieser aber wusste sich und seiner Geliebten zu helfen. Als Jäger verkleidet wurde die Jungfrau heimlich aufs Schloss geführt. Doch die Freude hatte auch ihre Folgen, und das Kind getraute sich nicht mehr nach Hause.

Nun fasste sich der junge Graf ein Herz und gestand dem Vater seinen und des Mädchens Umstand. Der Alte wollte aber von einer Heirat nichts wissen und sperrte beide in den Turm. Einige Zeit später ritt der Vater mit dem Sohn nach Winterthur. Diesen Anlass benützte ein vom jungen Grafen gedungener Jäger, die Geliebte nach Hause zu bringen. Die Mutter aber schlug ihre Tochter und schickte sie aus dem Haus. Das Mädchen irrte einige Zeit im Wald herum und genas hier des Kindleins. In seiner grossen Verzweiflung wusste es nicht wohin damit, tötete und verscharrte es. Da ritt der alte Graf durch den Wald und entdeckte das Geschöpf mit den blutigen Händen. Der wusste bald, was geschehen war, und sperrte die Mörderin ein. In der Nacht aber befreite sie ein Vertrauter des jungen Grafen. Sie lief und lief und sank endlich entseelt vor der Pforte des Klosters Töss zusammen.

Seither zeigt sich immer am Sankt-Othmarsabend dort, wo das Unglück geschah, ein Vogel in der Grösse einer jungen Taube, dunkelgrau, mit weisser Brust; blutrot leuchten seine Füsse und Flügelspitzen. Oft wollten die Jäger den seltenen Vogel, der keinem bekannten glich, fangen. Keinem ist es gelungen. Wer gar darauf schoss, dem zersprang das Schiessgewehr. Im dichten Gesträuch nah am Steg über die Töss haust es in einer verdorrten Eiche. Kein Tier nähert sich diesem Ort. Am Sankt-Othmarsabend steigt ein blaues Flämmlein daraus in die Höhe. Viele haben den Vogel schon gesehen. Oft sitzt er am Kerkerfenster und pfeift traurige Töne über den Wald hinab. Der Schlosskaplan sagt, das sei die

Seele des Mädchens. Er meint, die Busszeit nähere sich dem Ende, denn einst sei der Vogel schwarz gewesen und habe auf der weissen Brust drei rote Blutflecken gehabt.[40]

41. Die schönste Frau der Welt

Ein Jüngling sass singend in einem Nachen auf einem breiten, reissenden Strom und ruderte aus allen Kräften, um schnell an das jenseitige Ufer zu gelangen, wo seine Geliebte, das schönste Mädchen des Stromtales, wohnte. Als er in die Mitte des Stromes kam, drang der Hilferuf eines Verunglückten an sein Ohr. Er blickte flüchtig hin und sah eine alte Frau mit den Wellen kämpfen, die es ins nasse Grab hinunterschlingen wollten. Er aber kehrte sich nicht daran und eilte, hinüberzukommen. Die Stimme klang immer flehentlicher, aber schwächer und leiser. Die arme Alte schwamm am Nachen des Jünglings vorüber, ihr Rufen verstummte.

Doch plötzlich, wenige Klafter vom Fahrzeug entfernt, tauchte sie leicht wie ein Nebelgebilde aus den Wellen empor, und es war keine hässliche Alte, sondern die schönste aller Jungfrauen, noch unendlich schöner als seine Geliebte, die schon harrend und winkend am Ufer stand.

Die Jungfrau im Strom aber rief zürnend: «Fahr immerzu! Fahr zu in Ewigkeit!» Und sie schwamm spielend wie ein Schwan stromabwärts. Den Jüngling aber ergriff unnennbare Sehnsucht nach der Unvergleichlichen, die seine Sinne verzauberte. Er vergass der harrenden Geliebten und fuhr hinab, der Unbekannten nach, die in immer gleicher Entfernung vor seinen Augen dahinschwamm, nicht achtend auf sein liebeflehendes Rufen und nur von Zeit zu Zeit ihm vorwurfsvoll ihr leuchtend schönes Antlitz zukehrend. Der Jüngling fuhr Tage, Wochen und Jahre stromabwärts, aber das Ziel seiner Sehnsucht vermochte er nie zu erreichen. Und so fährt er immer noch zu, bis in die Ewigkeit hinein.[41]

42. Der Drache zu Bonstetten

Kaspar Gilg in Bonstetten will 1706 einen schwarzen Drachen gesehen haben. Der war vier Schuh lang und lief auf vier Füssen. Sein armdicker Kopf hatte einen gelben Ring. Auf dem Kopf trug er eine goldene Krone.[42]

43. Die Entstehung des Türlersees I

An der südlichen Seite des Albis liegt der Türlersee. Nicht immer sollen seine Fluten den Fuss des Albis bespült haben. Trockenen Weges schritt man dort einst in einem lieblichen Tal zwischen grasreichen Wiesen und fruchtbaren Feldern einher. Dieses Tal gehörte zum Besitz der Freiherren von Schnabelburg, deren Schloss hoch oben auf einer Spitze des Albis stand. Felder und Wiesen wurden von einem Pächter dieser Edelleute, die eine alte Chronik Grafen nennt, verwaltet und bewirtschaftet. Einer dieser Pächter, so erzählt die Sage, soll seine Tochter, deren Schönheit die Aufmerksamkeit des Burgherrn auf sich gezogen hatte, diesem gegen den Besitz jener Felder und Wiesen verschachert und die im Geleit des Vaters sich ungefährdet wähnende Tochter dem Grafen auf dem Schloss selbst zugeführt haben, wo ihm das auf so schändliche Art erworbene Besitztum schriftlich und urkundlich zugesichert worden sei. Kaum aber sei er, die Urkunden in den Händen, zum neuen Eigentum heimgekehrt, so habe sich ein fürchterlicher Orkan erhoben. Berge seien geborsten und hätten die Zugänge des Tales ausgefüllt, ebenso Wasserströme vom Himmel. Diese vertilgten den Vater samt seinem neuen Besitz für immer von der Erde, der sich in einen See verwandelte. Der Graf aber habe reuevoll die Tochter freigegeben, die den Schleier genommen und als Nonne gestorben sei.[43]

44. Die Entstehung des Türlersees II

Da wo jetzt der Türlersee sich ausbreitet, lag in alten Zeiten ein schöner Bauernhof mit fruchtbaren Feldern. Der Besitzer hatte ein einziges Kind, eine anmutige, liebe Tochter. Die war dem jungen Schlossherrn auf der Schnabelburg in die Augen gefallen, und er stellte ihr leidenschaftlich nach. Das gute und ehrbare Kind wies aber alle seine Versprechungen zurück, beharrlich und schroff. Dem einfachen und freien Bauernmädchen missfiel die Pracht der Burggemächer.

Doch der Schlossherr konnte den Vater überreden, das Kind zu mitternächtlicher Stunde unter allerlei Vorspiegelungen auf das Schloss zu bringen. Der Ritter selbst öffnet das Tor und zieht das widerstrebende Mädchen herein. Wie er das Tor hinter ihm schliessen will, merkt es, was gespielt wird und stösst einen Schrei der Verwünschung auf seinen verräterischen Vater aus. In diesem Augenblick fährt ein flammender Blitz vom Himmel und trifft ihr Elternhaus. Das Kind sieht noch durch die Türspalte, wie die Erde eine feurige Kluft öffnet und der einst schmucke und gesegnete Hof mit allen Feldern drin verschwindet. Am Morgen lag an deren Stelle ein See.[44]

45. Der Graben der Kriemhilt I

Dieser Graben liegt am Türlersee im Kanton Zürich in der Richtung nach Heferschwil. Dort hört man folgende Sage erzählen: Die Einwohner von Heferschwil hatten einst Kriemhilt, die Hexe, die am Türlersee wohnte, erzürnt. Sie schwur, sich zu rächen, den See abzugraben und das Wasser über die Felder von Heferschwil hinzuleiten. Sie begann den Durchstich durch einen kleinen Berg, der zwischen dem See und jenem Weiler lag, mit einer Schaufel, so gross wie ein Tenntor. Sie hatte bereits einen langen Graben gemacht, etwa 200 Fuss lang, allein sie hatte geschworen, sie wolle den See abgraben, Gott zulieb oder zuleid. Darob ergrimmte Gott, erregte einen gewaltigen Sturm, zerbrach ihre Schaufel und liess sie durch den Sturmwind fortreissen bis aufs Vrenelisgärtli am Glärnisch, einem Berg, der sich von dieser Stelle aufs schönste dem Auge darbietet.[45]

Vrenelisgärtli mit Schneekuppe am Glärnisch (Bild Roli Walter)

46. Der Graben der Kriemhilt II
Ein fahrender Schüler, der in Salamanca die Zauberei erlernt hatte, kam einst auf seinen Fahrten durch die Welt auch an den Türlersee. Zu dieser Zeit wohnte dort eine Frau namens Chriemhild, welche sehr schön, dabei aber auch sehr bös und neidischen Gemütes war. Ihr Hass und Neid waren aber besonders gegen ihre Nachbarsleute gerichtet, deren Felder und Wiesen sich immer bei weitem fruchtbarer zeigten als ihre eigenen. Da nun die Frau schon längst gewünscht hatte, einmal ihre Bosheit an dem Gut ihrer Nachbarn auszulassen, so kam ihr die Ankunft des fahrenden Schülers, durch dessen Kunst sie Wiesen und Felder der Anwohner, wo möglich noch unfruchtbarer als die ihrigen, zu machen hoffte, eben recht. Dieser, in Liebe zur schönen Frau entbrannt, willigte in das Verlangen ein und machte sich eines Nachts daran, einen grossen Graben zu ziehen.

Dieser Graben sollte das Wasser aus dem Türlersee auf die Wiesen und Felder der Anrainer leiten, um sie so zu überschwemmen und ihren warmen, fruchtbaren Boden in kalten, nassen Moorgrund zu verwandeln. Bald wäre das Werk auch gelungen, nur noch wenige Spatenstiche fehlten und das Wasser wäre in den Graben eingebrochen. Da kam aber ein frommer Pilger des Weges, der die bösen Absichten erkannte und den fahrenden Schüler samt der Frau durch seine heilige Kraft auf den Glärnisch verbannte, wo beide verdammt sind, auf dem mittleren, mit ewigem Eis bedeckten Gebirgsstock einen Garten anzulegen. Erst wenn dieser Garten, den das Volk das Vreneligärtli oder den St. Verenagarten nennt – jener Pilger soll nämlich die heilige Verena gewesen sein – vollendet ist, wird die Erlösung der beiden erfolgen. Das wird aber wohl niemals geschehen, ebenso wenig als den Verdammten bei Lebzeiten die Vollendung des Grabens gelang, der von der Frau noch heute den Namen «Chriemhildengraben» führt.[46]

47. Verena vom Türlersee I

Weit vom Meeresstrand her wanderte einst eine Familie ins Knonauer Amt ein. Der Mann war von friedlicher Gemütsart, die Frau finster und ungesellig, doch dem Gefährten eine treue Gehilfin und dem lieblichen Kind eine sorgsame Mutter. Hinter Vollenweid, auf dem Berg am Türlersee, bauten sie eine Hütte und erwarben beträchtliches Grundeigentum. Wundersam gedieh die Arbeit ihrer Hände, und was sie pflanzten, blühte und reifte in üppiger Fülle. Vor allem erfüllte der herrliche Garten die Nachbarn mit Bewunderung, aber auch mit geheimem Neid. Mit freundlichem Sinn teilten der Mann und das Kind von den duftenden Blumen und den saftigen Früchten auch vorbeiziehenden Wanderern und den Nachbarn mit, und oft trug das liebliche Mädchen den Kranken der Umgebung heilsame Kräuter zu. Das sah die Mutter – Chriemhilde nennen sie die einen, die andern Verena – nicht gerne, doch Vater und Kind beschworen mit freundlicher Mahnung den bösen Geist in ihr.

Nach etlichen Jahren geschah es, dass der Vater in den Wellen des Türlersees sein Grab fand. Mit ihm entwich der gute Geist, der über dem Haus gewaltet hatte. In finsterer Trauer arbeitete die Frau weiter, aber in ihrem Herzen wucherten Habsucht und Menschenhass. Umsonst harrten die Kranken der Heilkräuter, umsonst schauten die Nachbarskinder nach den Wunderblumen in Chriemhildens Garten. Die Unglückliche erweiterte unbefugt ihre Grenzen. Das liessen sich die Herferswiler nicht bieten. Ohne der Guttaten des Verstorbenen zu gedenken, fielen sie über die Witwe her und brachten sie mit Zank und Hader und rastlosem Treiben vor den Gerichten um ihren Grundbesitz. Das gute Kind aber konnte das Wesen der Mutter nicht ertragen. Es welkte dahin und fand im Schoss der Erde seine frühe Ruhestätte.

Als nun Chriemhilde einsam geworden und ihr die Herferswiler alle Grundstücke bis auf den Garten wegprozessiert hatten, sprach sie in wildem Unmut: «So kann ich doch noch gartnern!» Aber es war kein Segen bei ihrer Arbeit, und der Garten blieb ein Schatten von der ehemals lachenden Pracht. Schliesslich beraubten die Nachbarn sie auch noch des Gartens, und die Frau lebte nur noch im Gefühl der Rache.

Da nahte ihr der Böse. Der gab ihr ein, sie solle mit dem Wasser des Türlersees, das ihren Mann verschlungen hatte, ihre Feinde ertränken und ihre Felder verwüsten. Ein Hügel, der Jung-Albis, trennt nämlich den See von dem Dorf, und diesen wollte sie mit Teufels Gewalt durchstechen. Der Böse verlieh ihr Riesenkräfte und Riesengestalt. Eines Nachts machte sie sich ans Werk. Mit einer Schaufel wie ein Tenntor arbeitete sie in grausiger Hast, mit jedem Strich einen Schuh weit vorrückend. Da sie aber mit dem Teufel abgemacht hatte, sie dürfe bei der Arbeit kein Wort reden, konnte sie ihrer Freude über das rasche Vordringen der Arbeit nicht Ausdruck geben. Sollte sie aber ein Wort über die Lippen lassen, bevor das Wasser durch den Graben in die Herferswiler Felder laufe, so wäre sie sein.

Wie sie nun zum letzten Stich die Riesenschaufel hob, konnte sie ihr Entzücken nicht mehr bändigen. Wild jauchzend rief sie: «So ist's geschehen, Gott zu lieb oder zu leid!» In diesem Augenblick entführte ein brausender Sturm die Hexe durch die Luft, auf die blumigen Halden des Glärnisch. Aber unter ihrem Fuss erstarrten Gräser und Kräuter zu Eis. Noch heutzutage steht sie dort, auf ihren Spaten gelehnt, ein zackiger Eisblock, und nimmer taut sie auf von den Tränen der Liebe. Denn sie hat nur Hass gesät und Fluch geerntet. Der Graben aber, den sie ausgehoben hatte, blieb bestehen. Die Leute nannten ihn nach ihr «Chriemhildengraben».[47]

48. Verena vom Türlersee II

Oben im Bezirk Affoltern am Fuss des Albis liegt der unheimliche Türlersee, der tiefste des Kantons. Dieser See samt seiner Umgebung gehörte in grauer Vorzeit einer arbeitsamen, braven aber stolzen Frau; das Volk nannte sie «Frau Vrene». Da begab es sich, dass die Herferschwiler unter dem Jungalbis an der Jone wegen der Markung mit der Frau heftig in Streit gerieten. Sie wollte vor keinen Richter, es sollte nach ihrem Kopf gehen. Die Herferswiler hatten auch harte Köpfe, und gaben nicht nach. Da fasste Frau Vrene in ihrem Zorn den Entschluss, durch einen tiefen breiten Graben durchs Jungalbis den Türlersee ins Gelände der Gegner zu leiten und es so zu verwüsten. Fahrende Schüler halfen ihr recht gefällig dabei. Der Graben war vollendet bis zum letzten Spatenstreich, da erfasste sie einer und sagte: «Du musst mit mir, du magst wollen oder nicht!» Blitzschnell führte er sie auf eine liebliche grüne Halde oben auf der Westseite des Glärnisch, ihr deutend: «Hier kannst du gartnen!» Aber der schöne Alpengarten verwandelte sich in eine Gletscherhalde, und Frau Vrene steht, den Spaten in der Hand, heute noch dort, zur Eissäule verwandelt. «Vrenelis Gärtli» glänzt zu allen Zeiten hell wie Silber herüber ins Knonauer Amt.[48]

49. Die Heiden von Mettmenstetten

(1) Das Wildental ist eine Waldung bei Mettmenstetten. Davon sagt man, hier hätten die Wilden, d.h. die Heiden, die sich zur Zeit der Verbreitung des Christentums nicht bekehren lassen wollten, noch lange gehaust.

(2) In Mettmenstetten sah man früher den Stiefeliritter. Er war schwarz gekleidet, bleich und hohläugig. Nachts, von zwölf bis eins, tanzte er auf einer Matte, die wie ein Zirkus aussah.[49]

50. Die Nacht der Frau Spräggele

In Knonau wurde am zweitletzten Freitag vor Weihnachten die Spräggelennacht abgehalten. Einer alten Sage zufolge sollen sich in jener Nacht Geister herumgetrieben haben. So seien die Geister von zwei alten, ledigen Frauen in der Kirchmatte herumgehüpft. Ein Schreckgespenst war Frau Sträggele oder Spräggele, die durch das Spräggelen-Jagen verscheucht werden sollte. In der gleichen Nacht soll jedes Jahr ein Mann, der Marchsteine versetzt hatte, mit einer Hacke in der einen und mit einer Laterne in der anderen Hand, nachts zwölf Uhr durch die Schlossmatte geschritten sein.[50]

51. Die Quelle bei Unterlunnern

Eine Quelle an der bei Unterlunnern zum Reussried abfallenden Halde heisst das «Tüürebrünneli». Sie war seit jeher landauf und landab bekannt. Es gab Zeiten, zu denen sie monatelang kein Wasser lieferte, obwohl gar keine Trockenheit herrschte, während sie anderseits in trockenen Jahrgängen reichlich Wasser spenden konnte. So ist es noch heute.

Da kamen früher im Frühjahr und im Sommer von weither die Müller und Bauern hergereist, um zu sehen, ob das «Tüürebrünneli» viel oder wenig Wasser liefere. Lief die Quelle stark, so ging es wie ein Lauffeuer durchs Land, die Körnerfrucht und das Brot werden teuer. Lag die Quelle fast trocken, so rechnete man auf billiges Brot. Da sollen sich dann die Müller und Bauern, die Korn und Weizen zu verkaufen hatten, rechtzeitig vorgesehen haben. Bei reichlichem Wasserfluss musste man auf einen nassen Jahrgang rechnen. Dann durfte man die Fruchtvorräte nicht leichthin verkaufen. Man wartete mit dem Verkauf zu, denn der Preis musste ja in die Höhe gehen. Das «Tüürebrünneli» zeigte also eine Teuerung an.[51]

52. Die Nixen und das goldene Zeitalter

Ehedem führten die Obfelder im Knonauer Amt ein wahres Schlaraffenleben. Wenn im Herbst die Bauern sich vom Bett erhoben, lagen oftmals die reifen Birnen schon vor der Kellertür, ohne dass sie eine Hand hatten rühren müssen. Diesen Dienst erwiesen ihnen die Wassernixen von der Reuss, die ihnen besonders zugetan waren.

Damals gab es in unserem Land Birnen, die waren tausendmal grösser als die jetzigen, die sogenannten «überwelschen». War so eine abgefallen, so wurde sie in den Keller gerollt, und dort zapfte man ihr den Saft ab. Zwei Männer trennten mit der grossen Waldsäge den Stiel vom Fleisch und führten ihn in die Sägemühle, wo Bretter für Täferholz daraus geschnitten wurde.

Viel Sorge machte es den Leuten dazumal, die Milch aufzuheben. Die Kühe waren nämlich so gross, dass man Teiche graben musste, um die viele Milch, die sie gaben, darin aufzufangen. Das Merkwürdigste aber waren die ungeheuer langen Kuhhörner. Blies man um Ostern hinein, so kam der Ton zu Pfingsten heraus.[52]

53. Der steinerne Tempel auf dem Islisberg

Als man vor Zeiten die Kirche von Ottenbach erweitern wollte, mangelte es an Bausteinen. Da berichteten die einsamen Bewohner des benachbarten Islisberg, eines kleinen Dörfchens, es liege auf ihrer Höhe im Wald noch eine alte Heidenkirche mit vier mächtigen Pforten und den schönsten Werkstücken. Die Gemeinde beschloss, diese Quader herabzuschaffen. Sowie man aber an die Arbeit ging, verschwanden unvermutet alle Taglöhner, und selbst ihre Familien kamen allmählich aus dem Land.

Nach vielen Jahren erfuhr man, dass sie sich alle zusammen in der Rheinpfalz niedergelassen hätten und daselbst recht glücklich und in Wohlstand lebten. Hieraus schloss man, die Steinhauer hätten in jenem Tempel einen grossen Schatz gehoben und sich damit aus dem Land geschlichen, um ihn ohne Anfechtung verzehren zu können. Früher, 1857 noch, sagte man von einem, der den Gottesdienst geschwänzt hatte, er sei «z'Iselis-Chilch gsi».[53]

54. Der Drache von Lunnern

In der Gegend von Lunnern, in der Wangeren, hauste in alten Zeiten ein Ungeheuer, ein junger Drache, der den Bauern viel Schaden anrichtete, indem er die Feldfrüchte ausriss, wo er des Weges kam. Mit der Zeit bekamen die Ämtler genug von diesem Wurm, und sie konnten ihn vertreiben.

Das Ungetüm rettete sich über die Reuss und begann die Felder der Merenschwander zu verheeren. Es hielt sich in einem Wäldchen auf, das es nur nachts verliess. Als der Drache einst durch einen Feldhag schlüpfte, konnte ihm ein Bauer, der auf der Lauer stand, mit dem Beil den Kopf abschlagen. Das Tier führte aber noch mit seinem Schwanze einen Schlag über die Hecke und traf den Bauern, dass er tot niedersank.[54]

55. Die Erdmännchen im Wilental

In alten Zeiten war das Limmattal auch von dienstbaren Zwergen und Erdmännchen bewohnt. Die blieben aber stets unsichtbar, obwohl sie den Menschen viel Gutes taten. Man hatte ihnen die Gegend um den einsamen Fischweiher im Wilental zur Behausung eingeräumt. Solange sie dort ungestört blieben, behüteten sie Mensch und Vieh vor Unglück und Not und bewiesen damit den Menschen ihre Dankbarkeit. Friedliche Leute, die feierabends das Wilental betraten, duldeten sie wohl. Fischfrevler und lärmende Trunkenbolde führten sie jämmerlich in die Irre und ergötzten sich an ihrer Angst.

Als 1798 die Franzosen einrückten, war's mit der Stille des Wilentales vorbei. Die Welschen holzten den schönsten Baumbestand ab und verbrannten das Holz in ihren Lagerfeuern. Die erzürnten Erdmännchen rächten sich. Mehrmals verschwanden nächtlicherweise Wachtsoldaten, wenn sie durch das Wilental ihre Runde machten. Doch daran kehrte sich niemand. Mit viel Lärm und wüstem Gefluch wurden die Rosse im Seelein getränkt und in dessen Ausfluss geschwemmt. Den heissgeschossenen Lauf der grossen Kanone kühlten die wilden Gesellen im frischen Wasser.

Die Fische hatten auch ihre schönsten Zeiten gehabt. Eines Tages, als der «Spatz» der französischen Feldküche ausgeblieben war, gruben die Soldaten kurzerhand den Ausfluss des Seeleins ab, dass der Spiegel sich langsam senkte und die Fische sich in einer schlammigen Ecke zusammendrängten. Die Franzosen hofften, ihrer hier leicht habhaft zu werden, staunten aber nicht wenig, als plötzlich zwei der wildesten Krieger im Schlamm versanken und nicht mehr gefunden werden konnten. Das war die Rache der Erdmännchen, die nicht zuschauen konnten, wie die gesättigten Soldaten sich im Übermut die Fische an den Kopf warfen.

Dieses Unrecht verleidete dem kleinen Volk den Aufenthalt am Wilerseelein. Rache schwörend verliessen sie die Gegend und kamen nicht wieder. In mondhellen Nächten aber geistern noch heute die verirrten und versunkenen Franzosen im Wilental. Es behauptet mehr als einer, schaurige Schreie im Wald gehört zu haben.[55]

56. Unterirdische Gänge im Limmattal

Von der Burg Schönenwerd führte in alten Zeiten ein unterirdischer Gang unter der Limmat hindurch zum gegenüberliegenden Schloss Glanzenberg. Durch ihn verkehrten die beiden Rittergeschlechter miteinander. Ein weiterer unterirdischer Gang soll von der Burg Schönenwerd gegen Urdorf verlaufen sein. In Urdorf heisst ein Haus «zum Kloster», weil früher an der Stelle ein Kloster stand. Man erzählte, von hier aus führe ein unterirdischer Gang ins Reppischtal, dorthin, wo früher eine Kirche gewesen sei, heute sich aber ein stattliches Bauernhaus befindet.

Ein weiterer unterirdischer Gang soll von Gwinden nach der Burg Schönenwerd geführt haben. In Gwinden ist nämlich unterhalb der Burgstelle der Erdboden mehrmals eigentümlich eingesunken, so dass der Boden immer wieder ausgeebnet und das eingesunkene Gebiet ausgefüllt werden musste.[56]

57. Der Paradiesgarten bei Glattfelden
Wer von Glattfelden auf den Laubberg spaziert und sich oben bei den Häusern nach Westen wendet, gelangt von dort aus in einer Viertelstunde zum sogenannten Paradiesgärtchen, einem idyllisch im Wald gelegenen Ruheplatz. In jener Gegend ist am steilen Schotterhang eine Höhle, von der es früher hiess, es hätten darin heidnische Alemannen gehaust, die sich nicht hätten bekehren lassen. Eine ganze Haushaltung habe sich hierher geflüchtet, aber ein Kindlein nach dem andern sei die Wand hinunter gefallen, und zuletzt habe das gleiche Schicksal auch die fast verhungerten Eltern heimgesucht, gewissermassen zur Strafe für ihre religiöse Widerspenstigkeit.[57]

58. Der Kinderhügel von Bachs
Der Kindlibuck ist eine Anhöhe über dem Dorf Bachs. Hier war es vor Zeiten nicht ganz geheuer. Es hiess, es erscheine dort nachts ein feuriges Auge oder ein blaues Licht, und aus dem Boden krieche gelegentlich ein grauenhaftes Ungeheuer hervor. Wenn eine Bachser Familie «Jugend bekam», sagte man neugierigen Kindern, die Hebamme habe diese im Kindlibuck oben geholt.[58]

59. Die Erdmännchen im Bachsertal
Ja, das waren gute, alte Zeiten, als im «Erdmännliloch» bei der Hochfluh am Sanzenberg oben noch wohltätige Heinzelmännchen hausten! Von diesen erzählten die Alten, sie hätten den Leuten gar manche am Abend noch unvollendete Arbeit während der Nacht fertig gemacht, also zum Beispiel gemäht, gepflügt, Korn geschnitten oder Vieh geputzt. Ihrer ganz besonderen Hilfe soll sich der Talmüller erfreut haben, ohne sich aber dafür dankbar zu erweisen. Im Gegenteil soll er sie oft verspottet und ihnen einmal einen argen Streich gespielt haben, indem er ums Haus herum Mehl gestreut habe, um die Spuren ihrer Füsse zu entdecken. Noch in dieser Nacht aber seien die darüber verärgerten Kobolde aus der Gegend weggezogen, wie einst die Zwerge aus dem Haslital.

Über diese hilfreichen «Lampohren», wie die Erdmännchen wegen ihren grossen Ohren auch etwa genannt wurden, berichtete eine andere Sage, sie hätten vom Talmüller gelegentlich ein Säcklein Mehl erhalten und daraus für sich und arme Leute Kuchen gebacken. Das habe der Geizhals ihnen aber abgewöhnen wollen und deshalb eines Tages das Mehl mit viel Gips vermischt, das die erzürnten Zwerge sogleich in den Mühlebach geworfen hätten. Als man darin am anderen Morgen das Vieh getränkt habe, sei es zugrunde gegangen. Der ehemals sehr reiche Müller sei verarmt, habe die Erdmännchen mit seinem letzten Sack Mehl wieder versöhnen wollen, sie aber nicht mehr gefunden und sei bei ihrer Höhle zu Tode gestürzt.[59]

60. Der prophezeiende Kernensee

Der Kernensee befindet sich beim «Burenholz» nördlich der Strasse von Stadel nach Hochfelden, ist aber schon stark verlandet. Früher glaubte man, nach seinem Wasserstand des Frühlings den Ertrag der Getreideernte voraussagen zu können. Wenn in diesem schon zur Frühlingszeit das Grundwasser auffallend stieg, schloss man, es gebe einen nassen Jahrgang und deshalb wenig und schlechtes Getreide. Darum soll es nach der Sage auch hier vorgekommen sein, dass Kornhändler oder ihre Spione aus dem Klettgau und Schwabenland nach dem Winter hierher kamen, um sich bei diesem «Naturbarometer» Rat zu holen. Zeigte er grosse Nässe an, so behielten sie ihre Vorräte zurück, um sie bei uns erst nach der erfolgten Preissteigerung abzusetzen. Diese Meinung ergab sich wohl aus einer sehr langen, oft erwiesenen Erfahrung, und gewisse Zusammenhänge werden von einzelnen Fachleuten nicht ohne weiteres bestritten.[60]

61. Die verwünschte Frau der Lägern

Im unteren Wehntal lebten zwei Müllersleute zusammen mit ihrem Sohn Joseph. Als dieser einst in einem Lengnauer Wirtshaus bis zur Mitternacht getanzt hatte, bemerkte er auf einer Bank eine fremdartige, fein gekleidete Frau, mit der er kurzerhand noch einen fröhlichen Kehraus machte. Dann wollte er seine Tänzerin nach altem Burschenbrauch heimbegleiten. An der Tiefenwaag vorbei und durch Ehrendingen führte ihr Weg bergwärts nach Lägern. An deren Fuss aber verabschiedete die schöne Frau den verdutzten Müllerssohn und soll ihm nach der Sage befohlen haben, um die Mitternachtszeit wieder hier zu sein, damit er sehen könne, wo sie daheim sei.

Als dieser nach dem Essen zur Stelle gekommen sei, habe ihn seine Tänzerin erwartet, ihm einen Strauss Schlüsselblumen überreicht und erklärt, sie sei schon seit Jahrhunderten durch den Fluch ihrer Mutter in diesen Berg verbannt, weil sie einst einen Liebhaber, der den Eltern zu arm gewesen sei, nicht habe verlassen wollen. Weiter berichtete die sonderbare Frau, sie dürfe alle hundert Jahre einmal für drei Tage ins Freie, und wenn dann ein braver Jüngling mit Schlüsselblumen ihr in den Berg nachfolge, werde der Bann gebrochen und sie erlöst, und heute sei gerade der letzte Tag. Der Bursche sei ihr nun mutig nachgegangen bis zu einem grossen Felsentor, hinter dem es von Gold und Silber geglänzt habe. Plötzlich seien aber zwei feuerspeiende Drachen aus dem Innern hervorgekommen, und der erschrockene Junge sei heimgerannt und nach drei Tagen an Herzweh gestorben.

Nach einer alten Sage habe einst ein kleiner Junge in der Nähe dieser Höhle einen am Weg liegenden Schlüsselblumenstrauss aufgelesen und heimgebracht. Dort seien alle Blüten über Nacht golden geworden. Nun hätten sich die Eltern und Nachbarn des «Heidenweibes» an der Lägern erinnert und gedacht, dieser Schatz könne von ihr kommen. Mit Säcken und Körben seien diese Goldsucher bergwärts gegangen, hätten aber das Felsentor gar nicht gefunden und seien nachher eine Zeitlang wie von Sinnen gewesen.[61]

62. Die Heidenfrau Isis

Eine alte Bäuerin erzählte, im Isenbühl oberhalb des Dorfes, sei das Grab einer Heidenfrau namens Isis. Früher sei es üblich gewesen, dass jeder Vorbeigehende ehrfürchtig einen Stein oder eine Handvoll Erde auf jene Stelle geworfen habe.[62]

63. Die weisse Frau von Regensberg

Von Regensberg aus gelangt der Wanderer auf der ins Wehntal hinabführenden Strasse nach einer Viertelstunde in die einsame Gegend des Pflasterbaches. Dieser kommt sprudelnd von Wald herab und erhielt den sonderbaren Namen daher, weil sein Bett wie verpflastert aussieht, was vom ausserordentlich kalkhaltigen Wasser verursacht wird. Dieses galt einst als wundertätig, was vielleicht ein Grund ist, weshalb hier ums Jahr 1501 eine Wallfahrtskapelle erbaut wurde. Infolge der Reformation geriet diese aber bald so sehr in Zerfall, dass man von ihr heute fast keine Überreste mehr bemerkt. Im östlich davon gelegenen Wäldchen vermuteten die Alten noch die Ruinen einer Burg der Ritter von Sünikon, die vom Volk wie anderswo als Schloss bezeichnet wurde.

In diesem Gemäuer soll nun nach der Sage eine Schlüsseljungfrau viele Schätze gehütet haben. Nachts sei sie aber zur Geisterstunde hie und da in weissem Gewand und mit langen, goldblonden Haaren samt ihrem Schlüsselbund zum nahen Städtchen Regensberg hinauf und wieder zurück gewandelt. Da habe ihr einmal ein armer Mann abgepasst, um von ihr die Schlüssel zu erbitten, die er erhalten habe mit der Bedingung, er dürfe einige Kostbarkeiten holen, aber niemandem etwas davon verraten. Dieses Stillschweigen sei von ihm aber nicht lange befolgt worden, weshalb er seine Schätze verloren habe und wieder arm und sogar geisteskrank geworden sei, während die holde Fee ihr Schloss zerstört und diese Gegend verlassen habe.[63]

64. Die Nixe vom goldenen Brunnen bei Kloten

Unweit Kloten, gegen Bülach zu, liegt ein kleiner Weiher, das goldene Tor genannt. Er ist an sich nicht tief, aber eine Menge Löcher befinden sich darin, die, wie es heisst, unergründlich sind. Aus diesen quillt unaufhörlich zarter Sand in kleinen Goldblättchen herauf. Ein Knabe, der Schafe hütete, hatte sich am Rand des Teiches niedergelegt. Plötzlich wird das Wasser unruhig und ein Strom von Sand dringt herauf. Dann zerteilt sich die Flut, und eine schöne Jungfrau steht vor dem erstaunten Knaben. Lächelnd streckt sie ihm einen goldenen Ring entgegen. Der Knabe will ihn haschen. Sie zieht aber allmählich die Hand zurück, bis der Nachlangende ins Wasser fällt. Sogleich umschlingt sie ihn und fährt mit ihm zur Tiefe.

Ein Bauer hatte das angstvolle Geschrei des sich Sträubenden gehört und eilte herbei. Aber obgleich der Weiher wie gewöhnlich klar und seicht ist, kann der Bauer den Knaben nicht erblicken, bis dieser plötzlich aus einer dieser Quellöffnungen wie ein Pfeil herausschiesst. Er ist bewusstlos, als ihn der Bauer aus dem Wasser zieht. Wie er aber wieder zu sich selbst kommt, erzählt er, die Jungfrau des Wassers sei mit ihm in reissender Schnelligkeit tief, unendlich tief hinabgefahren, bis plötzlich eine schöne Gegend sich unten aufgetan habe. Sie hätte da festen Grund gefasst, und eine grosse, herrliche Stadt mit einem goldenen Tor sei gerade vor ihnen gewesen. Plötzlich sei eine andere schöne Jungfrau aus der Stadt herausgetreten. Da habe die, welche ihn umschlungen und getragen, rasch die Arme geöffnet, um ihr entgegenzueilen. Kaum sei er aber nicht mehr festgehalten worden, so habe es ihn mit solcher Schnelligkeit und Heftigkeit emporgerissen, dass er sogleich darüber das Bewusstsein verloren habe. Später ist der Knabe noch oft zum Weiher gegangen. Die schöne Jungfrau hat er jedoch nie wieder gesehen.[64]

65. Der Opferbaum bei Kloten

Bei Kloten stand früher eine hohle Eiche, deren Stamm einen Umfang von 33 und einem halben Werkschuh mass. In deren Höhlung konnte man vier Rosse stellen. Man hielt sie für einen Opferbaum der Heidenpriester. Ihr Standort war die sogenannte Schatzhalde.[65]

66. Die verschwundene Stadt

Am 3. September 1760 begab sich der Sohn des Untervogts von Kloten, Hans Hug, auf die Jagd, um für seinen Hochzeitstisch einen Braten zu erlegen. Er streifte weit herum, konnte aber nichts erlegen und setzte sich müde nahe am Teich, den man das goldene Tor nannte, nieder. Nach der Sage stand hier in uralten Zeiten eine Stadt mit einem goldenen Tor. Während eines Erdbebens sei alles versunken. Doch lösen sich von Zeit zu Zeit noch Goldblättchen ab von den Torsäulen und erscheinen auf der Oberfläche des Wassers.

Hierhin hatte sich also Hans Hug gesetzt, und da träumte er vor sich hin. «Ich muss etwas erlegen!» brummte er vor sich hin, «und wenn ich warten muss, bis mir der höllische Bock vor die Flinte läuft.» Da lief ein ausserordentlich fetter Bock an ihm vorbei. Hug schlug an, und der Bock strauchelte, lief aber davon wie die schwarze Bise im Horner. Hans verfolgte rasch die Schweissspur. Er rannte über eine Stunde dem Bock nach. Da lichtete sich der Wald. Wie er aus dem Holz heraus trat, breitete sich vor ihm eine Ebene mit einer prächtigen Stadt, die von einer Lichtflut umgeben war. Paläste mit flachen Dächern und goldenen Geländern darum herum glänzten ihm entgegen, breite Strassen zogen sich durch die mit Blumen und Springbrunnen geschmückte Stadt. Alles leuchtete in einem bunten Feuer, das nicht verzehrte. Leute in schimmernden Gewändern gingen in den Strassen.

Hug betrat die Stadt, die um einen wunderbaren Palast geschart war. Ein Greis trat auf ihn zu und forderte ihn auf, mitzukommen. Hans Hug, ein wenig verwirrt, fragte den Alten, wo er sich eigentlich befinde. Dieser antwortete ihm: «In Claudia!» Der Jäger folgte dem Mann in den grossen Palast, wo er in einen Baderaum geführt wurde. Hier lag ein todbleicher Jüngling im Bad, und das Wasser war gerötet von Blut, das aus einer Wunde floss. Der Alte warf Hug vor, er habe diese Wunde verursacht. Dieser stellte das eifrig in Abrede. Ein schönes Fräulein erschien, und Hug stellte fest, dass seine Braut dagegen nur ein unansehlicher Strohwisch war. Dieses Fräulein verlangte, dass Hug sich zur Ader lasse, damit sein Blut dem Erschöpften eingeflösst werden könne, denn, so sagte sie weiter, der Verwundete sei der vermeintliche Rehbock gewesen. Diesen Aderlass bewerkstelligte der Greis, indem er ein ekelhaftes Tier aus einer Büchse nahm und es mit seinem rüsselförmigen, spitzen Kopfende an Hugs Brust setzte. Mit zwei Fledermausflügeln, die ihm hinter dem Kopf angewachsen waren, schwirrte das Tier und sog das Blut aus Hans Hugs Herzen. Aus seinem schlaffen Schwanzende troff es dem Rehbock-Menschen in den Mund.

Während dieser Prozedur hielt das Fräulein den Burschen mit zarten Armen umschlungen, auch hatte es ihm zuvor einen Becher Wein gereicht. Ein süsser Duft und leise Musik schläferte den Jäger ein, dass er alles vergass, was ihn im Leben bewegt hatte. Nur bei der schönen Jungfrau zu bleiben, war sein einziges Verlangen. Vom Blutverlust geschwächt, versank Hug in einen Dämmerzustand und erwachte nach fürchterlichen Träumen unter der Buche, unter die er sich gelegt hatte. Er blutete tatsächlich aus einer Wunde an der linken Brust. Aber ihm fehlte der grüntuchene Rock, die mit silbernen Knöpfen beschlagene Scharlachweste, der Hut, das Geld, die silberne Uhr und die Flinte.[66]

67. Der Drehstein bei Embrach

Dieser geschützte Findling liegt in einem Wäldchen etwa 200 Meter nördlich des zu Oberembrach gehörenden Hofes Rotenfluh, der von ihm den Namen bekommen hat. Der Block besteht aus Sernifit (rotem Ackerstein), umfasst ca. 70 m³ und ist seit 1869 im Besitz der Zürcher Naturforschenden Gesellschaft, worauf eine dort angebrachte Tafel hinweist. Das ist nun auch so ein «Elfischtäi» (Elfistein), der sich nach der alten Sage umgedreht habe, wenn in Embrach um elf Uhr geläutet worden sei. Hier wie andernorts glaubte man, der Teufel sei über die das Christentum annehmenden Hofleute so zornig geworden, dass er diesen Bock nach ihrer Siedlung geworfen, sie aber nicht recht getroffen habe. Immerhin sei der Stein so stark mit seiner Wut erfüllt worden, dass er sich beim Ertönen des christlichen Glockenzeichens noch lange Zeit missmutig bewegt habe.[67]

Elfistein von Embrach beim Hof Rotenfluh

68. Die verwünschte Frau bei Brütten

Der verrückte Mathis war vor langen Jahren eine bekannte und gefürchtete Person im Dorf Brütten, der man gerne aus dem Weg ging. Den Grund seines Geisteszustandes hat er in seiner letzten Krankheit dem Pfarrer anvertraut.

Mathis war reicher Leute Kind gewesen, hatte aber nach dem frühen Tod seiner Eltern den schönen Hof zum Schauplatz wilder Zechgelage werden lassen, die rasch Kisten und Kasten leerten. Er musste darauf denken, neue Mittel zu erhalten. Nun ging im Volk die Sage, dass auf dem Acker, genannt Steinmürli, unter einem einsamen Birnbaum ein reicher Schatz liege, zu dessen Hebung es allerdings grossen Mut brauche. In einer dunkeln Nacht schlich er sich zur Geisterstunde an diesen verrufenen Ort, begann das Gestrüpp unter dem Baum zu roden und hob schon die Schaufel, als eine schöne Frau hinter dem Baum hervortrat.

Sie machte ihm Hoffnung, dass er das Ziel seiner Wünsche erreichen werde, wenn er ihr dreimal einen Kuss gebe. Mathis war gerne einverstanden und gab ihr den ersten Kuss. Aber plötzlich war alles verschwunden und es tönte wie leises Gelächter aus dem Baum. Die folgende Mitternacht mochte Mathis kaum erwarten. Als es zwölf Uhr schlug, stand er wieder unter dem Baum und auch die schöne Frau war wieder da. Als er sie aber umarmte, lag es plötzlich feuchtkalt an seiner Brust, und statt des reizenden Antlitzes glotzten ihn die gläsernen Augen einer grossen Kröte an, die ihm das ekelhafte Maul zum Kuss entgegenhielt. Zu Tode erschrocken wich er zurück, aber es tönte ihm gellendes Hohngelächter nach. Den Rest der unseligen Nacht und den folgenden Tag trieb es ihn ruhelos umher. Entsetzen und Furcht kämpften in seiner Brust mit der Sehnsucht nach der schönen Frau und der Begier, den Schatz sein eigen zu nennen. Die Habsucht siegte, und um Mitternacht stand er abermals unter dem Baum, wo ihn die schöne Frau erwartete. Mit geschlossenen Augen wollte er sie küssen, aber seinem Mund begegnete wieder das feuchte Maul der Kröte. Halbtot riss er sich los und wurde am Morgen unweit des verrufenen Ortes gefunden. Seitdem blieb sein Verstand umnachtet. Er schleppte sein trübes Dasein noch lange Jahre hin, sich und anderen zur Pein.

Viele Jahrzehnte später, als die Geschichte vom tollen Mathis fast vergessen war, machte ein junger Bauer von neuem den Versuch, den Schatz zu heben. Er gedachte damit seiner jungen Frau und seiner Mutter ein schönes Leben zu verschaffen und gelobte, wenn das Wagestück ihm gelinge, einen Teil des erhofften Gewinnes zur Verschönerung des ärmlichen Kirchleins des Ortes zu verwenden. Wohlgemut nahte er sich in einer hellen Mondnacht dem Baum und begann zu graben, als plötzlich ein altes Mütterchen aus dem Schatten des Baumes hervortrat, das ihm sagte, dass nur der den Schatz heben könne, der gewisse Bedingungen erfülle. Sie gab ihm ein Beil mit der Anweisung, in der Frühe des nächsten Pfingsttages damit einen gewissen Baum zu fällen und aus dessen Holz eine Wiege zu schaffen. Erst wenn ein Kindlein in der Wiege schreie, könne er den Schatz heben. Doch dürfe er zu niemandem darüber sprechen. In der Morgenröte des Pfingsttages machte sich der junge Bauer auf den Weg und ward durch das Beil auf wunderbare Art an eine Stelle im Wald geleitet, die ihm völlig unbekannt war. Fast von selbst senkte sich die Axt zum Fuss einer schlanken Tanne, die er nun zu fällen begann.

Als aber der schöne Baum zu wanken anfing, tönte aus den Ästen ein Ton gleich dem Wimmern eines kleinen Kindes, der sich immer mehr steigerte, bis er beim Sturz mit einem lauten Wehruf endigte. Von Schrecken gejagt floh der Bauer die unheimliche Stelle, fand aber am anderen Morgen die in Bretter zersägte Tanne vor seiner Tür. Als er nach einiger Zeit eine Wiege brauchte, erstellte er eine aus dem Holz der Tanne, und als bald ein munteres Knäblein das Licht der Welt erblickte, konnte der beglückte Vater es kaum erwarten, bis er aus der Wiege das Schreien des Kindes vernehmen würde. Aber in der Wiege gelegen verstummte der kleine Schreier und hauchte unter heftigen Krämpfen sein junges Leben aus. Auch dem zweiten Kind, einem Mädchen, ward die Unglückswiege zum Verhängnis. Verzweifelnd warf nun der Vater, der sich als Mörder seiner Kleinen anklagte, die unglückselige Wiege ins Feuer. Und als er in reuigem Gebet dem Lodern des Feuers zuschaute, entschwebten zwei weisse Tauben dem wirbelnden Rauch. Der böse Zauber war gelöst.[68]

69. Die weisse Frau von Oberwil
Am Fusse des Engelrains bei Oberwil führt ein Holzweg zu einem Bach an den Steg der Frau Escher. Man erzählt, eine weisse Frau, die man Frau Escher nennt, werde öfter an diesem Steg gesehen. Wenn jemand in böser Absicht nachts über die Bretter gehen wolle, begegne sie ihm dort und weise ihn mit drohender Hand zurück.[69]

70. Die weisse Frau von Bassersdorf
Heidenburg heisst ein bewaldeter Hügel auf Breite, Gemeinde Bassersdorf. Von diesem Ort geht folgende Sage: In dunkler stürmischer Nacht sieht man oft einen Reiter ohne Kopf auf einem weissen Pferd von der Burg herunterreiten, und aus dem Wald hervor ins offene Gelände im schnellsten Laufe forteilen und plötzlich verschwinden. Nicht weit von da ist der Engelreih, und an seinem Fuss führt ein Hohlweg zu einem Bach, an den Steg der Frau Escher. Man erzählt, eine weisse Frau, die man Frau Escher nennt, werde öfter an diesem Steg gesehen. Wenn jemand in böser Absicht nachts hinüber gehen wolle, begegne sie ihm und weise ihn mit drohender Hand zurück.

Nicht sehr weit von da ist ein Acker, Steinmürli genannt, weil römisches Mauerwerk hier gefunden wird. Am Saum steht ein alter Baum, unter welchem nach der Sage ein Schatz ruht. Es ging einmal um Mitternacht ein Mann hin, um diesen auszugraben. Bald erschien eine schöne Frau, die ihn bei der Arbeit ermutigte und das Gelingen seines Wunsches verkündete. Allein er müsse dreimal kommen und ihr jedesmal einen Kuss geben. Er gab ihr heute fröhlich den ersten. Als er in der folgenden Nacht wieder kam, sass eine grosse abscheuliche Kröte unter dem Baum;

er erschrak, wollte sie nicht küssen, sondern floh davon. In der folgenden Nacht fand er eine noch scheusslichere Kröte an der Stelle und als er wiederum zum Kuss sich nicht entschliessen konnte, fiel er in Wahnsinn und wurde nicht mehr geheilt.

Ein andermal ging ein Mann zu diesem Baum und grub. Als er nun lange hackte, erschien eine Frau und sprach zu ihm, es werde ihm wohl gelingen, den Schatz zu heben, allein er müsse zuvor einen andern Baum im Wald, den sie ihm näher beschrieb, fällen, und aus demselben eine Wiege zimmern, und erst, wenn ein Kindlein in dieser Wiege weine, werde er den Zauber lösen und den Schatz heben können. Nun fand er erst lange den bezeichneten Baum nicht, auch war das Holz entsetzlich hart, und es dauerte lange, bis er ihn gefällt, noch länger, bis die Wiege gezimmert war, und er starb, bevor ein Kindlein darin lag.[70]

71. Die Rehfrau im Dinhard

Bei Dinhard ist ein Wald, und wenn man darin wandert, so wird es einem ganz sonderbar zumute. In diesem Wald war nicht immer gut jagen. Es gab gewisse Tage, an welchen sich erfahrene Jäger nie auf die östliche Seite wagten, weil dort eine goldene Stadt sei, in deren Weichbild jeder Uneingeweihte unfehlbar von Schwindel und Ohnmacht befallen werde. Es war schon zu spät, wenn man die prächtigen Häuser durch die Baumstämme leuchten sah. Der Jäger Hans Hug verfolgte ein Reh und gelangte so in diese Gegend. Er sah gerade noch, wie das Tier sich in eine schöne Jungfrau verwandelte. Es fing ihm an zu schwindeln, und als noch ein kleiner, hässlicher Zwerg von einem Obstbaum herniedersprang und ihn mit einem Stock schlug, fiel er vollends in Ohnmacht. Als er wieder erwachte, war die Sonne verschwunden. Über ihm rauschte der dunkle Wald.[71]

72. Die verwünschte Frau von Mörsburg

Eine Stunde von Winterthur liegt die alte Mörsburg mit ihren gewaltigen Mauern. Eine Viertelstunde davon, beim Dörfchen Sulz, stand vormals ein anderes Schloss, Sulz genannt. Beide Burgen, Mörsburg und Sulz, sind, wie die Leute sagen, durch einen unterirdischen Gang verbunden. In diesem Gang sitzt ein schönes Fräulein. Zu deren Füssen liegt ein schweres, goldenes Kegelspiel mit goldenen Kugeln, und ein grosser, schwarzer Hund liegt daneben. Das Fräulein wartet, in diesen finsteren Gang gebannt, bis ein reiner Jüngling kommt. Nur einen solchen lässt der Hund nahe treten. Dann kann der Jüngling die Jungfrau mit drei Küssen erlösen und sie samt dem Kegelspiel heimführen.[72]

73. Der Isistempel in Benken
In der Gegend von Benken findet man einen Hügel und um diesen herum verschiedene Spuren von einem kleinen Tempel. Den ältesten Sagen zufolge war er der Isis geweiht. Daher haben die Leute dem Hügel selbst den Namen «Isenbuck» gegeben.[73]

74. Die alte Frau vom Kleinrietbrunnen
Wenn man vom Weinländer Dorf Marthalen auf der grünen Hochfläche der Lauberen südwärts in der Richtung gegen Alten der Geländekante folgt, wo die bewaldete Lauberenhalde sich gegen das weitgedehnte Niederholz senkt, gelangt man zu einem schattigen Tal oder Einschnitt im Abhang. In der Nähe zog sich der alte Kirchweg von Andelfingen her nach Rheinau die Halde hinab. Dieser Geländeeinschnitt heisst «Schluuche» (Schlucht), und in geringer Entfernung von seinem oberen Ende plätscherte früher mitten im Wiesengelände ein Feldbrunnen, auf der Karte «Kleinrietbrunnen», im Volk aber «Schluuchebrünnli» genannt.

Früher kam, wie man erzählte, aus der Schlucht herauf eine alte, verhutzelte Frau, die sogenannte «Stuuche» oder das «Schluuchefräuli». Es erschreckte die Kinder, besonders wenn sie den Brunnen trübten. Daher fürchteten sich die Kinder der in der Nähe arbeitenden Bauern, allein am Brunnen Wasser zu holen. Ferner wurde dort nachts ein Reiter ohne Kopf gesehen. Aus diesem Grund wollte beim Zunachten niemand mehr in der Gegend sein. Auch wird erzählt, ein Einsiedler habe sich früher in der Schluuche aufgehalten.

In den dreissiger Jahren kurz vor dem zweiten Weltkrieg wurde das Brünnlein auf dem freien Feld beseitigt. Das Wasser ist nun in einer Brunnenstube am oberen Eingang der Schluuche gefasst und etwas weiter unten in dieser fliesst es aus einem Rohr in einen hölzernen Brunnentrog. Es ist von besonderer Frische und angenehmer Kühle.[74]

75. Der Drehstein von Unterstammheim
Im oberen Drittel des sandigen Hohlweges, der sich ob der Kirche von Unterstammheim zum Ebnet, einer schmalen Waldterrasse am Westhang des Stammheimerberges hinaufzieht, liegt der graue Stein, ein vor alters von der Bergkuppe herabgerollter Nagelfluhblock. Von dem geht die Mär, dass er sich einmal umdrehe, wenn er im Dorf unten elf Uhr läuten höre.[75]

76. Das Heidenloch vom Stammheimerberg
Am Nordende des Stammheimerberges befand sich im Felsabsturz eine kleine Höhle, etwa fünf Meter unter dem Plateau. Von oben führte ein schmales Weglein zu ihr hinunter. Das war das Heidenlöchli, in dem, wie

man hört, in alten Zeiten Menschen Zuflucht gesucht haben. Jetzt existiert es nicht mehr. Beim Bahnbau Anno 1874 wurde es beim Kiesbrechen zerstört.[76]

77. Die Gründung des Klosters Rheinau

Als einst auf dem Platz, wo jetzt Schaffhausen liegt, nur ein Kloster und eine Schifflände waren, fischte dort im Rhein ein reicher, vornehmer Edelmann. Darüber schläfrig geworden, lenkte er den Nachen, worin er allein war, in eine Bucht, legte sich nieder und schlummerte ein. Während er so im Schlaf lag, wurde der unbefestigte Kahn von den Wellen allmählich in die Strömung des Flusses gespült, und nun ging es mit ihm schneller und schneller dem Rheinfall zu. Der Edelmann schlief noch immer und erwachte selbst dann nicht, als er mit dem Nachen den schäumenden Wasserfall hinabgerissen wurde. Als er die Augen aufschlug, lag der Kahn, unbeschädigt wie er war, eine Stunde unterhalb des Rheinfalles am einsamen Ufer. Da erkannte der Edelmann, was mit ihm geschehen, und wie er wunderbar von Gott am Leben erhalten worden war. Zum Dank stiftete er an diesem Ort ein reiches Kloster, die Benediktinerabtei Rheinau.[77]

78. Der Brunnen von Pfungen

Im Dorf Pfungen befindet sich der «Äckelmümmelisbrunnen», von dem die Volkssage erzählt, dass in uralter Zeit an dessen Quelle ein wundertätiger Mann namens Äckelmümmeli mit Vorliebe geweilt habe. Das sei der heilige Pirmin gewesen, der von der Insel Reichenau her, wo er ein Kloster gestiftet hatte, öfters herüberkam und sich im klaren Schattenquell gottseligen Betrachtungen hingab. So wie die Insel Reichenau vor Pirmins Zeiten mit allerhand giftigem Gewürm belegt war, so war die Gegend um Pfungen mit grossen Mengen giftiger Schwämme geplagt, welche die Viehzucht erschwerten. Und wie Pirmin die Reichenau vom Gewürm säuberte, reinigte er auch die Gegend von Pfungen von den lästigen und schädlichen Schwämmen. Auch hier richtete er ein geweihtes Kreuz auf und verrichtete kniend sein wunderkräftiges Gebet. Und wie das giftige Gewürm sich aufmachte und die Reichenau verliess, so dass der See davon bedeckt war, so verloren auch die Schwämme ihre giftige Eigenschaft und die Bauern durften nun ohne Gefahr ihr Vieh auf die Weide treiben. Seit der Zeit blieb der Brunnen, bei dem sich Pirmin so gerne aufhielt, der Gegenstand der Verehrung des Landvolkes.[78]

79. Der Felizitasbrunnen im Kempttal

(1) Im Kempttal wohnte ein armer Bauer namens Steffen. Der machte mit dem Teufel einen Vertrag, so dass er Geld und Schätze in Hülle und Fülle erhalten sollte. Nun waren aber seine Frau und auch seine Tochter Felizitas gute und fromme Leute. Darum musste Steffen eine List gebrauchen, um seinen Reichtum heimzuführen. Er gab vor, er habe Nachricht erhalten, dass sein verschollener Bruder in Holland gestorben sei als ein ungewöhnlich reicher Mann, und er, Steffen, müsse nun stracks nach Holland reisen, um sein Erbe in Empfang zu nehmen. Er begab sich aber in die Heidenschlucht, einem verrufenen Ort im Kempttal, wo ihn der Böse mit Geld, Kostbarkeiten und Kleidern überhäufte. Von einer Gegenleistung wurde nicht gesprochen. Nach einiger Zeit kam der arme Bauer als ein vornehmer Herr durchs Kempttal heraufgeritten, und zwar mit grossem Gefolge. Er baute sich in der Nachbarschaft eine Burg, bei deren Bau es unwahrscheinlich rasch vorwärtsging.

Kaum hatte er seine neue Behausung unter Dach, als auch schon ein Graf von Drachenstein sich als Gast anmeldete. Dieser sprang mit Geld und Gut um wie ein grosser Fürst und wollte damit die Seele der schönen Felizitas gewinnen. Deren Seele hatte aber keinen Hunger nach Reichtümern dieser Art, und überhaupt kam ihr der Graf als nicht geheuer vor. Den Vater hingegen blendete der Glanz des Drachensteiners, dass er nicht merkte, wer der andere war. Nur soviel ging ihm ein, dass Geld und Vergnügen dauerten, solange der Graf seiner Tochter nachstellte. Deswegen hätte er sie ihm gerne zur Frau gelassen.

Aber als Felizitas sich weigerte, den Fremden zum Mann zu nehmen, wurde der Vater schrecklich böse. Das gute Kind flüchtete von zu Hause fort in eine Felsenhöhle. Aber der «Gottseibeiuns» hatte es gemerkt, und mit dem Vater verfolgte er die Tochter. In ihrer Not bat diese den Himmel um Rettung, und siehe da, ihr Körper zerfloss an jener Stelle, an der plötzlich eine Quelle aufsprudelte. Die Verfolger, die geglaubt hatten, Felizitas hier zu erwischen, sahen sich vergeblich in der Höhle um. Da ihm die eine Seele entwischt war, wollte der Teufel, der sich jetzt dem Steffen in wahrer Gestalt offenbarte, die andere mitnehmen. Steffen floh, aber an der gegenüberliegenden Felswand stellte ihn der Böse und verwandelte ihn in einen Felsenturm, den man den Teufelsturm nannte. Aus Kummer starb Felizitas Mutter, das Schloss ging in Rauch auf, und die Diener verliefen sich. Die Quelle aber, von den Nachbarn Felizitasbrunnen genannt, sprudelte weiter und wurde ein Ziel der Pilger. Sie besass wunderbare Eigenschaften. So heilte sie Blinde und Lahme.

(2) Unweit der Römerstrasse bei Brütten, beim Steigwald, ist der «Steig- oder Felizitasbrunnen». Eine reiche Frau, die sich hier erlabte, liess ihn hier errichten. Andere aber meinten, dass schon die Klosterfrauen zu Töss zum Wohl von Mensch und Vieh dort ein Brünnlein erstellt haben.[79]

80. Adelrich und Reginlinde auf der Ufenau

Reginlinde war die Gemahlin Herzog Burkharts von Schwaben, Adelrich ihr jüngster Sohn. Sie besass noch andere Kinder, so eine Tochter, die gute Königin Bertha von Burgund. Adelrich nun, der wegen seines ältergeborenen Bruders die Herrschaft nicht erheben konnte und auch von anderer Gesinnung war, erwählte sich schon im Kindesalter den Einsiedler Meinrad zum Vorbild. So geschah es, dass er in unser Land kam und sich die Insel Ufenau im Zürichsee zur einsamen Wohnstatt erkor. Er zählte da erst fünfzehn Jahre.

Nach langer Regenflut waren einmal die Wasser so gestiegen und vom Sturm bewegt, dass sich der junge Einsiedler ganz abgeschlossen fand und dem Hungertod preisgegeben. Wie er aber eines Morgens, noch unter dem Wellengebrause, auf den Knien lag, stand plötzlich ein Jüngling, schön wie ein Engel, vor ihm, reichte ihm Brot und Wein und verschwand, wie er gekommen war.

Und wieder erbrauste der See im Sturmwind. Adelrich kehrte über den Etzelberg von der Meinradszelle zurück. Aber da fand sich kein Schiffer willfährig, ihn nach der Insel zu rudern. Ängstlich hüteten sie ihre Kähne. Adelrich wandte sich von ihnen ab und ging tapfer dem See zu, in der Absicht, ihn zu überschreiten. Allein, er sank immer tiefer ins Wasser, so sehr er sich auch auf seinen Stock stützte, bis er sich darauf besann, dass, wer Gott vertraue, keiner anderen Stütze bedürfe. Da wirft er den Stock von sich, und siehe, ohne Gefahr erreicht er die Insel.

Selten verliess er sein Eiland, und immer nur, wann eine innere Stimme ihn dazu berief. So ermahnte ihn ein Engel, der allzu eifrig büssenden Klausnerin Wiborad zu St. Gallen eine himmlische Botschaft zu bringen. Er stellte sich ans Fensterchen der Eingeschlossenen und sprach zu ihr: «Ein jeder Baum kann nur so lange grün bleiben, Zweige treiben und Früchte tragen, als seine Wurzeln in der Erde Nahrung nehmen. Werden aber die Wurzeln blossgelegt und von der Erde weggenommen, dann dorrt der Baum. So halte auch du darauf, dein Fasten zu mässigen, damit der dürre Leib sich erfrische.»

Nach dem Tod seines Vaters heiratete Reginlinde den fränkischen Grafen Herman, den Reichsten im Land. Unter ihrem Einfluss wurde er ein grosser Wohltäter am neuen Klosterbau zu Einsiedeln, den Abt Eberhard eben begonnen hatte. Allein schon nach drei Jahren trauerte Reginlinde wieder als Witwe, und nun beschloss sie, ihrem Sohn nachzufolgen. Einst verweilte sie als Herrin in der Fraumünsterabtei zu Zürich. Doch jetzt war sie zu alt, auch hatte der Aussatz sie befallen. Mit wenig Leuten bezog sie die einsame Ufenau, bewog dagegen Adelrich, in Einsiedeln Klostermönch zu werden. Auf der Insel liess sie eine Kapelle zu Ehren Sankt Martins erbauen und nebenan für sich und ihr Gesinde eine bescheidene Stätte. Rasch gewann sie die Liebe der Menschen aus den nächsten Dörfern und veranlasste einen grösseren Kirchenbau, den sie aber nicht mehr erlebte. Nach ihrem Tod ruhte sie in Einsiedeln.

Adelrich kehrte auf die Insel zurück und liess das begonnene Kirchengebäude vollenden. Es wurde den Apostelfürsten Peter und Paul geweiht. Adelrich war es auch, der eifrig betrieb, dass die Insel vom Kloster Säckingen an Einsiedeln geschenkt wurde. Er starb Anno 973, am gleichen Tag wie seine Mutter zuvor. Er hatte darum gebeten, auf seiner Ufenau im Grab zu liegen, und keiner dachte daran, es ihm zu wehren. Noch findet sich dort neben der Pforte der alten Kirche eingemauert der Denkstein mit seinem Bildnis, und bei den Leuten am See heisst sein Sterbetag immer noch der Adelrichstag.[80]

Rosette über dem Eingang der Kirche Peter und Paul, Insel Ufenau

81. Die Hirschkuh von Rapperswil

Lange vor der Erbauung der Stadt Rapperswil blühte in der March ein edles Geschlecht, dessen Stammburg sich auf der bewaldeten Höhe in der Nähe von Lachen erhob. Nach alten Berichten soll ein Alemanne namens Ratprecht diese Burg erbaut haben. Sie wurde darum Ratprechtswilare geheissen und ihre Herren waren gar reich an Land und Leuten. Sie wurden vom Kaiser in den Grafenstand erhoben und ihre Güter reichten bis an den Walensee und hinab bis an die Limmat und an den Rhein.

Einst war Graf Rudolf, der Herr von Rapperswil, mit seiner Gemahlin und grossem Gefolge auf der Jagd. Sie verfolgten eine Hindin (Hirschkuh) bis auf den heutigen Lindenhof, der damals noch ganz bewaldet war. Doch hatte die Hindin in einer Höhle zwei Junge. Auf die Bitten der Gräfin liess ihr Gemahl die Jagd abbrechen, die Hunde wurden weggejagt und das edle

Paar setzte sich nieder, um auszuruhen. Da kam die Hindin aus ihrem Versteck hervor und legte den Kopf in den Schoss der Frau. Diese aber, da sie schon so oft aus dem Fenster ihrer Burg sehnsüchtig an den sonnigen Hügel herübergeschaut hatte, nahm die Zutraulichkeit der Hirschkuh als gutes Zeichen und bat den Gemahl, hier an dieser Stelle wohnen zu dürfen. Da auch dem Grafen der Platz gar wohl gefiel, liess er am anderen Morgen Zimmerleute und Maurer kommen und befahl, auf dem Platz ein Schloss zu bauen. Rings um das Schloss herum siedelte sich viel Volk aus den umliegenden Höfen samt den Dienstleuten des Grafen an, und so entstand gar bald eine feste Stadt.[81]

82. Die Galluslegende

Als um das Jahr 610 der heilige Gallus mit seinen Gefährten aus Irland über Gallien unter grossen Gefahren nach Helvetien an den Fluss Lindimacus gekommen war, wanderte er von Turegum dem See entlang an den Ort, der heute Busskirch heisst. Dort lebten die Alemannen, die noch Heiden waren und die Gestirne des Himmels verehrten. Diesen predigte Gallus, um sie zum Christentum zu bekehren und sie von ihren Gottheiten abzubringen. Doch die Lehre des irischen Mönches fand bei den Leuten am See und in den umliegenden Gehöften kein Gehör, denn sie wollten von dem von ihren Ahnen übernommenen Glauben nicht lassen. Der hl. Gallus aber, der umsonst versuchte, die Leute vom Dienst an ihren Gottheiten abzuhalten, wurde vom Zorn ergriffen und wollte diesen die Ohnmacht ihrer falschen Götter beweisen. Er ergriff vor versammelter Gemeinde ein Abbild, schmetterte es zu Boden und warf die Scherben ins nahe Riet. Die Alemannen, die mit grossem Staunen wahrnahmen, dass ob dieser Tat die Strafe der Götter nicht eintraf, begannen sich zu bekehren. Sie bauten einen Altar und eine Kirche. Der hl. Gallus aber zog betend und predigend von dannen, nach dem nahen Tuggen zu. Die Stelle aber, wo zu jener Zeit das Bild der Gottheit vor den Augen der erschrockenen Menschen im Moor versank, wird bis zum heutigen Tag *«zum Götz»* genannt.[82]

83. Beata von der Lützelau

Lange bevor Rapperswil und all die andern Siedlungen rund um den See entstanden, erhob sich auf der Insel Lützelau ein kleines Kloster, das von einem Glaubensboten gegründet und der Muttergottes geweiht war. Einige fromme Frauen lebten hier in stiller Abgeschiedenheit und bestellten den kargen Boden. Als Beschützer der geweihten Stätte ward der Edle Landolt und seine Gemahlin bestellt, die viel Land und Güter am Fuss des Etzels, in Centoprata, in Uzinaa und in Smarinchova besassen. Beata war eine gütige und mildtätige Frau, Landolt, ihr Gemahl aber war ein jähzorniger und gefürchteter Mann und ein leidenschaftlicher Jäger, der oft tagelang in den Wäldern herumpirschte. Eines Tages brachte man ihn nach einer wilden Hatz tot nach Hause und Beata liess ihn auf der Lützelau neben dem Kloster begraben. Dann verschenkte sie all ihr Hab und Gut dem Kloster St. Gallen und lebte fortan selbst als Klausnerin im kleinen Heiligtum auf der Insel. Keine Aufzeichnungen berichten über das weitere Schicksal der frommen Frau Beata und niemand weiss auch, wie lange das einsame Kloster auf der Lützelau nach ihrem Tod noch bestanden hat.

Ergraute Schiffsmänner, die gegen Ende des letzten Jahrhunderts noch mit den alten Ledischiffen Sand und Kies aus den Schmerkner Steinbrüchen nach dem unteren Seebecken führten, wussten zu erzählen, dass sie zu gewissen Zeiten, wenn sie im ersten Morgengrauen an der Insel vorbeifuhren, das seltsame Bimmeln eines Glöcklein über das Wasser hörten. Seit altersher habe man das Läuten besonders dann vernommen, wenn dichter, gefährlicher Nebel über dem Wasser lag. «Beata läutet zur Mette», sagten die rauhen Männer und bekreuzten sich. Und als man vor rund zwei Dutzend Jahren der seltsamen Siedlung nachforschte, fand man bei den Grabungen die Umrisse eines Kirchleins und ein paar uralte Gräber. Das sonderbare Läuten aber hat man freilich nie mehr gehört.[83]

84. Der Opferstein von Jona

Durch Jahrhunderte stand auf dem Kirchhügel zu Jona vor dem Eingang zur Kirche ein merkwürdiger Weihwasserstein. Die Überlieferung erzählt, dass sich an dieser Stelle einst ein römischer Tempel befand und dass der Stein als Opfertisch der Heiden diente. Eine eingehauene lateinische Inschrift bezeugte, dass er vom Römer Cajus Provinus auf Befehl des Decorius zu Ehren der Götter erstellt wurde. Als sich dann aber die ersten Christen in unserer Gegend ansiedelten und auf dem Hügel gar eine christliche Kirche bauten, fanden diese für den Stein eine neue Verwendung. Sie meisselten eine Vertiefung in die Altarfläche und benützten ihn als Weihwasserbehälter. Viele Generationen von Gläubigen entnahmen ihm nun während Jahrhunderten das geweihte Wasser.

Als die Zürcher im Winter 1656 Rapperswil belagerten, wurde auch die Kirche zu Jona ausgeplündert und geschändet sowie während Wochen als Unterkunft benützt. Zwei Offiziere sollen in frevlerischem Übermut auch versucht haben, den Weihwasserstein unter dem Vordach umzustossen. Als ihnen dies auch nach vielen Mühen gelang, habe der fallende Stein einem der Soldaten beide Beine so unglücklich zerschmettert, dass ihm diese amputiert werden mussten. So wurde die böse Tat auf gar sonderbare Weise bestraft. Der Joner Opferstein ist noch heute im Heimatmuseum in Rapperswil zu sehen.[84]

85. Die Schlossfrau als Schlange

Zwischen Jona und Schmerikon, dort wo der Weg von Bollingen nach Wagen herüberführt, in der Gegend, die nun mit dichtem Wald bestanden ist, befand sich vor alten Zeiten das Jagdschlösslein Rambach, das den Rapperswiler Grafen gehörte. Heute sieht man zwar keinen Stein mehr von der Burg, aber wo sie stand, soll noch ein reicher Schatz begraben sein. Ein Schlossfräulein, das in einer wilden Nacht nach einem heftigen Streit den eigenen Bruder um des Goldes willen niedergestochen hat, ist dazu verurteilt, die Kostbarkeiten zu behüten. Alle hundert Jahre einmal erscheint es als Schlange an der nahen Strasse und trägt einen Schlüssel im Maul. Wer den Mut hat, ihr dieses zu entreissen, erlöst die Jungfrau und wird in den Besitz des reichen Schatzes kommen. Bisher ist es aber noch niemandem gelungen und kein Mensch weiss, wie lange das Schlossfräulein noch auf die Erlösung warten muss.[85]

86. Der Martinsbrunnen

In der Nähe des «Engelholz», wo der Weg von der Schönau durch den Usser-Wald nach dem Moosriet führt, findet man das Martinsbrünneli. Im Lauf der Zeit hat sich hier das Wasser des Mailacherbaches durch den Felsen gefressen und so eine schöne Naturbrücke geschaffen, wie sie sonst weit und breit nicht zu finden ist. Zwar fliesst heute nur noch wenig Wasser durch das Gestein – der menschliche Unverstand hat auch hier begonnen, ein Stück Naturschönheit für immer zu zerstören – einst aber rauschte der Bach aus den darüberliegenden Rietern des Hüllistein zischend und schäumend in die Tiefe.

Einstmals soll hier ein Waldbruder gehaust haben. Er nahm sich der Pilger an, die vorüberzogen, auf dem Weg zur Holzbrücke, die ins Marienheiligtum nach Einsiedeln führte. Mit ihnen teilte er das karge Brot, das er bei den Bauern der Umgebung erbettelte, und bot ihnen eine Schüssel Suppe an. In seinem Leben in Arbeit und Gebet zeigte der Bruder eine ganz besondere Verehrung für den hl. Martin, den Patron der Pfarrkirche zu Busskirch. Der Heilige soll dem armen Waldbruder, als dieser nach einem harten Leben zum Sterben kam, in der armseligen Hütte erschienen sein, um ihm dafür zu danken, was er in Nächstenliebe Gutes für seine Mitmenschen getan hatte. Im Volksmund wurde das stürzende Wasser durch den Felsen hinfort «Martinsbrünneli» genannt. Von den Vorfahren wurden ihm auch heilsame Kräfte zugeschrieben.[86]

87. Die Spinnerin von Ermenswil

Im Wald bei Ermenswil, im sogenannten Kählenstich, sieht man noch Überreste einer zerfallenen Sennhütte. Dort treibt in der Nacht das Spinnfräulein sein Unwesen. Einmal war ein Ermensweiler in Eschenbach in einer gemütlichen Gesellschaft länger geblieben als sonst. Erst um Mitternacht kehrte er nach Hause zurück. Auf dem Heimweg kam es ihm in den Sinn, er könnte einmal das Spinnfräulein aufsuchen. Als er zum Kählenstich kam, hörte er wirklich das Spinnrad schnurren. Er rief: «Wenn das Spinnfräulein da ist, soll es nur kommen!» Da trat ihm eine ganz kleine, weissgekleidete Frau mit einem Spinnrad entgegen, setzte sich ihm rasch auf den Kopf und spann dort weiter. Der Mann bekam grosse Angst und rannte, so schnell er konnte, aus dem Wald. Am Waldrand erst verliess das Spinnfräulein den Armen. In Schweiss gebadet kam der vorwitzige Ermenswiler an die Schwelle seines Hauses. Seither hat niemand mehr das Spinnfräulein gesehen, und der Kählenstich wird um Mitternacht gemieden.[87]

88. Die Burgfrau und das Mädchen

Das kleine Mädchen des Finkentoni, Babeli genannt, lief einst mit Vater und Mutter auf den Acker im Benknerriet. Bald schickten es die Eltern zum Brunnen bei der Breiten, um dort Wasser zu holen. Der Weg führte bei dem kleinen Hügel vorbei, wo einst die Wandelburg stand, die im dreizehnten Jahrhundert vom Grafen Heinrich von Rapperswil bewohnt wurde.

Dem Mädchen erschien dort eine wunderschöne Frauengestalt. Diese neigte sich zu ihm und fragte: «Will dein Vater nicht lieber einmal Wein anstatt Wasser haben?» Das Kind fing an zu weinen und wimmerte: «Mein Vater ist so arm, dass er keinen Wein kaufen kann.» Diese Antwort gefiel der Frau. Sie nahm das Kind an der Hand und führte es zu einer schweren, eisernen Tür im Felsen, die sich ohne Geräusch öffnete. Die beiden traten in einen gewölbten Keller ein, in dem zwei lange Reihen der schönsten Fässer lagen. Ohne Zweifel war es der Schlosskeller der einstigen Wandelburg. Bei einem Fass mit einer schön geschnitzten Rose standen sie still. Die Frau schlug zart ein goldenes Stäbchen an das Fass, und sofort floss Wein heraus, der wie Gold funkelte.

Das Mädchen kam aus dem Staunen nicht heraus. Es schaute die liebliche Gestalt so treuherzig an, als wollte es fragen: «Wo bin ich, und wer bist du?» Da küsste sie das Kind auf die Stirn und sprach: «Ich bin das Burgfräulein Friederike von Wandelburg und kann nicht zur Ruhe kommen, wenn mir nicht ein unschuldiges Kind dazu verhilft. Du kannst mich erlösen, wenn du alles tust, was ich dir befehle. Dann sollst du auch so schön werden wie ich. Und alles, was hier ist, und noch viel mehr dazu, soll dir gehören.» Das Mädchen wusste gar nicht, wie ihm geschah und sagte freudig zu. Nun gebot das Burgfräulein: «Bring deinen Eltern zu trinken. Heute abend während des Aveläutens erwarte ich dich wieder bei diesem Stein, aber nur dich allein!» Als das Mädchen sich umsah, war das Fräulein verschwunden, und das Kind stand wieder allein auf dem Weg.

Geschwind eilte es zu den Eltern auf den Acker zurück. Diese wollten eben mit ihm zu schimpfen anfangen, weil es so lange weggeblieben war. Als sie aber den feurigen Wein zu trinken bekamen und obendrein noch vernahmen, dass es ihn geschenkt erhalten hatte, meinte der Vater: «Es ist schade, das du keinen grösseren Kessel mitgenommen hast.» Das Kind erzählte, was ihm von der schönen Jungfrau alles gesagt und versprochen worden war. Sofort bauten die Eltern Luftschlösser und träumten bereits von einem schönen, sorgenfreien Leben, von süssem Nichtstun und gutem Essen und Trinken. Vor lauter Träumen merkten sie nicht, dass es Abend wurde. Da machten sie sich gemächlich auf den Heimweg. Plötzlich fing die Betglocke zu läuten an, und sie waren noch ziemlich weit von der Burg entfernt. Das Mädchen rannte, so schnell es konnte. Als es keuchend bei der Burg ankam, war das Aveläuten aber schon verklungen, und das Burgfräulein war nirgends mehr zu sehen.

Das Mädchen war zu spät aufgebrochen und hatte damit sein grosses Glück verscherzt. Es erhielt den erträumten Reichtum nicht, und das Burgfräulein wurde nicht erlöst. Das «Finkentonibabeli» hatte in seinem ganzen Leben kein Glück. Es starb in Not und Elend und liegt in fremder Erde. Und das Burgfräulein wartet heute noch auf seine Erlösung.[88]

89. Vrenelisgärtli

Eine übermütige junge Frau im Glarnerland hiess Verena. Sie meinte, sie könnte zuoberst auf dem mittleren Glärnisch einen Garten anlegen. Doch die Leute warnten sie davor. Sie rieten ihr: «Versuch den Herrgott nicht!» Doch die Frau gab ihnen zur Antwort: «Zum Trotz gehe ich dort hinauf, sei es dem lieben Gott lieb oder leid!»

Vrenelisgärtli beim Glärnisch

Dann nahm das baumstarke Mädchen einen grossen, kupfernen Sennenkessel und hielt ihn über den Kopf, damit sie nicht nass werde, wenn es gar schneien sollte. So stieg die junge Frau den Berg hinan. Als sie oben ankam, fielen die Flocken so dicht, dass Verena den Kessel nicht mehr abzuziehen vermochte. Der nasse Schnee drückte das Mädchen zu Boden, und der Schnee legte sich hoch über die übermütige Frau, die dort für ewige Zeiten begraben liegt.

Von Rapperswil aus sieht man dieses Schnee-Viereck auf dem Glärnisch recht gut. Weil darunter die Verena begraben liegt, nennt man den Berg «s'Vrenelisgärtli».[89]

90. Die Kröte mit dem Schlüssel

An einem schwülen Tag trieb der Knecht Domini im Schönboden gegen acht Uhr abends das Vieh auf die nahe Weide. Dabei stiess er einen kräftigen Jauchzer aus und stopfte sich seine Siebner Pfeife. Als er so gemächlich dahinschlenderte, hüpfte eine grässliche Kröte vor ihm her. Er überholte sie, schaute aber noch einmal zurück und sah, dass die Kröte wahrhaft einen Schlüssel im Maul trug. Da vernahm er plötzlich eine dumpfe Stimme: «O wee, o wee, wider hundert Jaar mee!» (Oh weh, oh weh, wieder hundert Jahre mehr.)

Der Knecht erinnerte sich erst daheim, dass seine Grossmutter vor vielen Jahren ihm erzählt hatte, dass, wenn man einer Kröte mit einem Schlüssel im Maul begegne, ihr den Schlüssel abnehmen müsse, sonst irre die arme Seele wiederum hundert Jahre auf der Erde herum.[90]

91. Die Wetterfrau

Auf der Bärlaui-Alp, über die man auf den Gross-Aubrig gelangt, vernimmt man oft in der Nacht den Ruf «Büs, ho hopp!» Man hört auch oft dängeln und pfeifen. Einmal in der Nacht hörte ein neuer Pächter auf der Bärlaui wieder dängeln und weckte den Knecht. Dieser hatte alles auch schon gehört und sagte: «Hättest du mich nur nicht geweckt, man hört es gewöhnlich, wenn das Wetter abfallen will.» Auch ein altes Mütterchen erscheint bisweilen auf der Alp. Der eigentliche Sturmgeist des Tales ist aber der Muettiseel. Auf einem Drachen reitet er den vom Gebirge losbrechenden Wassern voran. Bergschutt und entwurzelte Tannen stürzen ihm nach. Man sieht ihn zwar nicht, doch hört man sein wildes Jauchzen. Wenn die Bauern sein Heranstürmen hören, rufen sie Beschwörungen und Gebete in die Aa, um die Überschwemmungen abzuwenden.[91]

92. Der Stockbergdrache

In alter Zeit, als der hl. Gallus am oberen Ende des Zürichsees, in der Gegend des heutigen Tuggen, den Alemannen das Christentum predigte, hauste hoch oben am Nordabhang des Stockberges in der Drachenrons ein feuerspeiendes Tier. Niemand war vor ihm des Lebens sicher. Sobald jemand seine Schritte gegen das Bergdorf Eisenbach lenkte, fuhr das Ungeheuer schon schnaubend vom Stockberg herunter und stürzte sich blitzschnell auf den Unglücklichen. Mit seinen sichelartigen Krallen zerriss es sein Opfer und verschlang es mit abscheulicher Gier. Das gefrässige Untier raubte den geplagten Bauern sogar das Vieh hellen Tages aus den Ställen.

Einmal entschloss sich ein junger Bursche aus Siebeneich, dem heutigen Siebnen, in das vom Drachen beherrschte Gebiet zu gehen, um dem Untier den Garaus zu machen. Überlaut prahlte er, ihm werde der Drachen nichts anhaben können, da er dagegen gefeit sei. So kam er wohlbehalten in der Oberschwendi an. Doch dort musste er seinen Übermut büssen. Unter fürchterlichem Gebrüll stürzte sich der Drache auf den Wagemutigen und verschlang ihn mit Haut und Haar. Von dieser Stunde an getraute sich kein Mensch mehr auf den beschwerlichen Pfad in die Schwendenen.

In seiner Not suchte das Volk schliesslich den hl. Gallus mit der Bitte auf, er möge es doch von dem Drachen befreien. Gallus willigte ein und machte sich auf den Weg zur Drachenrons. Als ihn der Lindwurm erblickte, stürzte er sich ihm fauchend entgegen, feurigen Atem und giftigen Geifer ausstossend. Der Heilige aber zeichnete ein Kreuz gegen den Drachen und blieb stehen. Da zerbarst mit einem Mal der massige Leib des Untieres unter krachendem Getöse. Ein übler Geruch breitete sich aus. Jetzt war das Volk erlöst.

Heute findet man nur noch die Drachenrons, ein ausgetrocknetes Kar. Doch wer sich in die Nähe der ehemaligen Drachenhöhle begibt und dort den Boden aufwühlt, wird vielleicht noch einige Knochen finden, Zeichen aus der Zeit des Stockbergdrachen. Nach einer anderen Überlieferung soll der Drache in den Zürichsee gestürzt und dort ums Leben gekommen sein.[92]

93. Das Drachenloch am Köpfenberg

Der Chöpfenberg soll seinen Namen von der kopfähnlichen Fluh des Gipfels haben. Er ist 1879 Meter hoch und ein sehr merkwürdiger Berg. Ganz nah unter dem Gipfel befindet sich der Einstieg zu einer Grotte, die am Eingang einen Durchmesser von nur etwa fünfzig Zentimetern aufweist. Im Innern sollen sich grosse Schätze an Gold und Edelsteinen befinden, die aber von einem Drachen bewacht würden. Das Ungeheuer kann aber nicht nach aussen, weil das Loch zu eng ist. Dagegen verschlingt es sofort jeden, der es wagt, in die Tiefe zu steigen. Es ist schon mancher Wackere das Opfer des Drachen geworden.

Auf dem Chöpfenberg befindet sich die Summerigsros. Dort versammeln sich in dem Geviert aufgesetzter Steine die Geister. Deshalb wagt sich kein Mensch in den Kreis, und das Gras, das sich darin befindet, wird nicht abgeweidet. Einst gerieten an dieser Stelle zwei Geissbuben in Streit, und der eine warf ein Zicklein des andern ins Geviert. Das kleine Tier verendete alsbald.[93]

94. Gallus in Tuggen

(1) Im Jahr 610 kamen Missionare, die heiligen Kolumban und Gallus, in die Region. Sie wählten nicht die Ufenau, sondern die obere March zum Mittelpunkt ihres Wirkens. Hier verehrten noch sämtliche Einwohner die alten Gottheiten ihrer Vorfahren. In seinem Eifer hatte Gallus bei einem heiligen Fest, das die Menschen in Tuggen begingen, deren goldene, ehrenwerte Götterstatuen zerschlagen und in die vorbeifliessende Linth geworfen. Dies brachte die Leute in solche Wut, dass beide Missionare ihr Leben nur durch schleunigste Flucht retten konnten.

(2) Als Kolumban und Gallus zu Beginn des siebten Jahrhunderts nach Helvetien kamen, versuchten sie in Tuggen die Bekehrung der Einwohner. Sie erinnerten nicht an das sanfte Vorgehen der Apostel, sondern stürzten in ihrem Eifer die heiligen Bilder um und warfen sie ins Wasser. Die erzürnten Einwohner züchtigten Kolumban mit Ruten, so dass er nach Italien zog. Gallus hingegen liess sich in der Wildnis nieder, wo jetzt St. Gallen steht.[94]

95. Das Linthbord-Anneli

Etwa um 1573 wurde in das Antönierspital zu Uznach ein Mädchen gebracht, das Anna hiess und als Kind von den Eltern ausgesetzt worden ist. Offenbar schämten sich die Leute des Kindes, das so krumme und verkrüppelte Füsse hatte, dass es sich nur mit grössten Beschwerden auf den Knien fortbewegen konnte. Nach der grausamen Sitte der damaligen Zeit wurde das Mädchen mehrere Jahre als Monstrum auf den Jahrmärkten herumgeführt und dem schauernd staunenden Volk gezeigt.

Im Antönierspital lebte es sieben Jahre lang zufrieden. Hier kehrten viele Pilger ein, die zur Muttergottes von Einsiedeln wallfahrteten und von denen Anna immer wieder Schilderungen von Hilfe und Trost erfuhr, die dort den Frommen zuteil geworden. Sie beschloss, allen körperlichen Schwierigkeiten zum Trotz, auch nach Einsiedeln zu wallfahren. Am Weissen Sonntag, dem 10. April 1580, kroch sie frühmorgens heimlich aus dem Spital und dem Städtchen Uznach zu.

Ungefähr in der Mitte zwischen Grinau und Tuggen, es war bereits Mittag geworden, kam der seltsamen Pilgerin «ein ehrbarer Mann entgegen, der ein langes, weisses Kleid und einen schwarzen Bart trug». Als er von Annas Ziel und Zweck ihrer Reise erfuhr, reichte er ihr freundlich die Hand und hiess sie aufstehen. Sie erklärte, dass sie das nicht könne. Da ergreift der Mann mit der linken Hand ihre Füsse, und mit der rechten streift er über diese. Er hebt sie mit den Händen von der Erde auf ihre Füsse, dass sie nun aufrecht und gesund stehen und bequem fortgehen konnte. Sie fragte, an welchem Zeichen sie den Leuten die Wahrheit dieser Sache zu erkennen geben könne? Auf dieses schlägt sie der Mann, ohne Zweifel aus der Schar der Engel oder Heiliger, mit der Hand auf die rechte Kniescheibe, wodurch eine ungewöhnliche Weichheit des Fleisches entstand, als wären die Knochen in Fleisch verwandelt worden.

Darauf liess der Mann das Mädchen weiterziehen, was zwar in aufrechter Haltung, aber doch nicht ohne Schwierigkeiten möglich war. Als Anna sich nach kurzer Wegstrecke nach dem Mann umsah, da erblickte sie ihn nirgends mehr, obschon die Gegend ganz flach und offen ist. Gleichentags erreichte Anna noch «den öden, wüsten und hohen Etzelberg», wo sie im Wirtshaus die folgende Nacht verbrachte. Sie sagte niemandem, was ihr geschehen war.

Am folgenden Tag erreichte Anna Einsiedeln und kehrte bei einem Johann Zingg ein. Da er sie von Uznach her kannte, wunderte er sich sehr, dass sie aufrecht stehen und sich selbständig fortbewegen konnte. Nachdem er die Geschichte vernommen, schickte er sie ins Kloster, wo sie beim P. Andreas Zwyer beichtete und kommunizierte. Hierauf erzählte sie dem Pater ganz genau, was ihr widerfahren und blieb bei ihrer Darstellung, gleichgültig, ob sie mit Einwohnern, fremden Pilgern oder Geistlichen sprach. Nach acht Tagen kehrte Anna aufrechten Ganges in das Spital des heiligen Antonius zurück. Anna trat nach einiger Zeit aus Dankbarkeit in das Kloster der Zisterzienserinnen zu Steinen ein, wo sie ihr Leben auch beendete.

An der Stelle, wo Anna durch den unbekannten Mann Heilung erfuhr, wurde auf obrigkeitlichen Befehl eine Kapelle erbaut. Es handelt sich um die Linthbordkapelle, die bis heute erhalten ist.[95]

96. Der Linthbordbaum bei Tuggen

Zum Linthbordbaum, einer Linde bei Tuggen, wird viel gewallfahrtet, denn er gilt als gnadenreich. Die Linde ist mit zahlreichen Votivzeichen behangen. Davor steht ein Stein mit einer fast tellergrossen, rundlichen Vertiefung, in die mancher der kniend Betenden das eine Knie einlegt. Manche lassen bei ihrem Gebet ein Wachskerzlein brennen. Verehrt wird hier der heilige Michael.[96]

Fuss- und Kniestein aus vorgeschichtlicher Zeit

97. Die Heidenglocke von Tuggen

Vor vielen Jahren sollen sich einige Tuggener jeweils in der Vollmondnacht des Monats September heimlich zur heiligen Eiche begeben haben,
um dort, wie ihre Vorfahren, Geflügel und Korn den alten Gottheiten zu
opfern. Es war ein gefährliches Unterfangen, weil der neue Landesherr
bei Strafe verboten hatte, nach altem Glauben zu opfern. Ab und zu fanden sich auch Spitzel in der Nähe der Opferstätte ein, wo der verkohlte
Baumstumpf der alten, heiligen Eiche als Zeuge des alten Glaubens stehen geblieben war. Drei Unentwegte hatten sich dort den schönsten Hahn
ausgesucht und das herrlichste Korn auf ein Linnen geschüttet, das sie
kreuzweise verknoteten. Gegen Mitternacht sollen sie sich zur heiligen
Eiche aufgemacht haben, ohne zuvor das Juch, den alten Zauberplatz am
Fuss des Buchberges, zu besuchen. Mit Wonne hätten sie den fetten Hahn
geschlachtet und sein Blut vor der heiligen Eiche ausgegossen. Alles sei
gut abgelaufen, doch der Teufel habe sie gesehen und verraten. Der erbo-
ste Landesherr liess die drei festnehmen und vor der Kirche zur Schau
stellen. Sie sollen mit einer Mahnung davongekommen sein. Seit jenem
Vorfall schlage in der Vollmondnacht des Monats September um Mitternacht die Glocke dreimal kurz. Erst als den Gläubigen ein Ablass für das
Abbeten von drei Ave Maria beim Abendläuten gewährt wurde, soll der
Spuk aufgehört haben. Die Überlieferung von der Heidenglocke im Hei-
denturm ist bis auf den heutigen Tag erhalten geblieben.[97]

98. Die weisse Frau bei der Linthbordkapelle

Vor vielen Jahren machte sich ein Uznacher Bursche auf zu einer kleinen Wallfahrt zum Linthbord. Bei der Kapelle angekommen, traf er ein Mädchen, das traurig auf seinem schweren, schwarzen Koffer sass. Der Jüngling kam mit dem Mädchen ins Gespräch und bot ihm seine Hilfe an. Doch es wies das Anerbieten ab, da es nur in den nahen Wald wollte. Den Koffer müsse es selber tragen, er sei ungeheuer schwer. Als der Bursche aus Uznach wissen wollte, warum er den Koffer nicht tragen könne, antwortete das Mädchen: «Du kannst mir nicht helfen. Ich habe etwas Schweres verbrochen, das ich dir nicht sagen kann.» Der Jüngling beteuerte dem Mädchen, dass er alles tun werde, ihm zu helfen. Es entgegnete: «Gut, wenn du mir unbedingt helfen willst, dann komm morgen um Mitternacht zum Wald ob der Kapelle.»

Damit verschwand der Spuk plötzlich. Schweren Herzens begab sich der Junge über die Linthebene nach Hause, nicht bevor er dem Pfarrer das Vorkommnis erzählt hatte. Dieser riet ihm, er solle ruhig um Mitternacht zum Linthbord kommen. Es könne ihm nichts geschehen, er sei ein guter Mensch, nur müsse er die Namen der drei Allerhöchsten anrufen. Nachdem der Bursche noch drei kräftige Begleiter eingeweiht hatte, gingen sie um die Nachtzeit zur Linthbordkapelle. Dort hiess er die drei warten und begab sich allein zum Waldrand. Einige Minuten vor zwölf Uhr raschelte es im Gebüsch, und es erschien ein weiss gekleidetes Mädchen. Es schleppte den Koffer und sich wie am Vortag darauf. Nach einem kurzen Gespräch sagte das Kind: «Du, wenn die Glocke vom Tuggener Kirchturm zwölf Uhr schlägt, hältst du mich mit der rechten Hand an den Haaren.» Gesagt, getan. Doch beim achten Schlag blitzte und donnerte es, dass der Uznacher das Mädchen losliess. Er hatte trotz der Anweisungen des Pfarrers auch nicht die Namen der drei Allerhöchsten angerufen. Im selben Augenblick sprang der Koffer auf und pures Gold lag zerstreut vor dem Mädchen, das ihm traurig sagte: «In hundert Jahren muss ich wieder zum Linthbord kommen, du hast mich nicht erlöst.» Darauf waren Mädchen und Gold verschwunden.[98]

99. Der rote Kinderstein auf dem Buchberg

Wenn sich Kinder ein Brüderchen wünschen, müssen sie siebenmal um den Roten Stein auf dem Buchberg herumlaufen und gleichzeitig sieben Vaterunser beten. Sind es nur fünf Vaterunser, gibt es ein Schwesterchen. Der Rote Stein ist gegen drei Meter hoch, sieben Meter lang und ungefähr fünf Meter breit. Den geheimnisvollen Stein findet man, wenn man von Nuolen aus in Richtung Buchberg läuft und kurz vor dem Bubental links abbiegt.[99]

Roter Steinblock bei Nuolen auf dem Buchberg am Zürichsee

100. Die Moorfrauen von Tuggen

Im weiten, wilden Gebiet der Linthebene sollen von jeher Hexen gehaust haben. Diese Moorwesen, mit Hakennasen und Warzen im Gesicht, schlichen sich geisterhaft durch das fast undurchdringliche Röhricht, über Sand- und Kiesbänke der Limmat, denn so nannte man in alten Tagen die Linth. Sie überflogen mit Hilfe ihrer Besen mit Leichtigkeit die zahlreichen Nebenarme des Flusses. Nur selten verirrte sich ein Tuggener in diese Einsamkeit und störte das wilde Treiben der umherschwirrenden Geister. Zwar liessen ihn die Hexen ins Dorf zurückkehren, nicht aber, ohne ihm das tödliche Sumpffieber angehängt zu haben. Sie betrachteten auch die Korrektion der Limmat als Verstoss gegen ihre Herrschaftsansprüche und versuchten darum, durch Unfälle an Menschen den Bau des Kanals zu verhindern. Auch den Ölbohrern sollen die erbosten Moorhexen Rache geschworen haben, indem sie des Nachts abwechselnd ins Bohrloch stiegen und das Öl fortbliesen. Ihren Erfolg sollen die Moorgeister mit einem ausgelassenen Hexentanz gefeiert und dazu auch die Lauitüfel und Stockberghexen eingeladen haben. Trotzdem verschwanden die Moore der Linthebene nach und nach. Man sagt, die Hexen hätten sich ins Mannesmoos auf den Buchberg zurückgezogen. Dort blühen seitdem im Juni einige blaue Schwertlilien, welche die Hexen im Andenken an ihre alte Heimat mitgenommen hatten.

Diese letzte Zuflucht wollen die Moorhexen anscheinend mit allen Mitteln verteidigen. Als sich eines Tages ein Pferd ins Moos gewagt habe, hätten die Hexen das Tier in den sumpfigen Morast gezogen. Tagsüber sollen sich die Hexen zwischen den Felsen des Höllgrundes in der heutigen Gegend des Kamelberges aufhalten und bei Gefahr hinter das nahe Hölloch huschen. Des Nachts aber höre man die Moorhexen auf ihren Besen um das Mannesmoos jagen.[100]

101. Der Schlossgeist von Grinau

Am östlichen Sporn des unteren Buchberg gelegen, an der bedeutenden Übergangsstelle über die Linth, erhebt sich das Schloss Grinau mit seinem hoch aufragenden Turm. In seinen weiten, dunklen Räumen scheint es nicht immer mit rechten Dingen zuzugehen. Alle hundert Jahre erscheint nämlich der Schlossgeist, ein schwarzer Mann mit struppigem Bart und bösen Augen. Er wandelt im Schloss herum. Wer das Unglück hat, ihm zu begegnen, muss eine harte Probe bestehen.

Eines Tages verirrte sich ein fremder Barbier im Treppenhaus. Neugierig schaute er sich um und gewahrte plötzlich in einer Ecke eine schwarze Gestalt, den Schlossgeist. Dieser deutete dem zitternden Fremden, ihm zu folgen. Gehorsam stieg der Bartscherer dem Schlossgeist nach ins obere Turmzimmer. Dort setzte sich das Ungeheuer auf einen alten Stuhl und forderte den Barbier auf, ihm den struppigen Bart zu scheren.

Der Fremde fasste sich ein Herz und begann, die langen Gesichtshaare des Schlossgeistes einzuseifen. Dann scherte er ihm langsam und vorsichtig den Bart. Während dieser Prozedur öffnete sich langsam der Mund des Geistes, und die Zunge versuchte, sich frische Luft zu verschaffen. Sie wurde zunehmend grösser und breiter. Es war ein grässlicher Anblick. Der Barbier aber schabte munter drauflos.

Als jedoch die Zunge immer weiter aus dem Mund herauskam, und stets grösser wurde, verliess ihn der Mut. Der Barbier warf das Rasierzeug in eine Ecke und floh Hals über Kopf die Stiege hinunter, immer zwei bis drei Stufen überspringend. Während er so die Treppe hinunter eilte, streifte er einige Säcke, die mit Welschkorn gefüllt waren. Unversehens ergriff er eine Handvoll davon und steckte sie in seine Hosentasche. Der Schlossgeist aber polterte fürchterlich und brüllte mit schrecklicher Stimme: «Nochmals hundert Jahre warten!» Als sich der Scherer von seinem Schrecken erholt hatte, griff er in die Tasche, und siehe da: Das Welschkorn war zu lauter Goldkörner geworden. Hätte er den Schlossgeist erlöst, wäre alles Korn in Gold verwandelt worden.[101]

102. Die Kröte im Ryffenloch

Wer kennt es nicht, das Ryffenloch, von dem die Alten immer wieder behaupten, dass sich dort ein Römerbad am See befunden habe? Nur behutsam wagte man sich in die sumpfige Nähe, und mancher nahm einen Schuh voll stinkigen Wassers auf den Heimweg. Nicht selten stahl man sich mit Abfallmaterial dorthin, um es im sumpfigen Gelände verschwinden zu lassen. Es wird erzählt, dass im Römerbad eine Kiste voll Goldmünzen versteckt sei. Nur in der Heiligen Nacht käme die Kiste nach oben. Auf ihr soll eine grausige Kröte als Wächterin sitzen. Zwei tapfere, aus Nuolen gebürtige Burschen hatten es auf die Goldkiste abgesehen. Schon in der Adventszeit hatten sie Bretter zusammengetragen, um sie in der Nähe des Ryffenloches zu verstecken. Anstatt an die Weihnachtsmette zu gehen, stahlen sich die beiden Brüder in die Nähe des Ryffen, legten sich die Bretter zurecht, um möglichst nahe an das Sumpfloch zu gelangen. Um Mitternacht schwebte ein Glanz über dem Ryffenloch, aber die Kröte mit der Kiste voll Gold kam nicht zum Vorschein. Umsonst hatten die beiden sich eine Keule zurechtgeschnitten, um die Kröte zu erledigen. Die Burschen waren aber für einige Zeit gezeichnet, denn seither mussten sie mit geschwollenen Backen herumlaufen.[102]

103. Die Kröte von Benken

Vor vielen Jahren, als die March noch ein giftiges Sumpfland war, hauste auf dem Benknerhügel eine fürchterliche Kröte. Wohl zehn Ellen lang war das Untier, bedeckt von faustgrossen Warzen, mit blutroten Augen und einem riesigen Maul, aus dem ständig giftiger Geifer tropfte. Dort, wo dieser Geifer hinfiel, wuchs kein Gras mehr, und fiel er auf Steine, so begannen diese zu zischen und zu dampfen.

In dieser Zeit der Not zogen Zigeuner vom Sarganserland her gegen Zürich. Es hatte lange geregnet, und die ganze March war hoch überschwemmt, so dass sie mit ihren Wagen nicht weiterziehen konnten. In Reichenburg hielten sie deshalb an und warteten auf das Absinken der Wasserflut. Die Bewohner waren freundlich und luden die armen Zigeuner in kalten Nächten an ihr Feuer, wo sie sich etwas wärmen konnten. Bei dieser Gelegenheit wurde dies und jenes erzählt. Die Gäste erfuhren auch von der schrecklichen Benknerchrott und ihrem Unwesen. Als das Wasser fiel und sie endlich weiterziehen konnten, begab sich der Älteste der Zigeuner zum Gemeindepräsidenten und dankte diesem im Namen seiner Sippe für die gewährte Gastfreundschaft. Bevor er ging, kehrte er sich noch einmal um und sagte: «Wenn ihr die Kröte los sein wollt, so müsst ihr sie brennen!» Als der Vorsteher fragte, wie dies zu verstehen sei, fuhr der Zigeuner weiter: «Nehmt am Ostermontag eine lange Eisenstange und legt sie ins Osterfeuer, bis sie glüht, dann rennt schnell auf den Hügel und stosst sie der Kröte in den Bauch!» Der Vorsteher bedankte sich für den guten Rat. Die Zigeuner zogen weiter.

Die Kunde verbreitete sich wie ein Lauffeuer, und jedermann konnte das Osterfest kaum erwarten. Endlich war es soweit. Die mutigsten Männer der March versammelten sich noch in der Nacht im Benken. Sie hatten sich eine lange Stange besorgt und einen hohen Scheiterhaufen aufgeschichtet. Der Morgen graute. Der Pfarrer segnete das Feuer. Die Stange wurde ins Feuer gehalten, bis sie glühend war. Dann eilten sie mit ihr den Berg hinan. Sie mussten nicht lange nach der Kröte suchen; sie sass auf einem Felsen und schlief. Die Männer zögerten nicht, stürmten auf sie zu und wollten ihr die Stange mitten in den Bauch rammen. Vergebens! Die Warzenhaut war hart wie Stein. Die Stange prallte an ihr ab. Die Kröte aber stiess ein dumpfes Grunzen aus und spie in weitem Bogen den Fliehenden Geifer nach. Diese kamen enttäuscht wieder in Benken an. Die Kunde vom misslungenen Anschlag verbreitete sich eilig in der ganzen Ebene. Die einen schimpften auf die Zigeuner und die Leichtgläubigkeit der Reichenburger. Die andern aber glaubten, dass die Stange zuwenig heiss gewesen sei.

So trieb die Kröte ihr Spiel ein volles Jahr weiter. In Reichenburg aber hämmerte ein Schmied an einem Feuerkessel. Nächste Ostern musste es gelingen, die Stange glühend auf den Hügel zu bringen, wenn auch das Feuer mitgetragen würde.

Endlich war das Jahr vorbei und der Ostermontag angebrochen. Die Männer hatten sich eingefunden, das Feuer im Kessel entzündet, gesegnet und die Stange in die Glut gelegt. Acht starke Männer hoben den Kessel an Stangen auf ihre Schultern. Der Zug bewegte sich langsam den Hügel hinan, begleitet von den Blicken der wartenden und bangenden Dorfbewohner. Die Stange war weissglühend, als sie mit ihr gegen die Kröte stürmten. Diesmal fuhr sie auch wie durch Butter tief in den Bauch des Untiers. Ein beissender Gestank fuhr aus dem Loch. Die Kröte schäumte und blies sich zur Riesengrösse auf, so dass die Warzen mit einem Knalle aufsprangen. Plötzlich nahm sie einen riesigen Satz und flog hoch über die Baumwipfel in die Ebene gegen Bilten hinaus, wo sie in einen Tümpel platschte. Die Männer waren sprachlos vor Staunen und Schrecken. Sie stiegen eiligst auf den höchsten Punkt des Hügels und sahen zu, wie sich die Kröte im Tümpel wälzte, wie das Wasser dampfte, brodelte und sott. Das Loch schien immer tiefer zu werden, immer mehr Wasser quoll hervor, dampfendes, giftiges, grünes Wasser. Ohne dass ein Regen fiel, kam ein Hochwasser über das Land, wie es noch nie gesehen wurde. Das Loch wollte nicht aufhören, Wasser zu speien. Endlich nach Wochen, wurde es ruhiger. Die Wasserflut legte sich. Überall wurden die Glocken geläutet, jedermann dankte Gott für die glückliche Erlösung von dieser Plage. Auf dem Benknerhügel aber bauten Gemeinden aus Dankbarkeit eine Kapelle.

Bei der Linthkorrektion, als aus dem Sumpf fruchtbares Land entstand, blieb nur noch das Krottenloch zurück, ein dunkler, grundloser Tümpel

zwischen Reichenburg und Bilten. Wer an ihm vorübergeht, bleibt nur un-
gern stehen, wie auch nur selten Vögel im Schilf und auf das Wasser nie-
dergehen, als ob sie um die schaurige Kröte im Loch wüssten.[103]

104. Der Hexenstein bei Reichenburg

Wer zwischen Reichenburg und Buttikon in den Bergweg einbiegt, erreicht in wenigen Schritten den Wald. Der Weg führt in Windungen empor, gegen die Kistleralp. Die Bäume stehen dicht, und nur selten gelingt
ein Blick tief in die Ebene. Plötzlich tritt der Wanderer ins volle Sonnen-
licht einer Waldweide. Es ist ein Zipfel Wiese, die wie eine Zunge in den
Wald hinunterreicht. Diese Lichtung wird von stattlichen Tannen hufei-
senförmig umsäumt. Noch ein paar Schritte dieser Weidezunge aufwärts,
und man steht vor dem Hexenstein.

In bestimmten Quatembernächten kommen alle Hexen der March und
der Höfe auf Besen geflogen, um auf dieser geschützten Lichtung den
Hexentanz aufzuführen. Von einem solchen Hexenfest weiss ein Senn zu
berichten, der einmal bei vorgerückter Nachtstunde von der Alp ins Tal
stieg. Nichtsahnend schritt er den schmalen Steig hinunter gegen den
Wald, als er ein Sausen hörte und einen heftigen Windstoss verspürte, wie
wenn etwas hart an seinem Kopf vorbeiflöge. Die Tannen ringsum
rauschten plötzlich auf, dann spürte er etwas auf sich zukommen und
bückte sich unwillkürlich. Tatsächlich flog etwas erneut haarscharf über
ihn hinweg. Der Senn war nicht als Angsthase bekannt, doch so etwas
kam ihm höchst sonderbar vor. Er verzog sich unter eine der tiefhängen-
den Tannen, wo er sich sicher fühlte. Neugierig spähte er auf die Lichtung, doch soviel er auch schaute, er konnte in der Dunkelheit nichts
wahrnehmen.

Plötzlich liess ihm ein teuflisches Gelächter das Blut in den Adern sto-
cken. Dann ging ein Prasseln los, wie wenn jemand mit Stöcken zusam-
menschlüge. Zu seinem Erstaunen sah er, wie der Stein in der Lichtung,
den er gut kannte, zu glühen anfing. Er wurde heller und heller, bis er
weissglühend das ganze Wiesenrund erhellte. Nun sah er Gestalten in weiten Röcken, die wie besessen mit Besenstielen auf den Stein schlugen,
dass die Funken stoben. Sie stiessen ein Gelächter aus, das durch Mark
und Bein ging, setzten sich dann plötzlich auf ihre Besen und jagten auf
ihnen um den Stein herum, schneller, immer schneller. Mit einem Mal ent-
stieg dem Stein ein grüner Rauch. Dieser blieb nun über dem Stein hängen
und nahm immer mehr die Form einer sitzenden Gestalt an. Die Hexen
rasten auf ihren Besen um den Stein, ein Höllengelächter ertönte, und ein
beissender Gestank verbreitete sich.

Wie lange dieses Treiben anhielt, konnte der Senn nicht sagen, denn es
wurde ihm plötzlich übel. Der Käse, den er auf seinem Räf trug, schien
mit einem Mal schwerer und schwerer zu werden und seine Füsse schwä-

cher. Er wollte die Last von seinem Rücken nehmen, rutschte aber aus. Und wie es das Unglück wollte, löste sich der Käse und rollte den Hang hinunter, genau auf den Stein zu. Es erfolgte ein heftiger Knall, der Stein erlosch plötzlich. Ein Sausen und Brausen über der Lichtung, ein heftiges Rauschen in den Wipfeln der Tannen, dann war es still. Der Senn hatte sich nach einer Weile von seinem Schrecken erholt, getraute sich unter der Tanne hervor und ging auf den Stein zu. Dort fand er seinen Käse. Er war noch leidlich rund und nicht gebraten, wie er angenommen hatte. Auch der Stein fasste sich kühl an. Ungläubig fuhr der Senn immer wieder über den Stein. Da griffen seine Fingerspitzen in Vertiefungen und Löcher, wie sie Besenstiele in einen Teig drücken konnten. Eiligst packte er seinen Käse auf die Traggabel und stieg den Weg nach Buttikon hinunter, wo er sein Erlebnis erzählte.[104]

105. Der Teufelsstein bei Reichenburg

Vor vielen Jahren fehlte einem Hirten auf der Laualp eines Tages ein Schaf. Alles Suchen und Fluchen war umsonst. Nach einer Woche fehlte ein zweites. Der Älpler ging wieder auf die Suche. Vom Lauiloch bis zur Höchi durchstöberte er Felsen und Tannen, doch die Schafe bleiben spurlos verschwunden. Eines Nachts vernahm der Hirt aus Richtung Guggerwald seltsame Geräusche. Das Gepolter führte den Unerschrockenen an eine Lichtung zu einem haushohen, weissen Felsen. Plötzlich wurde es still. Jetzt hörte man Schafe blöken. Hastig rannte der Älpler blindlings in jene Richtung, stolperte und stürzte in eine Felsspalte. Vergeblich suchte er sich aus dem finsteren Loch zu befreien. Er fluchte drauf los: «Lieber soll mich der Teufel holen, als dass ich in diesem Loch verende.» Da erscholl eine dumpfe, aber kräftige Stimme: «Knecht, wenn du mir bis zum nächsten Vollmond ein ungetauftes Kind zum grossen weissen Felsen bringst, schaffe ich dich samt den Schafen aus dem Loch.» Der erschrockene Älpler war gezwungen, einzuwilligen. Da schoss Feuer und Rauch aus dem Loch, als hätte der Blitz eingeschlagen, und ein harter Schlag warf den Hirten zu Boden. Beide Schafe standen bei ihm vor dem grossen weissen Felsen. Mit riesigen Sprüngen hüpfte eine hässliche, gehörnte Gestalt auf dem Felsen umher und rief: «Wehe dir, Knecht, wenn du nicht Wort hälst, sollst du mir büssen!» Sogleich verschwand die Gestalt.

Es tagte schon. Der Älpler warf sich immer wieder vor, mit dem Leibhaftigen ein unmögliches Abkommen geschlossen zu haben. Wie in aller Welt sollte er ein ungetauftes Kind holen? So vergingen Tage und Wochen, und ehe er sich's versah, rückte die Vollmondnacht näher und näher. Als er eines Tages bedrückt von der Lauihöchi ins Lauigrab stierte, kam ihm plötzlich eine Idee. Gedacht, getan! Er jauchzte vor Übermut und freute sich an seinem Einfall. Der Vollmond erhellt die Nacht. Voller Erwartung zerriss der Älpler ein Leintuch in breite Streifen. Packte ein Murmeltier, das er sich tags zuvor gefangen hatte, am Balg, band dem wehrlosen Tier beide Beine zusammen und wickelte es lachend ein. Dann stopfte er sein Maul mit einem Klumpen Käse und puderte den Kopf mit Mehl ein. Um Mitternacht legte er das «ungetaufte Kind» in einen Wäschekorb und ging hinauf zum grossen weissen Felsen und sprach zu sich: «So, du Teufel, komm nur. Das ungetaufte Kind habe ich mitgebracht.» Plötzlich stand der Teufel neben ihm, griff nach dem Korb und prüfte den Inhalt. «Ist gut so, Knecht, dass du es gebracht hast. Es ist wirklich ungetauft.» Kaum war der Teufel verschwunden, ertönte ein schriller Pfiff. Das Murmeltier musste in der Zwischenzeit den Käse aufgefressen haben.

Der Teufel war sofort wieder anwesend und brüllte wütend: «Knecht, du wolltest mich übers Ohr hauen. Zur Strafe wirst du bei Vollmond nackt auf diesem Felsen mit einer Mundharmonika einen Alt-Schottisch spielen und die Nacht pausenlos durchtanzen.» Und verschwunden war der Leibhaftige. Der Knecht aber stand ohne Kleidung auf dem Felsen, die Mundharmonika zwischen die Zähne gepresst, und irgendeine Macht zwang ihn, zu tanzen. Die Mundharmonika spielte von alleine ununterbrochen den gleichen Alt-Schottisch. Die nackten Füsse wurden rau und bluteten, und er keuchte und schnaufte. Doch er musste tanzen, bis der Tag heranbrach. Da hörte die Mundharmonika auf zu spielen, und sie löste sich von seinem Mund. Der Knecht aber sank todmüde um. Dann wurde es still. Nur vom grossen weissen Felsen bröckelten ab und zu Steinchen herunter. Man hatte den Alt-Schottisch über die ganze Alp gehört. Und bald wussten alle, was geschehen war.

Gesicht des Gehörnten Mannes («Teufel») in Reichenburg

Wenn man heute auf der Kistleralp von Stofel zur Tröchni und von da zur Lauialp geht, sieht man den Teufelstein Richtung Guggerwald. Der Felsen bröckelt heute noch ab. Die Lauispalte hat man vorsichtshalber mit Ästen zugedeckt, denn das letzte Schaf fiel vor zehn Jahren in die Grube. Von der Lauihöhe kann man heute noch die Murmeltiere im Lauiloch pfeifen hören.[105]

106. Der Stier auf der Kistleralp

Eines Tages hörten zwei Älpler auf der Kistleralp auf einmal einen Stier vor der geschlossenen Hütte brüllen und mit den Füssen den Boden stampfen und scharren, dass die Erdschollen an die Hütte flogen. Sie dachten, es sei der Alpstier, machten eine Schaufel glühend, die einer durch die nur wenig geöffnete Hüttentür dem wütenden Tier vor die Nase halten wollte. Was der aber draussen erblickte, war kein Stier, sondern eine Frau mit weissem Schleier, die lautlos dastand und bald verschwand. Der alte Lorenz Kistler aber sagte, das ereigne sich jedes Mal, «öb's ruuchs Wätter gid» (wenn's schlechtes Wetter gibt).[106]

107. Der heilige Mutzenstein

In alter Zeit kam eines Tages ein Missionar namens Kolumban auf die Weisstannenalp, weil ihn das Volk, das an seinen alten Bräuchen hing, zu Tuggen am See ins Wasser werfen wollte. Nur mit Not hatte er der wütenden Menge entfliehen können. Wie er in der Wildnis des Wägitales und endlich auf die Weisstannenalp hinaufgestiegen war, traf er dort auf Wild- und Waldleute aus dem Euthal, die dort oben bei einem Bild ihrer alten Gottheit ihr Vieh sömmerten. Sie taten ihm nichts zu leid und nahmen ihn freundlich auf. Wie Kolumban die Einheimischen bekehren wollte und gar ihre heilige Gottheit der Vorfahren, einen verwitterten Baumstumpf, der ein Gesicht hatte, verhöhnte, wurden sie wütend über ihn und riefen: «Wenn dein gepredigter Gott so mächtig ist, so lass uns Steine wachsen. Kannst du das, so wollen wir zu ihm beten, kannst du es aber nicht, so töten wir dich im Angesicht unseres heiligen Baumes, den du gelästert hast.» Kolumban sank auf die Knie und rief: «Mein Gott, gib, dass ich zu deiner Ehre zeuge!» Nun fing die Erde zu beben an, es tat sich der Boden auf und es wuchs langsam ein Fels wie ein Zahn aus Fahren und Föhrengebüsch empor. Und immer grösser und grösser wurde er, bis er so, wie man ihn jetzt noch stehen sieht, auf der oberen Weisstannenalp stand. So mussten sich die Waldleute bekehren, denn sie sahen, wie schnell der Mutzenstein aus der Erde gewachsen war.[107]

Gesicht in einem Holzbalken an einem traditionellen Haus der Schweiz

108. Meinrad und die Raben von Einsiedeln

Meinrad (Meginrat) war der Sohn des Grafen Berchtold von Hohenzollern und lebte im 9. Jahrhundert. Er hielt sich eine Zeitlang als Mönch in Reichenau auf. Dann begab er sich nach Rapperswil und erbaute auf dem Etzel eine Kapelle. Später entschloss er sich, Einsiedler zu werden, baute in der nahen Wildnis ein Bruderhaus, lebte von seiner Hände Arbeit und von Almosen und hatte keine andere Gesellschaft als zwei Raben, die er ernährte.

Hier lebte er lange Jahre, bis er von zwei Räubern in seiner Zelle ermordet wurde. Die Räuber begaben sich nach Zürich. Die Raben flogen ihnen krächzend nach. Dies machte sie verdächtig. Sie stiegen da ab, wo zum Gedächtnis dieser Begebenheit das Wirtshaus zum Raben (Rappen) errichtet ist. Das Geschrei der Raben machte sie furchtsam. Sie bekannten die Mordtat und wurden durch den Reichsvogt Adelbert in Zürich zum Rad verurteilt. Walter, der Abt von Reichenau, liess Meinrads Leichnam nach Reichenau führen. An dem Ort, wo Meinrad ermordet wurde, steht heute das Kloster Einsiedeln, das wegen der Treue der Raben zwei Vögel im Wappen führt.[108]

109. Der Liebfrauenbrunnen von Einsiedeln

Der heutige Marienbrunnen auf dem Klosterplatz von Einsiedeln mit seinen 14 Röhren soll im 14. Jahrhundert Liebfrauenbrunnen und während der zwei darauf folgenden Jahrhunderte St.-Meinradsbrunnen geheissen haben. Man glaubt, dass er einst eine Quelle der alten Gottheiten war, zu der früher die Bewohner der benachbarten Täler gekommen seien, um hier im Waldesdickicht aus dem geheimnisvollen Rauschen des Wassers die Stimme und den Willen ihrer ererbten Gottheiten zu erkunden. Der heilige Meinrad sei selber eigentlich ein eisgrauer Quellgott gewesen, den die ansässigen Vorfahren einst hier verehrt haben. Aus diesem machten sie in christlicher Zeit einen heiligen Einsiedler. Noch im 12. Jahrhundert lagen die Schwyzer mit den Mönchen in Streit und kämpften um die heilige Quelle. Denn im Lauf der Zeit kamen immer mehr Mönche, um den geheiligten Quellgrund an sich zu reissen.

Rudolf von Radegg, der berichtet, wie die Schwyzer in der Dreikönigsnacht 1314 das Kloster überfallen haben, sieht im Liebfrauenbrunnen eine von St. Meinrad geheiligte Quelle. Seine besondere Weihe soll der Brunnen allerdings davon haben, dass dessen Wasser unter dem Altar der Gnadenkapelle entspringe. Davon komme auch der Name Frauenbrunnen.

Die Heilkraft des Brunnens war im Volksglauben stark verbreitet. Daraus lässt sich erklären, warum die Tochter des Pfauenwirtes, Helena Gyr, zur Franzosenzeit die gewalttätigen Eindringlinge mit Geld davon abgebracht haben soll, den Brunnen zu zerstören.[109]

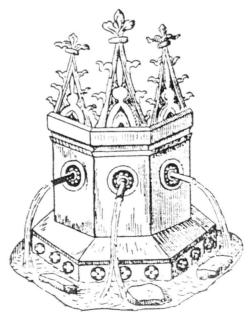

Älteste Darstellung des Liebfrauenbrunnens von Einsiedeln, um 1460

110. Heilige Brunnen

Heilige Brunnen, deren Entstehung und Kraft auf heilige Personen und Wunder zurückgeführt werden, gibt es mehrere: Die Quelle im Lutherbad, zu Werthenstein und auf St. Jost. In Einsiedeln ist es der Vierzehn-Röhren-Brunnen, am Etzel der Meinradsbrunnen und beim Kloster Engelberg das Kaltbrünneli. Als heilige Brunnen gelten auch die Quelle im Sakramentswald bei Giswil, das Bruder-Klausen-Brünneli bei Sachseln und der Kolumbansbrunnen in Tuggen.[110]

111. Der Fingerstein von Einsiedeln

Man habe das Kloster Einsiedeln zunächst in Göschenen erbauen wollen. Das sei aber wegen der dortigen vielen Bäche nicht möglich gewesen.

In der Einsiedler Wallfahrtskirche hing ein über dem Gestein geheftetes Silberblech mit fünf Löchern, die von Christus nach der Kirchweihe eingedrückt worden sein sollen. Im Mittelalter steckten die Pilger in der Gnadenkapelle in Einsiedeln ihre fünf Finger in einen mit einer durchlöcherten Silberplatte bedeckten Stein und beteten fünf Vaterunser. Christus soll bei der wunderbaren Einweihung dieser Kapelle seine Hand in diesen Stein hineingelegt haben. Die Sitte ist mit der Zerstörung der Kapelle durch die Franzosen im Jahre 1798 verschwunden.[111]

112. Die Wurzel des Frauenklosters Au

Am Ausgang des Alptales bei Einsiedeln liegt das Frauenkloster in der Au. Es verdankt seinen Ursprung einigen Frauen, welche die Verehrung der heiligen Jungfrau um das Jahr 1200 nach Einsiedeln führte. Sie errichteten in der dortigen Waldung zu Alpeck, in der vorderen und hinteren Au und in der Hangrüti, einige kleine Wohnungen. Daher wurden sie in alten Dokumenten Waldschwestern genannt. Unter den Reliquien in der Au wird besonders eine Wurzel verehrt, die in Gestalt eines Kreuzes mit einem daran hängenden Leib aus der Erde herausgewachsen sein soll.[112]

113. Die Schlange und das Mädchen

Die Leute, welche im Haus «Zur Wiege» in Einsiedeln wohnten, hatten ein kleines Mädchen, das täglich seine Milchsuppe vor der Haustüre auf dem Boden ob der Stiege essen wollte. Weil das Kind sonst sehr lieb war, erfüllte man ihm den eigensinnigen Wunsch. Die Eltern meinten oft, das Kind mit sich selbst reden zu hören. Einmal, nach genauem Hinhorchen, verstanden sie die Worte: «Nim au es Bröckeli, nid bloos Milchli!» (Nimm auch ein Stückchen Brot, nicht nur Milch!) In der Annahme, ein anderes Kind komme vielleicht zu ihm zum Essen, schauten die Eltern nach. Und wen sahen sie? Eine grosse, prächtige Schlange mit einer herrlichen Krone aus prunkvollem Gold auf dem Kopf trank gemütlich mit dem Kind Milch aus der Schüssel. Auch in einem anderen Haus sah man eine Schlange mit einer goldenen Krone. Viele Leute erzählten, dass jenem Kind, dem die Schlange die Krone ablege, ein grosses Glück bevorstehe.[113]

114. Der Kinderstein im Tiefenbrunnen

In Einsiedeln wird unter Knaben und Mädchen oft die Frage gestellt, woher die Kinder kommen. Im Tiefenbrunnen, beim Frauenkloster Au, gibt es den «Chindlischtäi» (Kinderstein).

Es wird erzählt, dass vor allem die Mädchen ihr Ohr auf den Stein legten und dann die kleinen Kinder deutlich weinen hörten, worüber sie grosses Mitleid zeigten und den Stein, wäre er nicht zu schwer gewesen, gerne weggehoben hätten. Wer von den Mädchen nicht reinen Gewissens sei, werde von einem grossen, rauhen Mann, der Ruten binde, so lange verfolgt, bis es vor Mattheit und Schrecken niederliege und nicht mehr weiterzulaufen vermöge. Den Klosterfrauen wird die Arbeit zugeschrieben, die Kinder unter dem Stein hervorzunehmen und sie den Eltern zu bringen. Darum hätten sich die Nonnen viel Hass und Scheelsucht aufgeladen, besonders in grossen Familien, wo man kein Bedürfnis mehr fühlte für neuen Zuwachs.[114]

Luftaufnahme vom Zürichsee (Foto Swissair)

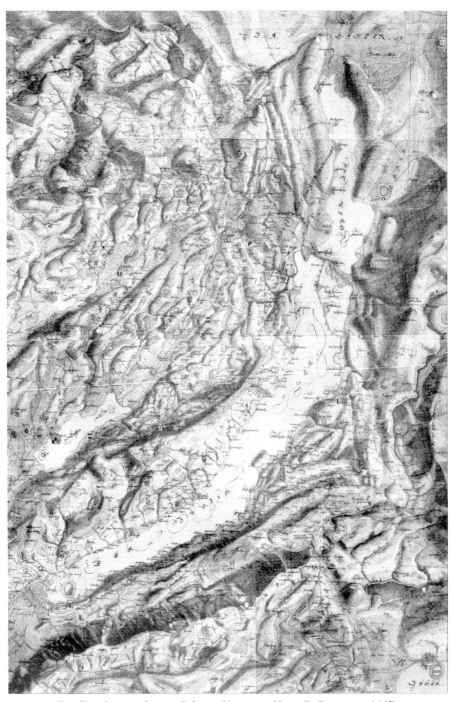

Der Zürichsee und seine Gebiete (Karte von Hans C. Gyger von 1667)

KULTPLÄTZE

Landschaft Zürichsee

Die bekannte Stadt Zürich liegt am Ende einer langgezogenen Seezunge, die der Zürichsee bildet. Am Ort der Stadt vereinigen sich zwei Flüsse, die Sihl und die Limmat, die dann gemeinsam als Limmat ins entsprechende Tal und bei der alten Siedlung Windisch in die Aare fliessen. Die Sihl entspringt der Region Sihlsee bei Einsiedeln im Kanton Schwyz. Sie verläuft teilweise parallel zum Zürichsee. Die Linth wiederum, die bei Tuggen in den Zürichsee fliesst, entspringt der Region südlich des Glärnisch im Kanton Glarus. Nachdem sie den See mit Wasser versorgt hat, tritt sie bei Zürich als Limmat in Erscheinung. Schon von dieser Beschreibung her ist zu erkennen, dass wir in einer wasserreichen Gegend sind. Die besonderen Hügel und Bergrücken sind bei Zürich der Zürichberg selbst und der Uetliberg, der als Hausberg gilt und von dem aus man die Gegend weiträumig überblickt. Dieser Uetliberg gehört zu einer Hügelkette, der Albis, der sich westlich parallel zur Sihl und zum Zürichsee erstreckt. Gegenüber dem Albis im Osten dehnt sich eine Hügelkette vom Zürichberg über den Küsnachter Berg und den Pfannenstiel aus. Diese Hügel befinden sich alle in der Region des Unteren Zürichsees. In der Region des Oberen Zürichsees von Rapperswil sind die bedeutendsten Berghügel der Etzel mit seinem Übergang nach Einsiedeln, der Bachtel bei Rüti und der Buchberg bei Tuggen. Vom Uetliberg, dem Etzel, dem Pfannenstiel oder vom Bachtel aus ist noch ein Bergmassiv in diese Seelandschaft mit einzubeziehen, denn dieses gilt als ein heiliger Berg der Region: Der Glärnisch mit seinem Vrenelisgärtli, das gemäss den Sagen einen mythologischen Hintergrund der vorchristlichen Verena besitzt.

Diese Berg- und Seelandschaft hat sich während der letzten Eiszeit vor 14000 Jahren gebildet und Veränderungen erfahren. So war noch im 7. Jahrhundert der Zürichsee und der Walensee durch den sogenannten Tuggener See verbunden. Heute ist dort eine Ebene, durch die der Linthkanal gezogen wurde. Trotzdem hat sich der Grundcharakter der Zürichsee-Landschaft in den letzten Jahrtausenden erhalten. Und so kommen wir zur nächsten Besonderheit, die sich am Oberen Zürichsee entdecken

Ausblick vom Uetliberg Richtung Zürichsee und Alpen

lässt. Es sind die beiden lieblichen Inseln Ufenau und Lützelau sowie die Halbinsel Hurden. Je nach Seespiegel und Verlandung dürfte es sich auch bei Hurden fast um eine Insel handeln, so dass wir von einer Inseldreiheit sprechen können. Dies sind die einzigen grösseren Inseln im See, und sie waren schon in vorkeltischer Zeit vor 5000 Jahren beliebte Stätten, denen keltische, römische und christliche Spuren folgten.

Von der erhöhten Lage Uetliberg oder Etzel aus ist die besondere Form des Zürichsees zu erkennen. Das Wasser ist in die Berghügel eingebettet und bildet eine schlanke längliche Zunge, die mythologisiert wurde. Die Wasserformen erinnern an ein bekanntes Bild, das man solchen Gewässern gab, nämlich an eine mächtige Schlange, die mythologisch als Drache erscheint. Ihren Kopf bilden die Ufer von Zürich selbst, und sie verjüngt sich dann zur Limmat, die sich mit der Sihl vereinigt. Die Sihl wiederum, die parallel zum Zürichsee verläuft, darf als kleine Fluss-Schlange der grossen See-Schlange angesehen werden. Ihr Ort der Vereinigung, Zürich, wird uns landschaftsmythologisch noch beschäftigen.

Der Uetliberg als Kultstätte

So wie Basel seine drei heiligen Hügel Chrischona, Tüllingen und Margarethen oder Bern den Gurten als Hausberg besitzt, so war auch der Uetliberg einst ein heiliger Berg. Heute ist er eine touristische Attraktion mit tausenden Besuchenden. Mit dem Uetliberg war ein Brauch verbunden, der in der Schweiz und in Europa noch öfters vorkommt. Es handelt sich um die vorchristliche Tradition, den Berg an Auffahrt im Frühling zu besteigen und am Morgen früh den Sonnenaufgang zu begrüssen. Dieser soll an diesem Tag besonders augenfällig sein, und ausgelassene Festlichkeiten begleiteten den fröhlichen Tag. Nicht selten verhielt sich dabei die Jugend so anzüglich, dass die Obrigkeiten versuchten, den Brauch zu verbieten. Doch ohne Erfolg, denn das Frühlingsfest im Mai musste gefeiert werden. Hinter diesem Brauch verbirgt sich eine alte Prozession auf Anhöhen, Hügel und Berge, wo man das Heilige im Wesen der Natur verehrte und feierte, denn der Frühling bringt neues Leben.

Gemäss dem Brauch war sicher der Berg selbst ein Heiligtum, doch müssen wir uns fragen, wem diese Auffahrt eigentlich galt. Irgend etwas Besonderes war das Ziel der Prozession auf den Uetliberg, was ihn selbst charakterisierte. Schon in vorkeltischer Zeit vor 5000 Jahren war der Ort eine Stätte der Besiedlung, den die Leute der Eisenzeit (Kelten) später zu einem befestigten Refugium ausgebaut haben.[1] Ein Erdhügel mit einem Frauengrab bezeugt zum Beispiel diese Epoche. Der kriegerische Umbau des Hügels geschah erst in keltischer Zeit. Eine andere Spur führt uns zur alten Bedeutung des Berges, als er noch ein Heiligtum war. Nicht weit weg vom heutigen Kulm entdecken wir eine Flur mit dem Namen «Im Felsegärtli». Dieser Felsengarten ist tatsächlich eine natürliche Steinstätte mit

Der Kindlistein im Felsengarten auf dem Uetliberg

Höhlungen, Nischen und halbkreisförmiger Anlage. Beim «Felsegärtli» befindet sich nun ein Kindlistein, der auf älteren Karten noch angegeben ist. In diesem Sinn war der alte Felsengarten mit dem heiligen Kinderstein das Ziel der Prozession auf den Uetliberg.

Besonders jüngere Frauen berührten und umkreisten den Stein, wie es im europäischen Brauchtum noch vorkommt, um eine Kinder- und Ahnenseele durch den körperlichen Kontakt aufzunehmen und wieder ins Leben zu führen. Diese spirituelle Empfängnis geschah am Ort der Ahnen, den der Felsengarten repräsentierte. Somit war der Felsengarten mit seinen natürlichen Steinen ein Ort der Wiedergeburt. Dabei schenkte eine göttliche Ahnfrau den Frauen des Clans die Kinder-Ahnenseelen, die sich beim Kindlistein aufhalten. In diesem weltweiten Brauch sind Steine, die Kinder schenken, allgemein weibliche Steine, so dass die Grosse Clanmutter in diesem Stein gedacht wurde.[2]

Als Ortsgeist auf dem Uetliberg erscheint in der Sagenwelt eine umgehende weisse Frau bei den «drei Buchen». Diese soll ein uneheliches Kind von einem Ritter empfangen haben, der sie auch noch in den Tod trieb. Erinnert sich hier die mündliche Tradition noch vage und in Umgestaltung an die Kinder schenkende Ahnfrau? Eine andere Sage berichtet von einer «Hexe» auf dem Uetliberg, die im Lomattobel hauste. Auch von einem Hexenplatz ist die Rede, bei dem vermutlich getanzt wurde. Diese «Hexe» wurde ebenfalls zu einem Ortsgeist, denn sie soll als schwarze Katze mit glühenden Augen im Lomattobel umgehen. Somit denke ich, dass die Prozession auf den Uetliberg an Auffahrt, der Besuch des Felsengartens mit dem Ahninstein, die weisse Frau mit dem Kind, die Frau beim Hexentanzplatz und die Begegnung mit dem «Teufel», der bei diesem Platz erscheinen soll, auf die bekannte Walpurgisnacht im Mai erinnert. Im europäischen Brauchtum war diese Zeit sehr beliebt, denn es ging darum, die Maikönigin und den Maikönig in einer kleinen Hochzeit im Frühling zu feiern.

Die Bedeutung des Festes war, im Rhythmus der Natur zu sein und das Aufblühen der Landschaft auch vonseiten der Menschen mythologisch nachzuvollziehen. Es war ein erotisches Fest, bei dem sich die Landschaftsgöttin als Maibraut präsentierte und ihr Vegetationsheros als Maibräutigam oder Grüner Mann. Sie begegneten sich in einem fröhlichen Fest der Gemeinschaft. Später wurde sie zur «Hexe» oder zu einem «Ortsgeist» (weisse Frau) abgewertet, und ihr Partner zum «Teufel». Für den Grünen Mann war Walpurgis die Zeit, bei der er von den Frauen bei einem besonderen Platz im Tanz zum Maibräutigam gewählt wurde. Es war seine Zeit der Initiation und kleinen Hochzeit im Mai, um einige Zeit später mit der Braut des Sommers und Göttin der Fülle die Heilige Hochzeit zu feiern. Dies geschah an einem Ort der Inthronisation, auf den wir noch zurückkommen werden. Bedeutsam ist, dass der Uetliberg eine Stätte der Kinderherkunft war, zugleich ein Platz der Maifestlichkeiten und Initiation.

Die ältesten Fluss- und Bergnamen

Die ältesten Namen einer Landschaft bezeichnen Berge, Hügel, Schluchten, Quellen, Flüsse und Seen. Diese sind beständig und werden oft von einer Generation zur anderen oder von einer Bevölkerung zur nächsten überliefert. Dabei kommt es häufig zu Missverständnissen und Umbildungen, oder der Ortsname wird einfach als Worthülse übernommen, der man einen neuen Sinn unterschiebt. Dabei wird das Wort dem eigenen Vokabular angepasst und gemäss dem neuen Wortschatz umgedeutet. Was wir heute somit Volksetymologie nennen, gibt es nicht nur in unserer Zeit, sondern muss es auch schon in der frühen Geschichte gegeben haben. Für die ältesten Ortsnamen besonders wichtig ist, dass sie meistens die Sache selbst bezeichnen, also die Bedeutung «Stein», «Berg» oder «Wasser» aufweisen. Zu unterscheiden ist auch eine wortwörtliche Beschreibung, so zum Beispiel «Fluss», und ein übertragener Sinn wie «Ader oder Schlange» der Landschaft, denn der mythologische Gehalt wurde einst immer entsprechend des eigenen Weltbildes mitgedacht.

In der Sprachgeschichte müssen wir uns immer eine Zeitachse und frühe Besiedlung vor Augen führen. Grosse Gebiete unserer Region wurden nach der letzten Eiszeit vor 14000 Jahren wieder langsam bevölkert. Dies belegen Funde aus der Mittel- und frühen Jungsteinzeit. Doch wer waren diese Menschen und was für Sprachen brachten sie mit, mit denen sie die unberührte Landschaft mit neuen Namen überzogen? Allgemein kann gesagt werden, dass diese ersten Gruppen eine vorindoeuropäische Sprache mitbrachten, die verwandt ist mit dem Baskischen, mit dem Kanarischen, mit dem Rätischen, dem Piktischen in Schottland, dem Ligurischen und Lepontischen, dem Berberischen in Nordafrika, dem Pelasgischen in Griechenland oder dem Kaukasischen. Verschiedene Spuren reichen sogar bis in die vorsemitische Zeit des Alten Orients.

Eine nächste Sprachschicht überlagert diese frühen alteuropäischen Ortsnamen; wir nennen sie indoeuropäisch. Zu den indoeuropäischen Sprachen gehören als Sammelbegriff zum Beispiel Keltisch, Römisch, Griechisch, Germanisch, Slawisch, Persisch oder Indisch. Je nach Region und Umwälzung finden wir in diesen Sprachen noch zahlreiche Spuren alteuropäischer Namen, denn wie die Bevölkerung selbst verschwinden diese nicht einfach von der Bildfläche und wirken weiter. Für uns sind die vorindoeuropäischen und frühen indoeuropäischen Wörter und Namen von grosser Bedeutung, da sie eine bestimmte Weltsicht, archaische Wahrnehmungen und eine alte Naturphilosophie tradieren, zudem am Anfang der landschaftsmythologischen Betrachtung stehen.

So kommen wir zum Namen der Stadt *Zürich*. Glücklicherweise kennen wir eine römische Inschrift, die auf einer Stele angebracht wurde und heute im Landesmuseum Zürich ausgestellt ist. Zu rekonstruieren ist ein Ortsname Turicum, der Schwierigkeiten bot, ihn zu deuten. In alemannischer Zeit verändert sich das Wort lautgesetzlich via Turigum zum heutigen Zürich. Je nach Betrachter und seiner sprachgeschichtlichen Herkunft wurde nun der Name römisch, keltisch oder alemannisch klassifiziert. Am bequemsten ist immer die Zuschreibung zu einem Personennamen, so wurde Turicum als Ort eines Turus beschrieben, was aber mehr als fraglich ist.[3] Überhaupt sind ja die ältesten Namen oft keine Personennamen, sondern bezeichnen den charakteristischen Ort selbst. Meine eigenen Forschungen gehen dahin, dass Turicum eine Wortwurzel aus der Bronze- und Jungsteinzeit tradiert, die in das keltische und römische Vokabular übernommen wurde. Das -cum ist römische Endung, so dass ein Stamm turi bleibt. Tatsächlich ist ein solches Wort im vorindoeuropäischen Sprachraum gut belegt, so zum Beispiel im Baskischen. Dort bedeutet ithurri oder turri allgemein Quelle und Wasser. Dieses ithurri/turri erkennen wir auch im Flussnamen Thur im Thurgau, im lautlich veränderten Namen des Flusses Etsch (< Itter) im Tirol oder im spanischen Flussnamen Aturis. Demnach ist Turicum/Zürich ein Ort des Wassers, was mit dem See und den Flüssen Limmat und Sihl bestens bestätigt wird. Und es ist ein Ort, der diesen Namen schon lange vor den indoeuropäischen Kelten und Römern erhalten hat.

Ebenfalls ein alteuropäisches Wasserwort trägt die *Sihl* auf sich. Eine ältere Schreibweise ist Sylaha, das leicht als Doppelwort zu entziffern ist: Aha leitet sich von römisch Aqua (Wasser) ab, dieselbe Bedeutung hat syl oder sel etc., jedoch in vorrömischer und vorkeltischer Zeit. Verschiedene Flüsse in Europa sind Sil-Flüsse, so zum Beispiel die Saale. Damit bedeutet Sihl einfach Fluss und Wasser. Dies ist die wortwörtliche Benennung, und welches war der übertragene Sinn? In Südengland wurde in Bath eine römische Therme mit heisser Quelle entdeckt. Es ist ein wunderbares Wasserheiligtum, das schon in keltischer Zeit aufgesucht wurde. Der Genius Loci dieses Heilbades war die Göttin Dea Sulis, deren Name inschriftlich belegt ist. Ebenfalls kennen wir die Bezeichnung Selkye, ein Wort, das eine Nixe und Wasserfrau meint. Und auch das altkeltische Suil, das Öffnung, Auge oder Schoss bedeutet, ist mit unserem Wasserwort Sil/Sul verwandt.[4] Gleiches gilt für den Sihlsee bei Einsiedeln, wo heute noch ein alter Wasserkult beim Brunnen vor dem Kloster praktiziert wird. Im baltischen Lettland berichten die Menschen von ihrem Brauch und ihrer Mythologie. In dieser erscheint eine alte Landschaftsgöttin Saule, die mit der Erde und dem Himmel verbunden ist. Sie bewirkt das Wachstum der Pflanzen, den Reichtum der Flüsse und die Fruchtbarkeit der Felder und Tiere. Sie ist eine vorindoeuropäische Göttin, gleich der Dea Sulis in Bath, die während der Indoeuropäisierung an eine Sonnenmythologie angepasst und in die Nähe des römischen Wortes Sol (Sonne) gebracht wurde. Ebenfalls eine alte Göttin war die «keltische» Sheela-nagig, die noch an vielen frühromanischen Kirchen Westeuropas zu entdecken ist. Ihre Haupterscheinung zeigt sie als Frau mit offenen Beinen, die ihren heiligen Schoss enthüllt. Verwandt damit sind die zahlreichen Nixen- und Wasserfrauen, die ebenfalls in Kirchen zu entdecken sind. Der sprachliche Zusammenhang von Suil, Sulis, Saule und Sheila liegt auf der Hand. Damit erhalten wir ein recht gutes Bild von der Sihl: Ihr Name bedeutet allgemein Wasser, im übertragenen Sinn aber auch Wasserfrau und Nixe. Solche Gestalten sind menschliche Frauen mit einem tierischen Unterleib, so zum Beispiel Fisch oder Schlange. Dieses Tiersymbol der Landschaftsgöttin wird uns noch in der Sagenwelt von Zürich beschäftigen.

Zur Sihl gesellt sich der zweite Fluss von Zürich, die *Limmat*. Die älteste Schreibweise ist Lindimagus oder Lindimacus.[5] Darin stecken zwei keltische Wörter, die aber vom Sinngehalt her durchaus vorkeltische An-

Wasserfrau mit Fischschwänzen im Zürcher Grossmünster

schauungen tradieren. Der zweite Wortteil magus oder macus bedeutet allgemein gross oder mächtig. Lind oder linth finden wir wieder im Glarner Fluss Linth und bezeichnet vielfach Gewässer. So erhalten wir bei Limmat/Lindimagus in der Übersetzung «das grosse Wasser». Dennoch scheint mir der Sinn der Benennung hiermit noch nicht gänzlich geklärt zu sein. Diesen erhalten wir bei der übertragenen Bedeutung. Ein verwandtes Wort zu Lind/Linth ist sicher unser bekanntes Lindwurm, worin Lind die Schlange oder den Drachen meint. Auf der ganzen Welt werden Gewässer mit Schlangen und Drachenwesen gleichgesetzt, und so auch beim Fluss Limmat. Die ganzheitliche Bedeutung wäre demnach: die grosse Wasser-Drachen-Schlange. Damit ist das Tiersymbol der Landschaftsgöttin von Zürich gemeint, die sich in diesem Wasserwesen zeigt.

Ein altes Wort ist auch *Uetliberg*, dessen Wortwurzel ebenfalls auf die alteuropäische Zeit der Region hinweist. Leider ist es völlig verballhornt auf uns gekommen, und jede Zeit hat ihre Spuren hinterlassen. Wortformen sind zum Beispiel Uotilinberg, Üttliberg oder sogar Hüetliberg! Die verschiedenen Unsicherheiten der Schreibweise und Deutungen zeigen, dass ein sehr altes, nicht mehr verstandenes Wort vorliegt, und neue Sinngebungen unterschoben wurden. So ist die Anlehnung an «Hut» bei Hüetliberg offensichtlich, aber auch die Herleitung von einem Personennamen Uotilo. Beides sind deutliche Volksetymologien, zudem bei Uotilo wieder einmal die Unterstellung, ein Landschaftsname leite sich von einem Personennamen ab.[6] Dies ist meistens spekulativ, denn primär bezeichnete das Wort den Charakter der Natur und die Örtlichkeit selbst. Doch wenden wir uns der Wortanalyse zu.

In Uetliberg sind ohne Schwierigkeiten zwei Wortteile zu erkennen: uetli + berg. Dabei ist -berg das Bestimmungswort für uetli-, das damit ebenfalls einfach Berg bedeutet. In diesem Sinn ist Uetliberg ein Doppelwort Berg-Berg, jedoch mit unterschiedlichen Wörtern aus verschiedenen Zeiten. In Alteuropa war «uetli» ein Name für Anhöhe und Berg. Als dieser Name zur Worthülse wurde, bekam er den Zusatz Berg, und alles war wieder klar bezeichnet. Doch woher stammt dieses «uetli» und seine Wortwurzel? In einem veränderten Zustand finden wir das Wort wieder beim Etzel-(Berg) am Oberen Zürichsee mit der älteren Form ezzelin. Aber auch der Odilien-Berg im Elsass gehört in diese Kategorie. Das Baskische wiederum kennt ein Wort aitz/aits, das Fels bedeutet. Im Berberischen ist ezezzel allgemein ein Wort für Anhöhen, und das Masirische in Nordafrika kennt ein azîlal mit der Bezeichnung Pass, Übergang, Bergweg. Bei den Altkanariern war Idafe eine emporragende, heilige Berg- und Felssäule. Ich denke, damit erhalten wir für Uetliberg die ursprüngliche, vorindoeuropäische Wortwurzel aits/azîl, welche die Sache selbst, nämlich den Felsberg, bezeichnet.

Wer noch Bedenken hat, den möchte ich an die Esel-Kuppe auf dem Pilatusberg bei Luzern erinnern, die nichts mit einem «Esel» zu tun hat, sondern mit einem alten Berg- und Steinnamen. Mit dem Uetliberg bzw. mit seiner Wortwurzel ist aber nicht nur der Berg gemeint, sondern ein Bergheiligtum eines göttlichen Wesens, das am Zürichsee als weibliche Ahnfrau erscheint. So ist der Odilienberg mit der getauften Göttin Odilie verbunden, ebenso repräsentiert der kanarische Idafe eine heilige Steinsäule, bei der man Gaben an die Gottheiten hinterliess.

Eine waschechte Volksetymologie zeigen die Berge und Hügel mit den Namen *Pfannenstiel*. Diese Nennung wurde ihnen zugedichtet und soll ein langgezogenes Gelände bezeichnen. Wiederum ist ein sehr altes Stein- und Bergwort, nämlich Pen/Ben/Ven aus vorindoeuropäischer Zeit, Opfer einer Verzerrung und Umdeutung geworden. So bedeutet pen allgemein Berg, Stein oder Hügelzug, und zu vergleichen sind zum Beispiel der Pierre à Peny in der Westschweiz, der Appenin in Italien oder die Schlucht Creux-de-Vent im Jura, die nichts mit dem Wind (vent) zu tun hat, sondern mit dem Stein- und Felswort ben/ven.

Etwas komplizierter ist die Herleitung des Bergnamens *Albis*, obwohl die Wortwurzel alb/alp deutlich hervorgeht. Diese ist wohl nicht zu trennen von den Alpen, die schneebedeckte Berge sind. Die vorindoeuropäischen Sprachen kannten eine Wortwurzel lab/alb, die allgemein weiss oder hoch bedeuten konnte. Fast im Gleichklang damit war ein lap/alp, das jedoch Steine, Felsen und Berge etc. bezeichnete. Sprachverwandt mit diesen Wortwurzeln ist zum Beispiel der Libanon (das weisse Bergland), die Alpen, das europäische Wort Loba für Kuh oder das lepontische Lapa für Steinplatte. In diesen Bereichen befindet sich unser Albis, und wir können den Namen als weisse Berg-Anhöhe interpretieren.

Ein sehr archaischer Gewässername ist die *Jona*, von welcher der Ort am Oberen Zürichsee seinen Namen hat. Die älteren Schreibweisen sind Ionun oder Johanna. Darin steckt ein bekanntes alteuropäisches Wasserwort onna, anna oder dana. Zur Jona gesellen sich damit Gewässernamen wie Donau (<Danubius), Rhone (<Rodanus), Rosanna oder Inn (<Ainos). Im weiteren Sinn bezeichnet der Name die Landschaftsgöttin Dana, Ana oder Tanna, die in der christlichen Kirchenmythologie als hl. Anna, die Mutter Marias, wiederkehrt. Zu diesen alteuropäischen Gewässernamen gehört nicht nur die Jona, sondern auch die Reuss (<Rusa/Riusa < Rudana, Rodana), die Reppisch, die Töss (<Toissa), die Surb und der kulturgeschichtlich bedeutsame Rhein (<Rhenus <Radanu) sowie die Insel Ufenau (<Ubinauuia/Hupinauia). Ebenso gehört Tuggen (<Tucconia) dieser Zeitschicht an, das ein Berg- und Steinname ist.

Eine Göttinkultur am Seeufer

Im europäischen Volksbrauchtum finden wir unzählige Spuren einer mutterrechtlich-matriarchalen Mythologie, die nicht irgendein gedanklicher Überbau war, sondern zu einer entsprechenden Sippengesellschaft gehörte. Darin spielte eine göttliche Ahnfrau mit ihren verschiedenen Aspekten eine bedeutende Rolle. Ihr zugesellt waren männliche Partner wie der Grüne Mann, der durch sie die jahreszeitlichen Rhythmen erlebte. Brauchtum, Erzählforschung, Kirchenmythologie und Namenforschung belegen eine grosse Fülle von Göttinnen in Alteuropa wie zum Beispiel Dana/ Brigit in Irland, Hel/Holle in Nordeuropa, Odilie im Elsass, Verena in der Schweiz, Frau Percht in Österreich, Reitia in Tirol/Graubünden, die Dea Sulis in England, Saule in Lettland, Baba Jaga in Russland, Mari in den Pyrenäen der Basken, Akka in Skandinavien, Demeter in Griechenland oder Anna in der Bretagne. Es sind unzählige Namen, und zu ihnen gesellen sich noch «namenlose» mythologische Frauengestalten, die einfach «Mutter» heissen, so z.B. die Matronen in gallo-römischer Zeit.

Zu dieser alteuropäischen Mythologie gehören auch die drei Bethen (Anbeth, Wilbeth und Borbeth), die getauft als drei heilige Frauen oder Schwestern erscheinen. Ebenso zu nennen ist die Erdmutter und Göttin der kosmischen Nacht, die als Schwarze Madonna ins Christentum integriert wurde. Die Matronen, die Bethen, die heiligen Schwestern und die schwarze Erdgöttin sind alles ehemalige Göttinnen und Ahnfrauen, die trotz der Patriarchalisierung der Gesellschaft immer noch im Volk verehrt wurden. Sie gehören zu einer vorpatriarchalen Spiritualität und Glaubenswelt, werden aber in die nun mächtige Religion eingebaut, wo sie

Drei Matronen mit Fruchtkörben und «Mondhauben» aus gallo-römischer Zeit

nach der Entmythologisierung von der matriarchalen Weltanschauung einen ideologischen Zweck erhalten. Damit brachte die patriarchale Umdeutung von Mythologie auch deren Missbrauch mit.

Es besteht heute kein Zweifel, dass die menschliche Gesellschaft schon in der Altsteinzeit matrizentrisch organisiert war. Eine Hierarchie oder Herrschaft in unserem Sinn war unbekannt. Der Stamm oder die Sippen gliederten sich ausgeglichen nach Alter und Geschlecht, dazu in mütterlicher Abstammung. Wir können dies die natürliche Ordnung der Gesellschaft nennen. Kerngruppe waren die älteren und jüngeren Frauen sowie deren Kinder, ihr zugeordnet die Männer als ihre Brüder, Beschützer und Helfer. Ein zentralistisches Häuptlingswesen war ebenso unbekannt wie ein patriarchaler Vater-(Gott). Dies sind alles Erfindungen einer späteren Krieger- und Priesterkaste. Die Menschen der Altsteinzeit besassen eine umfangreiche Tier- und Pflanzenkenntnis. Sie lebten vom Jagen und Sammeln, wobei es eine ausgesprochene Sammlerinnen-Gesellschaft war. Dies war das Beständige, und Fleisch war eine willkommene Zutat.

Die Hinterlassenschaften und die Kunst der Altsteinzeit zeigen eine geistige und handwerkliche Leistung, die auf einer erstaunlichen Technik und auf einer hohen Naturphilosophie basierte. In dieser verehrte man die Tod und Leben schenkende Erdgöttin, die Herrin der Tiere und Pflanzen sowie die göttliche Ahnfrau der Nacht und des Kosmos. Der Jahreszyklus und der Mondzyklus wurden beobachtet und mythologisiert. Und so gehen diese altsteinzeitlichen Göttinkulturen nahtlos über in die Mittel- und Jungsteinzeit mit ihrer sesshaften Ökonomie. Tier- und Pflanzenkenntnis kommen in der Tier- und Pflanzenzucht zur Anwendung, dazu die handwerkliche Technik im Hausbau. Die Tier- und Pflanzengöttin wird zur Kornmutter und beschützenden Hirtin der Herden. Immer noch steht sie den Frauen bei der Geburt bei, ist ihre spirituelle und geistige Kraft, von der sich Frauen und Männer im Clannamen und in der Sippe herleiten. Sie wurde als Landschaftsgöttin verehrt, ja die Landschaft und der Kosmos waren mit ihrem Körper identisch, und auch im Hausschrein brachte man ihr Gaben der ersten Früchte.

Eine der bedeutendsten Ackerbäuerinnenkulturen der Schweiz befand sich bei Egolzwil am heute verlandeten Wauwilersee im Kanton Luzern. Die Siedlungen gruppierten sich kranzförmig um den ovalen See. Dieser war Nahrungsquelle und Verkehrsader zugleich, dazu wurde das Hinterland bebaut. Wie später am Zürichsee, am Neuenburgersee und am Bodensee waren die Hausbauten nicht im Wasser, sondern am Ufer errichtet.[7] Spuren der Egolzwilerkultur finden sich auch in Zürich. Und auf eine weitere Gemeinsamkeit sei hingewiesen: Egolzwil wie die nachfolgenden Siedlungen an den Gewässern der Schweiz kannten eine Göttinkultur. Am Wauwilersee fand der Archäologe René Wyss zum

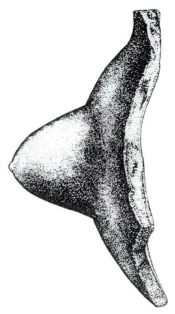

Keramik eines Brust-Gefässes von Egolzwil, Jungsteinzeit

Beispiel die Tonscherbe eines Kruges, der deutlich eine weibliche Brustverzierung aufweist.[8] Damit ist eine Verbindung zu anderen Seeufersiedlungen gegeben, denn auch dort entdecken wir immer wieder dieselben Brustgefässe.

Bei Zürich im Kleinen Hafner fand man unter Wasser ein sehr schönes Gefäss, das wieder rekonstruiert werden konnte und ausgeprägte Frauenbrüste zeigt. Der Krug ist etwa 5700 Jahre alt und datiert in die Jungsteinzeit der Cortaillodkultur, so genannt nach einem Fundort am Neuenburgersee. Das etwa 40 cm hohe Gefäss ist bauchig angelegt und zeigt oben eine breite Umrandung. Die Frauenbrüste sind am Bauchkörper angebracht, die Brustknospen deutlich erkennbar. Meistens werden solche Funde in den Museen mit einem Fragezeichen «beschriftet» oder mit irgendeinem «Fruchtbarkeitskult» in Verbindung gebracht. Das Gefäss ist heute im Landesmuseum Zürich ausgestellt.[9] Was soll nun der Krug mit den Frauenbrüsten bedeuten? Sicher war er nicht

Göttin-Brust-Gefäss von Zürich Kleiner Hafner aus der Jungsteinzeit

nur ein gewöhnlicher Gebrauchsgegenstand, sondern auch ein Kultobjekt, mit dem ein spiritueller und mythologischer Ausdruck verbunden war. Überhaupt ist ja die Trennung einer Handlung oder eines Gegenstandes in einen profanen und sakralen Bereich eine sehr junge und künstliche Abspaltung. Wurde zum Beispiel früher Korn gemahlen, so war dies nicht nur eine Tätigkeit, um sich zu ernähren, sondern damit war auch die Einstellung verbunden, dass das Korn die Gaben und Früchte der Kornmutter sind. Ebenso war es mit dem Flachs. Dieser wurde hauswirtschaftlich genutzt, dazu gab es die Anschauung, dass er die Haare der Landschaftsgöttin darstelle. Eine so gestaltete Welt war eine gelebte Mythologie, die mit den Ahnen, der Sippenmutter und der Landschaft verbunden war.

So diente das Gefäss mit den Frauenbrüsten dazu, Getreide oder Flüssigkeiten aufzunehmen. Naheliegend ist, dass es Milch enthielt, die dann von den Brüsten gespendet wurde. Aber auch Quell- oder Seewasser kommt in Frage, denn landschaftsmythologisch wurde zwischen Wasser und Milch nicht unterschieden, da beide Lebenselemente sind wie das Blut. In diesem Krug verbinden sich auf einem hohen Niveau der künstlerische Ausdruck mit dem mythologischen Sinngehalt, ja Kunst und Tradition bedingen sich ohne Unterschied. Ebenso wird deutlich, dass mehrdimensional und mit unterschiedlichen Sinnebenen gearbeitet wurde. So stellt der Gefässkörper mit seiner bauchigen Form den konkret-abstrakten Körper einer Frau dar, gleichzeitig aber auch ihren Bauch oder Schossbereich. Das Gefäss als Schoss, von dem das Leben kommt und wohin es zur Verjüngung zurückkehrt, ist ein bekanntes Motiv matriarchaler Mythologie. Gleichzeitig ist dieser Gefäss-Schoss auch nährend, denn aus ihm wächst das Leben (Pflanzen, Tiere, Menschen), so wie im Gleichklang die Landschaft als Körper der Ahnfrau gesehen wurde, die aus sich selbst heraus Leben schöpfen kann. Der Körper des Gefässes und der Landschaftskörper der Erde waren im Einklang. Dazu brachte die Töpferin oder der Töpfer am Krug Frauenbrüste an. Diese sind ebenfalls nährend und Leben erhaltend, denn so wie die Landschaft mit dem Wasser Pflanzen, Tiere und Menschen stillt, so nährt auch die Milch der Frau das junge Leben. In diesem Sinn können wir bei diesem Krug von der Darstellung einer Göttin als Gefäss sprechen. In ihrer Bauchform nimmt sie Nahrung und Gaben der Natur auf, gleichzeitig gebärt sie das Leben wieder aus ihrem Schoss. Ist dieser weibliche Schöpfungsakt vollbracht, stillt und nährt sie das heranwachsende Leben mit der Milch ihrer Brüste.

Dies ist ein sehr schönes Bild einer gelebten Mythologie, die das Verbindende und Gemeinsame zwischen den Menschen und der Natur erkannt hat und in ihren Rhythmen lebt. Wasser, Milch und Blut sind nicht nur nährend, Leben gebend und erhaltend, sondern auch Urelemente mit Geschmack und Farbe. Tatsächlich war die alte Naturphilosophie und Kunst nie abgehoben, und noch im Symbolhaften oder Abstrakten erkennen wir den konkreten Bezug zur Landschaft und zum Körper. Unser Krug ist ein gestaltetes Tongefäss, er ist aber auch die göttliche Ahnfrau. Von daher besitzt das Körpergefäss eine starke Symbolkraft. Nehmen wir die Eigenschaften der drei Flüssigkeiten hinzu, wird eine weitere Symbolebene angesprochen. So ist Milch von weisser Farbe, Blut von roter und Wasser von dunkelblauer oder schwarzer Farbe. Diese drei Farben kommen in der Kunst, im Handwerk und in der Mythologie am häufigsten vor, und sie weisen als Farbsymbole auf die Ahnfrau der Menschen hin, welche sie mit diesen Zeichen ehren und versinnbildlichen.

Der 6000 Jahre alte Krug vom Kleinen Hafner ist in der europäischen Landschaft keine Seltenheit. Am Neuenburgersee wurden in Seeufersiedlungen ähnliche Göttingefässe mit Brüsten entdeckt. Sie entstammen sogar derselben Kultur, wie wir sie in Zürich und Lenzburg wieder vorfinden.[10]

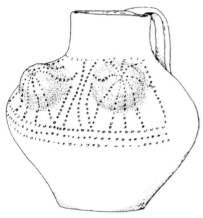

Göttin-Brust-Gefäss von Sipplingen aus der Jungsteinzeit

Besonders in Lenzburg entdeckte der Verfasser eine liegende Korngöttin, die sich aus den Hügeln der Ortschaft bildet und in deren Erdschoss die Verstorbenen in Embryonalstellung gebettet waren, um durch die Kornmutter wiedergeboren zu werden. Es handelt sich um Menschen der Cortaillodkultur, und auch diese Kultstätte ist etwa 6000 Jahre alt. Das Tongefäss von Egolzwil haben wir schon erwähnt, dazu gesellen sich bedeutende Funde am Bodensee. Bei Sipplingen im Überlinger See wurde ein fast identisches Gefäss gefunden. Es zeigt eine bauchige Form und Frauenbrüste, die hier aber sehr schön mit radialen Punkten verziert sind und ihren Mittelpunkt bei den Brustknospen finden.

Das Nährende der Milch und das Ausströmen ist bei diesem Göttingefäss ästhetisch vollkommen ausgedrückt. Zu diesen Brustgefässen kommt noch ein Kultgebäude hinzu, das ebenfalls am Bodensee entdeckt wurde. Es handelt sich um ein Holz- und Lehmgebäude, das aussen an der Eingangswand naturgetreue Frauenbrüste aufweist, die mit weissen Punkten verziert wurden. Das sakrale Gebäude und das Göttingefäss von Sipplingen entstammen der Pfynkultur, genannt nach dem Fundort im Thurgau. Die Pfynkultur hat ihre Wurzeln in Ost- und Südosteuropa, ihre Spuren finden wir in Zürich und auch in Lenzburg wieder. Alle diese jungsteinzeitlichen Ackerbäuerinnen- und Viehzüchterinnenkulturen (Egolzwil, Cortaillod von Westeuropa und Pfyn von Südosteuropa) kannten eine Göttinkultur mit einer entsprechenden Kunst und einem jahreszeitlichen Brauchtum, dessen Spuren wir im heutigen Bauernkalender oder in den Mythensagen noch vorfinden.

Brüste an der Wand eines Kulthauses von Ludwigshafen am Bodensee der Jungsteinzeit

Vor beinahe 90 Jahren wurde in Zürich beim Alpenquai (heute General-Guisan-Quai) ein ausserordentlich schönes Mondhorn geborgen. Es gleicht etwa demjenigen von Zürich-Wollishofen oder den Mondhörnern, die man am Bieler- und Neuenburgersee sowie am Bodensee gefunden hat. Tatsächlich kommen solche Mondhörner häufig vor, obwohl sie nicht immer als solche erkannt werden. Sie sind meistens aus Ton, stammen aus der Bronzezeit und weisen Verzierungen, Striche, Punkte und weitere Dekorationen auf.[11] Früher glaubte man, es handle sich um «Feuerböcke», die man in einer Schmiede verwendet habe, oder noch phantasievoller um Nackenstützen. Eine experimentelle Archäologie hätte diese Theorien alle ins Reich der Phantasie überführt. Die Beispiele zeigen uns aber, dass es auch in der nüchternen Archäologie nicht wenige Mythenbildungen gibt. So zum Beispiel die romantische Vorstellung, dass Menschen in Pfahlbauten über dem Wasser gewohnt oder Jäger der Eiszeit Mammut gejagt und getötet hätten. Solche «Tatsachen» wurden in der Geschichte der Archäologie nicht etwa von Aussenseitern aufgestellt, sondern von angesehenen Fachpersonen. Meines Erachtens ist es dringend notwendig, Funde in einen kulturgeschichtlichen und landschaftsmythologischen Rahmen zu stellen, damit diese in ihrer Bedeutung erkannt und Zusammenhänge, die wir heute trennen, wieder hergestellt werden.

Ein gutes Beispiel dazu bietet das Mondhorn von Zürich-Alpenquai. Es weist die charakteristische Form eines Halbmondes oder einer Mondschale auf, die auf einem Sockel horizontal aufliegt. Überzogen ist der Ton mit geschwungenen Linien, und auf der Innenseite des Halbmondes befinden sich neun Dreiecke mit Strichen und jeweils einem Lochpunkt. Solche Punktlöcher finden wir je drei auch links und rechts von dieser Neunergruppe. Beim Sockel sind geordnet weitere Löcher angebracht worden, und zwar säumen sie den rechten und linken Hals sowie den Sockelfuss.

Niemand wird wohl ernsthaft behaupten, diese Gestaltung und Geometrie ist zufällig oder aus Langeweile entstanden. Denn zu erkennen sind klare Abläufe und Punkte mit einer bestimmbaren Zahl. Der Gedanke der Zahl verbunden mit einem geordneten Ablauf führt uns dahin, einen Zeitablauf zu vermuten. Dieser Zeitablauf ist wiederum verbunden mit der Erscheinung des Fundes, nämlich mit der Darstellung des Mondes, denn wir müssen auch das konkrete Sinnbild des tönernen Kunstwerkes beachten. Mondcharakter, Mondmythologie und der Zeitablauf im Messbaren legen nahe, das Wissen eines Mondkalenders vor uns zu haben. Lässt sich dies auch nachweisen?

Mondhorn von Zürich-Alpenquai der Bronzezeit

Beachten wir die neun Dreiecke bei der Innenseite des Halbmondes, so stellen wir fest, dass sie nicht gleich gross sind. Sie sind im Aussenbereich kleiner, nehmen langsam zu, wobei das grösste Dreieck den Mittelpunkt bildet. Danach werden die Dreiecke wieder kleiner. Wir haben demnach eine Anordnung, die nicht nur mit der Zahl Neun arbeitet, sondern auch mit einem Sinnbild, nämlich mit dem Anwachsen (Anschwellen), einem Höhepunkt sowie mit dem Abklingen. Im Rahmen des Mondes erkennen wir darin die Phasen des zunehmenden Mondes, des Vollmondes und des abnehmenden Mondes. Diese Neunergruppe weist auf die Zeit um den Vollmond hin, den Halbmond vorher und den Halbmond nachher, so dass damit in der Beobachtung ein Monat gemessen werden konnte oder eine sogenannte Lunation. Andererseits ist die Neunergruppe mit dem Sinnbild des Dreiecks verbunden, das ein weibliches Schoss-Symbol ist.

Die Periode der Neun mit dem weiblichen Zyklus führt uns weiter zu neun Monaten, während dem das neue Leben in der Schwangerschaft entsteht. So bedeuten diese neun Dreiecke und ihre Punkte einerseits eine Lunation (Vollmondperiode), aber auch neun Lunationen der menschlichen Schwangerschaft der Frau. Links und rechts von dieser Neunergruppe sind je drei Punkte angebracht, welche die neun Punkte der Dreiecke ergänzen. Damit sind es in einer Gesamtgestaltung beim Halbmond 15 Punkte. Diese erweiterte 15 lässt sich sehr gut aufteilen in 7 + 1 + 7, eine Anordnung, welche die sieben Tage vor dem Vollmond, den Vollmond selbst, sowie die sieben Tage nach dem Vollmond anzeigen. Zusammen bilden sie eine halbe Lunation oder einen halben Monat.

All diese Mondhinweise beim aufliegenden Halbmond stehen nun in Beziehung zu den Punkten und Abläufen, die beim Sockel zu entdecken sind. Diese Punkte sind zu einer Horizontalen mit 12 Punkten und in zwei vertikalen Reihen mit jeweils 13 Punkten geordnet. Die Zwölfergruppe kombiniert mit dem halben Mondzyklus (15 Punkte) ergibt genau ein halbes Jahr (180 Tage). Andererseits weisen die 13 Punkte auf dreizehn Lunationen hin, die ein Mondjahr von 364 Tagen ergeben (13 x 28 Tage). Dieses Mondjahr aus 13 Monaten wird jeweils mit einem Tag zum Sonnenjahr hin ergänzt, wofür die waagrechte Zwölferreihe verwendet wurde. So verstehen wir nun den bekannten Ausdruck: «Auf ein Jahr und einen Tag», der auf einen Mondkalender zurückgeht. In die Punktlöcher wurde jeweils etwas gesteckt, wie dies bei anderen Objekten der Fall war. In diesem Sinn ist das Mondhorn von Zürich eine Art Steck-Mondkalender.

Doch es lässt sich bei diesem Fund noch ein weiterer Zyklus zeigen. Die 13 vertikalen Punktlöcher des Sockels stehen auch in Kombination mit der Neunergruppe des Halbmondes mit seinem Hinweis auf die Schwangerschaft. So ergeben 13 x 9 Monate genau 117 Lunationen. Umgerechnet in Sonnenjahre erhalten wir 9 plus etwas Jahre, die ziemlich genau der astronomischen Zahl 9,3 gleichkommt. Diese 9,3 Jahre entsprechen einem halben Mondzyklus oder einer Periode des Mondes vom grossen Mondextrem bis zum kleinen Mondextrem. Dies erklärt nun auch, warum es zweimal 13 Lochpunkte sind, denn zweimal 117 Monate oder zweimal 9,3 Jahre entsprechen 18,6 Sonnenjahren, eine Zeit, während der der Mond den ganzen Zyklus seiner Extreme zurückgelegt hat und wieder beim Ausgangspunkt am Himmelshorizont erscheint.

Wir können somit zeigen, dass der Mondkalender auf einer alten Masseinheit basiert, die dem weiblichen Körper eigen ist, nämlich der Zeit der

Schwangerschaft. Aus dieser Körpererfahrung entsteht der Zyklus der neun Monate, die in Bezug gesetzt wurden zu den Lunationen (Anschwellen und Abschwellen des Mondkörpers) und zum Mondjahr mit dreizehn Monaten und einem Tag. Diese Zeit ist sowohl real wie mythologisch und wurde mit dem Zyklus einer Mondgöttin in Harmonie gebracht, denn mit den zweimal 117 Lunationen (18,6 Jahre) besitzt auch die Mondin einen Rhythmus. Der Mondzyklus der Frau, die Periode der Schwangerschaft und die grossen Mondabläufe der Mondin zeigen auch bei ihr gleichsam eine kosmische Schwangerschaft der Schöpfung.

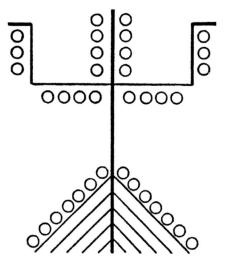

Göttin-Darstellung auf einem Krug von Sopron in der Gestik der erhobenen Hände und Gebärstellung

Nicht zuletzt stellen Mondhörner auch eine sinnbildliche Ganzheit dar, denn sie sind sowohl Mass, Kalender und Gestalt. Sie erinnern an Stier- und Kuhhörner oder an die Gestik der erhobenen Hände, die in der Religionsgeschichte bestens bekannt ist und die Mondgöttin darstellt. In Ägypten nannte man diese Position die Leben schöpfende Ka-Stellung, die oft mit der Gebärstellung kombiniert wurde. So begegnet uns die Mondin auf einer verzierten Urne im Ödenburger Museum (heute Sopron), die im 19. Jahrhundert gefunden wurde. Zu entdecken ist eine abstrakte Darstellung mit Strichen und Punkten, die wir mit der Mondgöttin-Darstellung von Zürich vergleichen können.

Der Mondkalender und eine entsprechende Mythologie sind keine Erfindungen der Bronzezeit. Schon in der Jungsteinzeit beobachteten Menschen die Bewegungen der Sonne, des Mondes und der Sterne. So manche Grab- und Tempelanlage ist nach ihnen ausgerichtet und stellt damit einen Bezug her zum Himmel und seinen Gestirnen. Die Jungsteinzeit wiederum übernimmt Wissen und mythologische Erfahrungen aus der Altsteinzeit, denn dort haben sich Kunst, Technik, Kenntnisse und mythologische Vorstellungen herausgebildet. Ein gutes Beispiel ist die Göttin von Laussel, die an einem Felsen des Dordognetales im Westen von Frankreich entdeckt wurde. Die Frauendarstellung mit einem Alter von etwa 25000 Jahren ist rund 40 cm hoch, zeigt schwere, hängende Brüste und einen rundlichen, beleibten Körper. Sie ist nackt, so wie die meisten Göttinnen der Alt- und Jungsteinzeit, also raumbekleidet, wie man in der Mythologie sagt. Diese kultische Nacktheit ist ein symbolhafter Ausdruck, der über Jahrtausende hinweg ein Stilmittel der Göttinkultur war, und erst in frühpatriarchaler Zeit verändern sich die alten Sinnbilder. Eine nackte Maria ist unvorstellbar, und schon von daher ist sie nur noch ein schwaches Abbild ihrer einstigen Ahninnen. Die Göttin von Laussel trägt in ihrer rechten Hand ein horizontales Horn, das wie ein Füllhorn aussieht. Es erinnert an unser Mondhorn, mit dem es verwandt ist. Zudem ist die Frau mit dem Horn keine realistische Darstellung oder gar eine Art altsteinzeitliches «Schönheitsideal», wie es von Fachpersonen beschrieben wurde. Vor uns zeigt sich ein fülliger Körper der Frau, nackt mit ihren Rundungen, was ein mythologisches Symbol für die Mondin, die Göttin der Fülle sowie des Reichtums für Pflanzen, Tiere und Menschen ist. Sie bewirkt das Leben aus sich selbst, wie alle göttlichen Ahnfrauen der Erde und der kosmischen Nacht.

Göttin mit Mondhorn von Laussel
aus der Altsteinzeit, Dordogne, Frankreich

Sie erinnert an die liegende Göttin von Malta mit ihrem Körper der Fülle oder an die liegende Korngöttin von Silbury Hill, eine kultische Hügel- und Wasserdeichstätte, die das Abbild einer schwangeren Kornmutter zeigt.[12] Und auch die liegende Landschaftsgöttin von Lenzburg in ihrem Hügelsystem steht in dieser Ahninnenreihe. Die Göttin von Laussel ist eine Herrin der Tiere und Früchte, eine Leben spendende Mondin, die mit ihrer Schwangerschaft einen schöpferischen Akt des Lebens und der Natur bewirkt. So war Schwangerschaft etwas Reales, aber auch verbunden mit einer Schöpfungsmythologie und einer Ahnenverehrung. Sie wird damit zu einer Chiffre oder einem Symbol im künstlerischen Ausdruck. So hält die Frau das Horn als Mondhorn in der Hand, während sie mit der Linken auf ihren Bauch, den Nabel und ihren Schoss zeigt. Beide Gesten sind identisch oder zumindest in Bezug zueinander zu setzen. Beim Mondhorn entdecken wir zudem dreizehn Einkerbungen, die wir als Zahl oder als zeitlichen Ablauf sehen können. Kombiniert mit dem Sinnbild Mond ergeben sich 13 Lunationen, die mit einem Tag ergänzt ein Mondjahr ergeben. Dieses Mondjahr haben wir auch beim Mondhorn von Zürich feststellen können, doch in Laussel erscheint diese Erkenntnis mehr als 20000 Jahre früher!

Mit der linken Hand deutet die Frau auf ihren Nabel-Schoss, also auf ihr Zentrum. Sie ist damit die Mitte der Welt, die Erd- und Mondgöttin, der man noch in der Antike Kultplätze mit einem Omphalos, einem heiligen Nabelstein, weihte, so zum Beispiel in Delphi mit dem verzierten, kegelförmigen Ahninstein. Der zweite Hinweis richtet sich auf ihre Schwangerschaft, die ebenfalls als Zyklus oder Zeiteinheit aufzufassen ist. Als Basis des Mondkalenders und des frühen Zeiterkennens überhaupt erscheint damit die neunfache Lunation, die wiederum auf den menstrualen Zyklus hinweist. Und welche Aussagen haben nun beide Gesten der Hände zusammen? Das Mondhorn trägt 13 Lunationen auf sich, und die Hand auf dem Bauch deutet auf 9 Lunationen der Schwangerschaft hin. Die 13 Monate kombiniert mit den neun Lunationen ergeben die uns schon bekannte Zahl von 117 Lunationen, die an unsere 9,3 Sonnenjahre erinnern. Dies ist die Zeitspanne, in der der Mond von der grossen Wende zur kleinen Mondwende benötigt und umgekehrt. Es ist sein Rhythmus und somit auch der Zyklus der kosmischen Mondgöttin, die in Laussel versinnbildlicht wurde.

Ebenfalls aus der Altsteinzeit und zeitgleich mit dem 25000 Jahre alten Mondhorn von Laussel ist ein verzierter Knochen von Predmost (Mähren) aus dem heutigen Tschechien. Der glatte Knochen zeigt eine leichte Krümmung, und die Herstellenden haben Striche, geschwungene Dreiecke und Klammerformen angebracht, die an einen Halbmond erinnern.

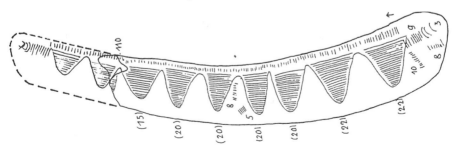

Kalender-Knochen von Predmost (Mähren) der Altsteinzeit
(nach K. Absolon und M. Kerner)

Zum Mondhorn von Zürich gibt es eine interessante Ähnlichkeit zur Neunergruppe des Halbmondes, da eine solche Neunzahl mit den geschwungenen Dreiecken ausgedrückt wird. Aber auch die Striche sind sehr informativ. Links und rechts der Neunergruppe wurden zur Ergänzung jeweils 9 Striche angebracht, die wiederum von jeweils drei geschwungenen Strichen wie Halbmonde ergänzt sind. Die ganze Abfolge sieht dann folgendermassen aus:

))) ||||||||| Neunergruppe ||||||||| (((

Oder in Zahlen geschrieben:

3 + 9 + 9 + 9 + 3

In dieser Strich- und Markierungsabfolge erkennen wir ohne grössere Schwierigkeiten die Summe eines Monats oder eine Lunation von 27 Tagen, wobei die Klammer-Halbmonde Ergänzungen zu den Mondtagen darstellen. Als Einheit für sich bedeutet die Neunergruppe aber auch wieder die Mondmonate einer Schwangerschaft. An der Kante des Knochens sind weitere Striche angebracht. Zählt man diese ab und berücksichtigt die Bruchstelle des Fundes, so ergeben sie etwa 115 oder 117 Kerben. Auch diese Zahl ist uns beim Mondhorn von Zürich schon begegnet, nämlich als Neunergruppe in Kombination mit den 13 Punktlöchern, die in 13 x 9 die Summe von 117 Lunationen aufweist. Diese Anzahl oder die Summe der Schwangerschaftsmonate mal 13 gerechnet führt uns zum Jahresablauf von 9,3 Jahren und somit wiederum zum halben Zyklus des Mondes von der einen Mondwende zur anderen oder zur ganzen Periode von 18,6 Jahren. Die Menschen der Altsteinzeit waren also in der Lage, die astronomischen Beobachtungen festzuhalten und schriftlich zu fixieren, denn wir dürfen diese Zeichen durchaus als Schrift- und Zahlenzeichen lesen. Diese Schrift wiederum nimmt Bezug auf die Körpererfahrung der Frau und den Zyklus des Mondes

Gemäss der landschaftsmythologischen Betrachtung von Regionen besteht ein vernetztes Denken darin, einen Fund mit landschaftlichen Begebenheiten in Beziehung zu setzen. So wurden Mondhörner bei Zürich gefunden, aber auch am Bieler- und Neuenburgersee. Die Relation zur Umgebung besteht darin, dass es Wasserorte sind, die kalendarisch und mythologisch mit der Mondin einhergehen. So war die Stadt Biel der Mond- und Wassergöttin Belena geweiht, die bei der Römerquelle verehrt wurde. Dies kommt auch in ihrem Namen mit der Wortwurzel bhel (hell, weiss, glänzend) zum Ausdruck, der die Weisse oder die Weisse Ana bedeutet. Doch gibt es noch einen weiteren Bezug zur Region? Vom Gebiet des Bielersees aus erblicken wir in südöstlicher Richtung die faszinierende Alpenkette, wobei besonders die Dreiergruppe Eiger, Mönch und Jungfrau im Berner

Oberland immer wieder auffällt. Vom Bielersee aus ist die südöstlichste Mondwende bei Eiger, Mönch und Jungfrau zu beobachten, die ziemlich genau bei 135° Südost liegt. Diese heilige Berggruppe spielte nicht nur astronomisch und im Jahreskalender eine grosse Rolle, sondern wurde auch mythologisiert. Sie stellt die dreifache Mondgöttin dar, die der Erde neues Leben schenkt. Die dreifache Mondin wurde als Berggöttin verehrt, sie stand aber auch mit den drei Seen Bieler-, Murten- und Neuenburgersee in Zusammenhang, die ebenfalls ein Sinnbild der Mondin darstellen. Damit verdeutlichen Wasser, Berge und Mond den landschaftlichen Kosmos der göttlichen Ahnfrau. Und wie steht es in der Region Zürich?

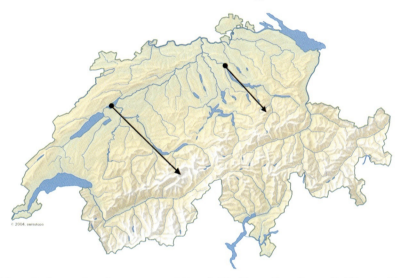

Kultlinie Bielersee-Jungfrauregion und Zürich/Uetliberg-Vrenelisgärtli (Glärnisch) mit Orientierung zur südlichen grossen Mondwende

Vom Uetliberg aus öffnet sich ebenfalls ein faszinierendes Fenster zur Alpenkette in südöstlicher Richtung. Ein sehr markanter Berg ist dabei der Glärnisch mit seinem sagenumwobenen Vrenelisgärtli. Vom Zürcher Hausberg aus liegt der Glärnisch ziemlich genau bei 135° Südost, also dort, wo wir wie bei Eiger, Mönch und Jungfrau den südöstlichsten Vollmondaufgang beobachten können.

Hier ist der mythologische Zusammenhang sogar eindeutig durch die Sagenwelt überliefert, denn ein Teil der Verena-Mythologie bezieht sich auf das Vrenelisgärtli. Dort soll die Verena als Stein- oder Eissäule zu sehen sein. Doch handelt es sich nicht um die hl. Verena, sondern um die Landschaftsgöttin Verena mit ihrem Bergheiligtum Glärnisch. In den Sagen erscheint diese als Erd- und Mondgöttin mit den Symbolen: Brot und Mehl, halbmondförmiges Gebäck, Gürtel für Schwangere bei der Geburt sowie Kamm und Krug. Gerade der Krug verweist darauf, dass sie auch die Frau mit dem Kessel ist, d.h. die Frau mit dem nährenden und Leben schenkenden Schosskrug. In einem Volkslied wird ihre Gestalt sogar recht archaisch beschrieben: Sie sei oben (nackte) Frau und unten wie eine Schlange oder Kröte. Damit ist Verena eine Wassergöttin und Nixe, die wiederum mit der Mondmythologie verbunden war. Und auch ihr Name dürfte diese Zusammenhänge beschreiben, denn die heutige Nennung Verena lässt sich sehr gut von Belena herleiten, die damit ebenfalls die Weisse Göttin ist.

Ein wunderbarer Fund von Zürich-Alpenquai zeigt uns, wie unterschiedlich die Aspekte einer Landschaftsgöttin sein können. Gemeint ist ein Kunstobjekt, das etwa 3000 Jahre alt ist und einen Wasservogel darstellt. Das prächtige Stück kann heute im Landesmuseum Zürich studiert werden. Zu sehen ist ein Sockel, auf den eine stilisierte Ente oder sonst ein Wasservogel gesetzt ist. Der Körper ist sehr rund und gleicht einem Ei, das ein Mondsymbol ist. An diesem Ei-Körper befindet sich ein Vogelkopf, der sich harmonisch in die Körperlinie einfügt. Zudem ist zu erkennen, dass der Sockel und die untere Hälfte des Eies eine Art Schale bilden, auf die dann der Eikörper-Rücken mit dem Kopf gesetzt wurde. Somit sehen wir als Ganzes einen Wasservogel-Eikörper, der wiederum in zwei Teile oder zwei Eikörper-Hälften unterteilt ist.

Verzierter Wasservogel von Zürich-Alpenquai der Bronzezeit

Bei der Schalenkante befinden sich Striche, die zu Zahlengruppen geordnet sind, also keine Willkür der Anordnung zeigen. Ebenso geometrisch und kunstvoll angelegt sind die Verzierungen des Rückens, wobei vor allem längliche Striche der Unterteilung und Zick-Zack-Muster auffallen. Und nicht zuletzt erscheint eine solche Ornamentik bei der Verzierung von Eiern wieder. Solche Vogeldarstellungen finden wir auch bei anderen Seeufersiedlungen, so zum Beispiel im Dreiseenland der West-schweiz. Und fast in jeder Mythologie und in jeder Volkstradition spielt der Vogel eine bedeutende Rolle als Seele eines Menschen (Seelenvogel), als verwandelter Mensch in Tiergestalt, als beratendes Tier beim Orakel-wesen oder als Reit- und Helfertier, durch welches man in andere Gefilde gelangen kann.[13]

Die Vogelplastik von Zürich ist wie jedes Symbol vielschichtig und polyvalent, so dass ich auf die verschiedenen Ebenen, die ineinander über-gehen und zusammenhängen, eingehen möchte. Die Striche bei der Scha-lenkante dürften wiederum Zahlen und Zeitabläufe andeuten. Die Ver-zierung am Oberkörper ist nicht einfach Gefieder, sondern zeigt ein Mus-ter, das seit der Jungsteinzeit immer wieder auf Keramik zu entdecken ist. Die Zick-Zack-Linie oder das Wellenmuster besteht eigentlich aus Drei-ecken, die als Ursymbole für den weiblichen Schoss gelten. Damit verbun-den ist die Schwingung und der Rhythmus der Wellenlinie, die konkret das Wasser andeutet, aber auch einen Schöpfungsvorgang des Lebens. Damit kommen wir zum Eikörper des Vogels. Zweifellos entsteht Leben aus dem Ei, so zum Beispiel aus einem Vogelei. In der Mythologie erscheint oft eine kosmische Vogelgöttin, die das Mondei oder die Welt als Ei aus sich selbst hervorgebracht hat. So ist die Vogelgöttin in dieser Darstellung so-wohl Eikörper als auch Vogelkörper, d.h. die Schöpfung aus sich selbst heraus, wie es mit der Göttin des Kosmos und der Nacht verbunden war.[14] Gleichzeitig zerfällt der Vogelei-Körper in zwei Hälften, genauso wie das Weltenei, das nach der Schöpfung in zwei Teile zerspringt: Die obere Ei-schale wird dabei zum Himmel mit Sonne, Mond und Sternen, die untere Eischale zur Unterwelt mit den Quellen und Höhlen, während der Dotter die Mittelwelt der Erde, Seen, Flüsse, Meere und Gebirge bezeichnet. Jetzt verstehen wir auch, warum es ein Wasservogel ist, denn dieser besitzt die Fähigkeit, auf der Erde oder Mittelwelt zu gehen, in der Luft oder Ober-welt zu fliegen und im Wasser in die Unterwelt zu tauchen. Dies ist ein naturpoetisches Bild, das in der Mythologie als Symbol verwendet wurde, um drei Bereiche der Welt zu beschreiben und miteinander zu verbinden, denn genau das tut die Wasservogelgöttin. Sie ist damit die eine Ganzheit, gleichzeitig aber auch die Herrin der drei elementaren Welten oder die Drei-faltige, was mit der Mondin als Eine und zugleich als Dreifache (Sichel-mond, Vollmond, Schwarzmond) beschrieben ist.

Die Verzierung auf dem Vogelgöttin-Eikörper kann als frühe Schrift und Information aufgefasst werden. Aus solchen Symbolzeichen entstanden Schriftzeichen. Daher ist es falsch, wenn behauptet wird, eine Schrift hätte es in Europa erst seit den Griechen und Römern gegeben. Ich erinnere an die nordeuropäische Runenschrift, an die nordwesteuropäische Ogham-schrift oder an die mitteleuropäische Schrift der Räter, die auf bronze-zeitliche Ursprünge zurückgehen.

Der ehemalige Alpenquai von Zürich zeigt sich als ausserordentlich reiche Fundstätte. So konnten wir das Mondhorn und den Wasservogel von diesem Ort beschreiben, die beide etwa 3000 Jahre alt sind. Zu diesen Funden gesellt sich seit Januar 1998 ein gut erhaltener Holzstab, der von einer Tauchergruppe aus dem Wasser beim Alpenquai geborgen wurde. Er ist ebenfalls etwa 3000 Jahre alt und datiert in die Bronzezeit.[15] Seine Länge beträgt ziemlich genau 27 cm, dazu ist er mit Zeichen reich verziert. Solche Holzstäbe sind keine Seltenheit. Bei Mörigen am Bielersee wurde ebenfalls ein verzierter Holzstab aus der einstigen Seeufersiedlung gefunden, der mit dem Stab von Zürich verglichen werden kann.

Verzierter Holzstab von Zürich-Alpenquai der Bronzezeit

Der Zürcher wie der Möriger Holzstab zeigen eine klare Geometrie und Aufteilung. Ersterer unterteilt die Stablänge mit fünf gleichförmigen Mustern genau in vier Teile, die wiederum geometrische Muster aufweisen. Die hauptsächlichsten Symbole dabei sind der Ring, die Zick-Zack-Wellenlinie, das Dreieck und die Raute. Das sind alles Muster, Verzierungen oder Schriftzeichen, die schon in der älteren Jungsteinzeit bei der Keramik vorkommen, aber auch teilweise beim Wasservogel, den wir als Symboltier und Abbild der Mondgöttin interpretiert haben. Doch was soll dieser Stab bedeuten? Sicher ist, dass er mit archäologischen Fragestellungen alleine nicht verstanden werden kann, denn es braucht einen kulturgeschichtlichen Hintergrund. Wesentlich ist, dass solche Stäbe und Funde in einem systemischen Kontext gesehen werden.

Frühere Deutungen sahen im Holzstab vom Bielersee einen Botenstab, an dem Informationen überbracht wurden. Auch an ein Szepter eines Würdenträgers wurde gedacht, sowie an ein vorgeschichtliches Längenmass. Beifügen können wir, dass verzierte Holzstäbe auch als Instrumente im Schamanismus Verwendung finden, wo sie wie die bemalten Trommeln den ganzen Kosmos und gesellschaftliche Vorstellungen tradieren. Ich glaube, alle diese Interpretation haben ein Körnchen Wahrheit und schliessen sich nicht unbedingt gegenseitig aus. Dennoch müssen wir nach dem ursprünglichen Sinn des Stabes fragen, und gelangen damit in die Landschaftsmythologie. Das primäre Vorbild eines Holzstabes ist der Baum-(Stamm). Der Holzstab ist damit ein Abbild eines Ursymbols, das in verschiedenen Kulturen überliefert ist. In Ägypten kannte man den hölzernen Stab mit einem Stoff daran, den man Neter oder Nouter nannte. Dieser Ausdruck wird mit göttlich übersetzt und in patriarchaler Zeit mit Gott. Dennoch verbirgt sich in Nouter der Name der alten vorägyptischen Himmelsgöttin Nout-Neith, die den ganzen Kosmos mit ihrem Körper überspannt. Im vorsemitischen Palästina wurden auf Anhöhen heilige Haine errichtet, dies zu Ehren der Göttin Asherah (Astarte, Ishtar). Solche Haine zeigten jeweils das Kultbild der Asherah selbst, nämlich einen hölzernen Pfeiler oder eine Säule, die Asherah genannt wurde. Und auch die Göttin Inanna-Ishtar wurde im Zweistromland in einem Pfeiler verehrt, der aus Schilfrohren gefertigt war. In vielen Teilen der Welt ist es heute noch Brauch, an einem heiligen Baum Stoffstücke anzubringen, was Glück und Segen bringen soll.

Der Holzstab, der Pfeiler oder die Säule sind Abbilder eines konkreten Sinnbildes, das der Baum mit seinem Stamm repräsentiert. Der Baum ist dabei auch die Weltensäule, denn mit seiner klaren Gliederung weist er auf den Himmel (Äste und Zweige), auf die Unterwelt (Wurzeln) und die Mittelwelt (Stamm, Zentrum). Damit ist er ein Sinnbild für die Welt selbst, d.h. für die alles umfassende Göttin. Der Göttinbaum wird im Schamanismus zum Weltenbaum, zugleich zum Holzstab-Instrument, das den

Weltenbaum (Stamm, Säule, Weltachse) der nordeuropäischen Mythologie

Baum der Ahnfrau und die Gliederung der menschlichen Gesellschaft darstellt: «Auf den Trommelstöcken der Schamanen sind am unteren Ende drei Querkerben eingeritzt... In kosmologischer Hinsicht repräsentieren sie die drei Welten, die der Schamane dank seines Trommelspiels zu durchqueren und zu überschreiten vermag. In gesellschaftlicher Hinsicht stehen die drei Kerben des Trommelstocks für die drei Allianzgruppen und der ganze Stock für den Stamm.»[16]

In der matriarchalen Mythologie wird der Göttinbaum zum Pfeiler, der die Präsenz der Ahnfrau symbolisiert. Zudem manifestiert er sich im Holzstab-Szepter eines Würdenträgers und Amtsinhabers. Diese Insignie

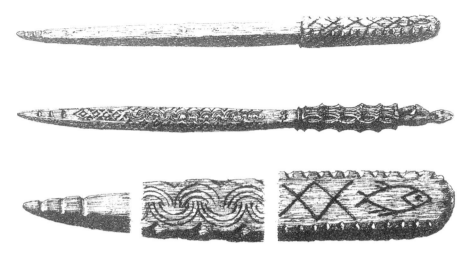

Holzstab-Instrumente mit Verzierungen der Kosmologie und Gesellschaft
(Schamanismus in Asien)

bezeichnet die Sphären der Welt, gleich dem Apfel, der ebenfalls den Erdenkreis versinnbildlicht und in patriarchaler Zeit zum Reichsapfel wurde. Der Holzstab oder das Szepter sind im matriarchalen Kontext keine Herrschaftssymbole, sondern Zeichen der Landschaftsahnin, die ein männlicher Partner der Göttin von einer Priesterkönigin erhalten hat. Dadurch hat er ihre Würde empfangen, ist durch sie initiiert und inthronisiert worden und spricht durch ihre Zeichen Recht. Baum und Apfel oder Stab und Kugel gereichen dem Amtsinhaber zur Ehre und nicht zur Macht.

Die Holzstäbe vom Bieler- und Zürichsee sind solche Göttinstäbe, gleichzeitig sind sie im wahrsten Sinne des Wortes der Stamm in seiner Gliederung. Dieses Sinnbild vermitteln die Verzierungen der Stäbe. Als Ganzes repräsentieren sie den Kosmos, die Welt, die Ahnfrau, den Nabel und den Stamm. Dieser Stamm wird mythologisch gedacht als Körper der Landschaftsgöttin, konkret als Baumstamm und gesellschaftlich als Stammeseinheit. Dadurch stammen alle Menschen von einer Urahnin ab. Dies zeigt sich in der Namensnennung nach der Ahnfrau oder in der Abstammung in mütterlicher Linie. Die Stammeseinheit gliedert sich wie der Holzstab in verschiedene Sektionen oder ethnologisch gesprochen in Clans mit den entsprechenden Muttersippen. Es sind beim Zürcher Holzstab vier Gliederungen und somit auf gesellschaftlicher Ebene vier hauptsächliche Matriclans, die in gegenseitiger Wechselbeziehung zueinander standen. Dies schliesst Wechselheiraten, gegenseitige Hilfeleistungen und gemeinsame Jahresfeierlichkeiten mit ein. So war jeder Matriclan auf dem Holzstab-Stamm mit seinem Zeichen vertreten und bildete zusammen den Stamm des Volkes mit seiner Ahnin. Diese Ahnin hiess zum Beispiel Verena/

Belena. Sie manifestierte sich in der Limmat-Schlange, auf dem Uetliberg im Kindlistein oder im Glärnisch beim Vrenelisgärtli. Sie war Berg-, Mond- und Wassergöttin, zeigte sich im Gefäss mit den Brüsten, im Mondhorn oder als Wasservogel. Die Sihl war ebenso ihr Fluss wie die Drachenschlange Zürichsee.

Die meisten sakralen Orte am Zürichsee und der Region waren dieser Ahnfrau geweiht, wie wir noch sehen werden. Und sie war das Mass aller Dinge, was mit dem Holzstab von Zürich gleichzeitig verdeutlicht wurde. Betrachten wir die Länge des Möriger Holzstabes, weist er bis zu einer Bruchstelle etwa 23 cm aus. Wie lange war der Stab ursprünglich? Der Zürcher Holzstab ist genau 26,9 cm lang und war somit 27 cm in seiner Länge. Diese 27 cm sind keine zufällige Einheit. Sie sind ein Teil eines Längenmasses, das einmal weit verbreitet war. Zu unserem heutigen Meter von 100 cm gibt es keine Beziehung. So müssen wir uns Fragen, welches Längenmass einst in Europa in Gebrauch war, das in die Vorgeschichte zurückführt. Die Antwort darauf ist eindeutig: Es ist die megalithische Elle. Diese Elle wurde als Grundmass bei zahlreichen alteuropäischen Steinbauten festgestellt, und sie beträgt etwa 81 cm. Die Länge des Zürcher Holzstabes mit den 27 cm entspricht genau einem Drittel einer megalithischen Elle und damit etwa der Länge eines Fusses. Die heutige Elle in Bayern von 83,3 cm oder die Vara in Spanien von 83,59 cm gehen auf die megalithische Elle der Jungsteinzeit zurück. Diese war nicht genau normiert und zeigt eine Schwankung von 81 bis 84 cm. Aber immer sind es drei Fuss-Schritte, die eine Elle ergeben. Und so ein Fuss-Mass besitzt der Holzstab von Zürich. Mit dem Göttinstab wurden Bauten und das Land vermessen, das heisst die Landschaft der Göttin selbst. In patriarchaler Zeit werden solche Geometer-Instrumente zu Herrschaftsinstrumenten, und so mancher Herrscher schmückt sich mit diesem matriarchalen Symbol, das nun die Macht und Herrschaft über das Land der Ahnin anzeigen soll.

Doch nicht nur in Zürich verwendete man in der Bronzezeit die megalithische Elle. Vor 3600 Jahren errichteten Frauen und Männer in Falera im Kanton Graubünden eine grossartige Steinkultstätte bei einer Hügelkuppe. Aufgerichtet wurden Steinreihen und Steingruppen, die eine astronomische Beobachtungstätte, einen Versammlungsplatz im Jahresfestkreis und ein überregionales Zentrum bildeten. Das Freilicht-Astronomium war jedoch nicht Selbstzweck, sondern diente dazu, einen Bauernkalender zu schaffen, dazu einen Ritualplatz für Initiationen und Inthronisationen. Bei den Ausgrabungen vor einigen Jahrzehnten entdeckten Archäologen bei der Hügelkuppe eine wunderbar verzierte «Schmucknadel» mit einem ovalen «Nadelkopf»[17]. Tatsächlich handelt es sich um keine «Nadel» eines Gewandes, wie in der Literatur behauptet wird. Wir erkennen einen Bronzestab mit einem ovalen Schild, in den zwei konzentrische Punktkreise eingelassen sind. Die Länge des Stabes beträgt etwa 83/84 cm, also eine megalithische Elle.

Stab mit verzierter Scheibe von Falera, Graubünden,
Bronzezeit (moderne beschönigte Replik)

Schon das allein kann kein Zufall sein und entkräftet die Behauptung einer «Schmucknadel». Doch wie der Holzstab von Zürich ist auch der Bronzestab von Falera ein Sinnbild der Göttin. Ihr Zeichen ist einerseits die Elle, mit der man gleichsam die Landschaft umschreitet und abmisst. Andererseits sind die geometrischen Punkte und Muster auf dem ovalen Schild ihre Masse und Kalendersymbole. Zählt man den inneren Umkreis mit seinen Punkten ab, so ergeben sich 16 und noch ein kleinerer Punkt. Für den äusseren Kreis erhalten wir mit diesem Vorgehen 19 und noch einen kleineren Punkt. Damit sind die beiden Zahlen 16,5 und 19,5 auf dem Schild markiert. Doch was sollen die Zahlen bedeuten? Und wie stehen sie zur megalithischen Elle des Bronzestabes oder zu einem Kalender in Beziehung? Der innere und der äussere Kreis bilden zusammen die Summe 36. Diese Zahl kombiniert mit dem Längenmass des Stabes, also der megalithischen Elle, ergibt etwa einen Mondmonat oder eine Lunation. Die Zahl 19,5 des äusseren Kreises kombiniert mit einem Mondmonat ergeben 19,5 Monate. Diese entsprechen dem Zyklus der Venus, ihre Zeit als Morgen- und Abendstern sowie ihre unsichtbaren Tage. Und wohin führt uns der innere Kreis mit seiner Zahl von 16,5? Es könnte sich um eine alte Jahreseinteilung handeln, um das sogenannte megalithische Jahr, welches das Sonnenjahr in 16+ «Monate» zu 22+ Tagen einteilt. Damit erhalten wir für den inneren Kreis kombiniert mit den 22+ Tagen ziemlich genau ein Jahr.

Bei der Bronzenadel von Falera lässt sich auch eine kalendermythologische Zahlensymbolik feststellen. In einem nächsten Schritt ergeben 36 x 16+, also die Summe der beiden Kreise kombiniert mit der Anzahl des inneren Kreises, ziemlich genau die Umlaufzeit der Venus von etwa 585 Tagen (die Zahl schwankt je nach Beobachtbarkeit). Wenden wir dieses Vorgehen auch für den äusseren Kreis von 19+ an, bekommen wir in Kombination mit der Zahl 36 die grössere Zahl von ca. 700. Diese scheint zunächst keine Rolle zu spielen, dennoch ist dabei etwas Auffallendes: Teilen wir den Zyklus der Venus von etwa 585 Tagen durch 700, so erhalten wir genau die Länge des Bronzestabes und damit die megalithische Elle von ca. 83 cm. Diese steht daher nicht nur in Beziehung zu einem Fuss oder zu einer Lunation, sondern auch zum Zyklus der Venusgöttin, die zum Beispiel im Orient Inanna-Ishtar oder Astarte-Aphrodite hiess. In Falera repräsentiert der Bronzestab die Venus. Es ist ihr direktes Abbild und heiliges Mass, mit dem die Kultstätte der Steine gebaut wurde. Der Ort ist der Kosmos der Göttin, die in Graubünden nie ganz verschwunden ist. Denn in der Volkstradition lebt die Segen spendende Ahnfrau weiter als heilige Margaretha, der das ganze Tal und die rätischen Gebiete geweiht waren.

Mythologie der Volksbräuche

Jede Landschaft kennt nicht nur besondere Orte, sondern auch Bräuche und Feste, die sich regelmässig wiederholen. Auch im alten Zürich war

Verbrennen des Böggs in Zürich

das so, und zwar sowohl in der Stadt als auf dem Land. Mit dem Brauchtum verbunden war zum Beispiel, aus Hanf und Flachs Spinngarn herzustellen, um daraus Wolle und Kleider zu fabrizieren. Oder an Auffahrt auf den Uetliberg zu steigen, um die aufgehende Frühlingssonne zu begrüssen, die so ausdrucksvoll erscheine, dass sie in drei Sätzen aufsteige. Einen anderen Brauch haben wir kennengelernt, der beschreibt, dass einst Frauen beim Felsengarten zum Kindlistein gingen und dort auf dem Uetliberg die kleinen Kinder holten.

Ein immer noch praktizierter Brauch ist in Zürich das Verbrennen des Böggs, eine Winterpuppe, deren Art des Brennens jeweils auf die Eigenschaft des Frühlings schliessen soll.

Zahlreich sind die Bräuche und Feste, die christlichen Ursprungs sind oder allgemein als christlich gelten. Schauen wir jedoch genauer hin, so stammen auch diese aus vorchristlicher Zeit, sei es aus alemannischer, römischer, keltischer oder sogar vorkeltischer Zeit. Weihnachten zum Beispiel ist ein altes Mittwinterfest der Sonnenwende und ein Wiedergeburtsfest des jungen Lichtes, das mit der christlichen Heilslegende verbunden wurde. Ebenso war Ostern ein Frühlingsfest der aufkeimenden Natur und einer Frühlingsgöttin geweiht, deren Zeit mit dem Mond in Zusammenhang stand. Daher wird Ostern heute noch nach dem Mondkalender bestimmt. Und auch dieses naturreligiöse Fest wurde christianisiert und mit einer Auferstehungslegende verbunden. Tatsächlich besitzen wir immer noch eine ganze Menge von Festen, Bräuchen und Ritualen, die aber alle in den gleichen Topf geworfen werden oder deren Sinn verloren ging. Manche von ihnen wurden während ihrer langen Geschichte verändert, verfolgt und vergessen oder ihnen wurden fremde Inhalte und Zusätze untergeschoben, so dass sie bewusst eine ideologische Aussage erhalten. Die Steinverehrung wurde seit dem Frühmittelalter von der Obrigkeit verboten und bei Strafe verfolgt. Dies bezeugen die vielen dämonisierten und abgewerteten «Teufels»- und «Hexen»-Steine sowie die zahlreichen «Hexen»-Tanzplätze unserer Region. Wo dies nicht möglich war, weihte man den Steinort und machte daraus eine Stätte der Heiligen, so zum Beispiel bei der Wasserkirche in Zürich, die im Fundament einen Kultstein ersten Ranges besitzt. Dieser soll die Richtstätte von Felix und Regula sein, der heutigen Stadtheiligen. Durch die Ideologisierung von Plätzen, Bräuchen und Festen geht deren ursprünglicher Sinn vielfach verloren, d.h. er wird umgedeutet, verzerrt oder nur noch in Bruchstücken überliefert. Teilweise sind sogar nur noch einzelne Motive eines umfassenden Brauches vorhanden, so dass ohne kulturgeschichtliche Hintergründe die Bedeutung verborgen bleibt.

Demnach braucht es eine Typologie der Feste, das heisst eine Unterscheidung nach ihrer Art und ihrer Herkunft. So unterscheiden wir Rituale, die eine gewisse Haustradition besitzen. Gemeint sind beispielsweise Familientraditionen wie Kleidung, Rezepte oder Zusammenkünfte, die von einer Generation zur anderen überliefert sind. Dann gibt es Etiketten und ständische Rituale am Hof, in der bürgerlichen Familie oder im Bauernleben. Auch sie gehören nicht zu den eigentlichen Bräuchen und Festen. Weiter unterscheiden wir christliche, jüdische, islamische und römische Einschübe und Färbungen. Dies ist nicht immer einfach festzustellen, denn die religiöse Überdeckung gilt heute als etabliert, so zum Beispiel der Weihnachtsmann oder das Christkind.

Damit bleiben noch zwei Themenkreise mit alten Wurzeln, nämlich Rituale des Lebenskreises einer Person oder Gruppe sowie Feste im Jahreskreis mit einem naturzyklischen Hintergrund. Diese spielen sich auf verschiedenen Ebenen ab, haben jedoch Berührungspunkte mit einer alten Naturphilosophie, die ähnliche Handlungsabläufe und mythische Muster besitzt. So wird der Lebenskreis in seinem natürlichen Verlauf gesehen, der mit der Geburt und Kindheit beginnt. Darauf folgen Jugend- und Erwachsenenalter, die gesetzteren Jahre sowie das Alter und der Tod. Hier schliesst sich der Lebenskreis und geht über zur Ahnenwelt mit den Verstorbenen, die zwar unsichtbar sind, aber dennoch als Wesen in der Natur existieren. Sie leben fort bei ihrem mythischen Ursprung, so zum Beispiel bei einer Grossen Ahnfrau im Reich der Natur. Damit kehren sie zum mythischen Naturschoss zurück, von dem sie einst gekommen sind. Als Seelensitze dienen den Ahnenwesen Steine, Bäume, Quellen, Grotten, Höhlen, Schluchten, Teiche, Hügel, Berge, Früchte, Sterne oder Tiere. Kultplätze stehen oft mit diesen Naturerscheinungen in Zusammenhang. Dazu tritt die lebende Generation mit den Verstorbenen an solchen Ahnenorten in Kontakt und Kommunikation. Die Lebenden der Sippen sprechen mit den «Jenseitigen», bitten um ihren Segen, um Hilfe und Rat sowie um ihr Bewirken, Pflanzen, Tiere und Menschen gedeihen zu lassen. Tatsächlich kann nichts geschehen, ohne die Ahnen um ihre Ratschläge und Meinungen befragt zu haben. Dies ist der Sinn des Orakelwesens, das immer mit der Befragung der verstorbenen Sippenmitglieder in Zusammenhang steht.

Dasselbe gilt auch für die Opferriten und Gaben an die Götter, die einst keine gesichtslosen Tyrannen einer Priesterkaste waren, sondern die wohlwollenden Ahnen mit ihrer Ahnfrau. Durch Gaben wie Früchte, Ähren, Milch, Brot oder Blut werden die Verstorbenen am Leben erhalten und weiter gepflegt. Ein solcher Gabentisch war zum Beispiel ein heiliger Stein, der als Seelensitz sowie als Verkörperung der Landschaftsgöttin galt. Unser Altar in Kirchen und Tempeln geht auf solche Steine zurück. Nun verstehen wir auch, warum die heiligen Orte und Steine bei besonderen Festen aufgesucht und verehrt wurden. Hier gedachte man der Verstorbenen, der Verwandten und der Ahnfrau. Und was geschah, wenn eine solche Jenseitsreise eines Verstorbenen zu Ende war? Eine Haus-Schamanin und die jüngeren Frauen der eigenen Sippe gingen an die Ahnenplätze, führten ein entsprechendes Ritual durch und traten mit dem Naturwesen in körperlichen Kontakt. Sie badeten zum Beispiel in Quellen und Teichen oder umkreisten und berührten mit ihrem Schoss-Bauch einen heiligen Stein, auf dem sie auch herabrutschten. Es sind dies Steine, die in der Volkstradition Kindlisteine genannt werden. Dazu kommen die Kinderteiche und -brunnen, die Kinderbäume und -grotten etc. Durch diese spirituell-mythologische Empfängnis wird eine verstorbene Person durch die Leben schöpfende Fähigkeit der Frau zurück ins Leben geführt, wo sie in die eigene Sippe wiedergeboren wird. Damit schliesst sich der Lebenskreis, der wieder von neuem beginnt.

Dieser Lebenszyklus wurde mit verschiedenen Bräuchen und Übergangsriten begleitet. Bei der Geburt schenkte man dem Kind ein Amulett, das ihm von den Schicksalsfrauen gegeben wurde. Es erhält einen provisorischen Namen, und seine Nabelschnur wird in den Erdschoss gelegt, wo die Mutter das Kind empfangen hat, zum Beispiel bei einem Kinderbaum. Beliebt war auch, einen Baum für das Neugeborene zu pflanzen, der dann seelenverwandt mit dem Kind aufwachsen würde, also schon seinen zukünftigen Seelensitz bezeichnet. Nachdem das Kind die Jugendjahre erreicht hat, wird es durch eine Initiation in die Muttersippe eingeführt und ist jetzt ein vollgültiges Mitglied mit all seinen Rechten und Pflichten. Oft wird dabei dem Jugendlichen ein endgültiger Name gegeben, denn jetzt wird auch vom Aussehen und vom Verhalten her der Sippe klar, welche Ahnin oder welcher Ahn wiedergeboren wurde, so dass der entsprechende Name nun gegeben werden kann. Diese sippenbezogene Wiedergeburtsmythologie und mutterrechtliche Naturphilosophie hat die Frage nach dem Tod auf geniale Art und Weise gelöst, indem sie die konkreten Vorgänge in der Natur beobachtete und für die Gesellschaft einbrachte. Ein Fegefeuer, eine Hölle für die Bösen und einen Himmel für die Guten sowie ein strafender Vatergott sind hier unbekannt, ja sie stehen ausserhalb jeglicher Denkkategorien.

Die oben beschriebene Naturphilosophie findet nicht nur im Lebenskreis ihre Anwendung, sondern war auch fester Bestandteil im Zyklus des

Jahreskreises. Die Lebensfeste und die Naturzyklen waren im Einklang. Die meisten Bräuche im Jahreskreis sind agrarische Riten mit einer entsprechenden Mythologie, welche sich sehr konkret an den Abläufen der Natur orientieren. Dies war das grosse Weltschauspiel, das im Verlauf des Jahres dramatisiert, dargestellt und imitiert wurde. Dazu waren Kosmos und Erde ein Wesen, ein Weltkörper, der verschiedene Formen, Gesichter und Kleider besass. Dieser Weltkörper hatte einen Zyklus und konnte aus sich selbst heraus Leben schöpfen und erhalten. Damit stand er in Beziehung zum Körper der Frau und wurde als vielgestaltige Weltahnin oder Landschaftsgöttin verehrt. Schon bei der Herkunft der Kinder und der Ahnenverehrung begegneten wir dieser göttlichen Ahnfrau. Ihr Zyklus war zum Beispiel Tag und Nacht, hell und dunkel oder Sommer und Winter. In anderen Regionen ist es die Trockenheit und die grünende Regenzeit. Oder ihr Rhythmus war eine Mondphase, eine Lunation mit Halbmond, Vollmond und Schwarzmond. Dabei konnte auch ein Stern wie die Venus eine Sequenz beschreiben, denn diese erschien etwa sieben Monate als Morgenstern, verdunkelte sich, zeigte sich etwa sieben Monate als Abendstern, um sich wiederum zu verdunkeln.

Besonders aber wurden die Jahreszeiten mit ihren unterschiedlichen Naturerscheinungen gefeiert und mythologisiert. Unser Bauernkalender oder das Kirchenjahr basieren auf diesen Agrarzyklen, die letztendlich bis in die frühe Jungsteinzeit reichen und deren Bräuche seit Generationen überliefert sind. Das mythische Jahr der Natur und des Kosmos beginnt in unseren Gebieten mit dem Vorfrühling oder dem Ende des Bauernwinters. Die Tage werden heller und wärmer, die Natur befindet sich im Übergang zum Frühling. Aus der Zeit der Dunkelheit wird das Licht geboren, das sich vorher am tiefsten Punkt des Jahres an der Wintersonnwende befand. Nun wechseln die Verhältnisse. Was oben war kehrt nach unten, die Kräfte des Winters und sein dunkles Gesicht wandeln sich aus sich selbst heraus

Frühlingsgebäck aus Griechenland mit drei gefärbten Eiern als Symbol der Mondgöttin

zur Kraft des Vorfrühlings. Die schlafenden Kräfte der Erde erwachen, die Flüsse beginnen zu fliessen und die Landschaft begrünt sich mit einem zarten Hauch. Der Winter, der mit einer hässlichen, zerlumpten

Maria als Kornmutter und Ährenmadonna

Winteralten oder mit einer Strohpuppe personifiziert wurde, wandelt sich zur jungen Frau der klaren Tage und Inspiration. Es ist die Zeit der Göttin Brigit (Maria Lichtmess), welche die Tochter der alten Göttermutter Dana ist, d.h. sie selbst in verjüngter Gestalt. Im Frühling erscheint die zartgrüne Landschaft mit der jungen Frühlingsgöttin in voller Pracht mit dem Ei als ihr Mond- und Fruchtbarkeitssymbol.

Die Tage werden wärmer, die Landschaft erblüht, und die Zeit der Früchte naht. Die jugendliche Frühlingsgöttin wird zur nährenden Frau des Sommers, die im Mai (Walpurgis) sowie im Sommer erotische Begegnungen mit ihrem männlichen Vegetationspartner eingeht, was noch beim Johannisfest der Feuer- und Paarspiele durchschimmert. Im späteren Sommer ist die nährende und Leben spendende Frau eine Kornmutter mit ihrem Getreide und den reifen Früchten, die nun zur Ernte bereit stehen. Sie ist die Göttin der Fülle und des Reichtums.

Doch bald wird Erntedank gefeiert, und ein Wandel kündigt sich an. Wiederum aus sich selbst heraus wandelt sich die Korngöttin zur Herbst- und Winteralten und zieht mit ihren Kräften in die Unterwelt, um daraus neues Leben entstehen zu lassen. Es ist die Zeit der Frau Holle oder der Frau Percht, die in patriarchaler Zeit zu Kinderschreckgestalten dämonisiert werden. Doch ursprünglich erschrecken sie nicht die Mütter und ihre Kinder, sondern sie bringen die kleinen Ahnenseelen aus ihrem Schoss der Unterwelt. Eine andere Gestalt der Winterbräuche waren die beliebten drei Schicksalsfrauen, denen man in jedem Haus gerne Teller mit Essen auftischte, damit sie dem Hof Segen bringen mögen. Noch heute sehen wir ihre drei Zeichen über

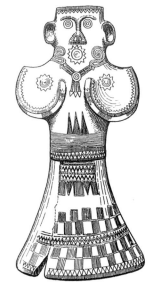
Kornmutter und Ahnfrau aus dem Donauraum der Bronzezeit

118

dem Türeingang: C+M+B, das christlich umgedeutet Catharina, Margaretha und Barbara meint, jedoch ursprünglich auf die drei Schicksalsfrauen mit dem Namen Beth zurückgeht.

Diese drei Göttinnen wurden zu den drei hl. Königen Caspar, Melchior und Baltasar vermännlicht oder zum Nikolaus umgedeutet, der ihre Funktion des Gabenbringens und das Segnen des Hauses übernimmt. Noch in frühmittelalterlicher Zeit hiess Weihnachten nicht Christnacht, sondern die Nacht der Mütter, womit die drei Schicksalsfrauen gemeint sind.

Die drei Schicksalsgöttinnen an der Krippe (Holzschnitt um 1500)

Rund um den Zürichsee und im Kanton sind zahlreiche Bräuche noch vorhanden oder wurden im 19. und 20. Jahrhundert beschrieben. Bei diesen allgemeinen Bräuchen fallen besonders die archaischen Rituale einer alten Naturphilosophie auf, die als Reste und spurenhaft in der Volkskunde tradiert sind. Es handelt sich meistens um isolierte Bräuche, und wir werden sie gemäss dem Jahreskreis ordnen. In Rapperswil wurde im Vorfrühling an Aschermittwoch jeweils eine Strohpuppe von der Brücke aus in den Zürichsee geworfen. Um ihren Hals hatte sie ein Seil mit einem Stein daran, damit sie in die Tiefe sinke. Die Puppe selbst bestand aus Stroh und alten Stoffen und wurde «alte Fastnacht» oder «Butzifrau» genannt. Ein «Butz» meint eine vermummte Gestalt, die umgeht.

Begleitet wurde dieses «Begräbnis» mit einem anschliessenden Fasnachtsfeuer, das am Seeufer loderte. Wir fragen uns nun, wer diese «Butzifrau» ist und was dieser Vorfrühlingsbrauch zu bedeuten hat? Die «alte Fastnacht» ist niemand anderes als die Winteralte, deren Zeit abgelaufen ist und nun ins Reich der Unterwelt zurückkehrt. Es ist die Zeit der Wandlung und Transformation, das Ende des Bauernwinters, und die Winteralte wandelt sich zum jungen Frühling. Bezeichnenderweise wird sie in den See geworfen, der damit als Ort der Unterwelt erscheint, gleichzeitig aber auch die Ahnfrau selbst darstellt. In Rapperswil kennen wir sogar noch ihren Namen. Er ist im Flussnamen Jona enthalten, der auf ein altes Wasserwort Johanna zurückgeht. Dieses «Johanna» ist verwandt mit Ana, Anna oder Dana, die alteuropäische Fluss- und Göttinnennamen sind. Damit haben wir das Wasserritual erklärt. Und das Feuerritual? Eine andere Art, die Winteralte zu vertreiben, war, ihre Strohpuppe zu verbrennen und über die Felder zu streuen. Diesen Brauch des Winteraustreibens traf vor allem den männlichen Partner der Ahnfrau, nämlich den Winteralten. In den Mythensagen erscheinen beide zum Beispiel als «Teufel» und seine «Grossmutter», die eine christliche Dämonisierung zu spüren bekommen haben. Er wurde als Strohmann oder Puppe auf ein Feuer gesetzt und verbrannt. So geht das Verbrennen des Zürcher Böggs beim Sechseläuten im Frühling auf diesen alten Brauch zurück, bei dem man den Segen des werdenden Jahres ablesen könne.

Die Strohpuppe «Butzifrau» als Winteralte wird in Rapperswil in den Zürichsee geworfen

120

Das Winteraustreiben am Oberen Zürichsee lässt sich mit einem alten Brauch in Zürich verbinden: Der Wasserempfang im Frühling. Nachdem sich die Winteralte zurückgezogen hat, wandelt sie sich wie die Landschaft selbst zur jungen Frau des Frühlings. Diese erscheint entweder als Person oder in einem ihrer Tiersymbole. In Zürich formten die jungen

Burschen aus Binsen einen Wasservogel, einen weissen Schwan, und schwammen auf ihm oder neben ihm in die Stadt hinein.[18] Dies war der Brauch des Wasserempfanges, d.h. die junge Frühlingsgöttin als weisser Schwan brachte nun den Frühling in ihre Landschaft. Aus dem See heraus, wohin sich die Winteralte in die Unterwelt zurückgezogen hatte, erscheint sie in verjüngter Gestalt als Frühlingsschwan, um von den

Vogelgöttin-Darstellung der Bronzezeit

Menschen empfangen zu werden und ihren Ort zu segnen.

Am Hirsmontag, dem ersten Montag nach Aschermittwoch, feierte man in Zürich das Fest des Kohlenkorbes. Dabei liess die Zunft der Schmiede einen Korb in der Stadt herumtragen, in dem ein Mann verborgen war. Kamen die Träger schliesslich zum Brunnen des Zunfthauses, warfen sie ihn in das Wasser. Ebenfalls am Hirsmontag gab es in Zürich den Umzug des «Chrideglade» und seiner Frau «Else» auf dem Schleifrad. Sie wurden durch zwei Puppen dargestellt, und am Ende des Umzuges warf man beide in den See. Ein weiterer Frühlingsbrauch hiess «Metzgers Braut». Die Braut und der Bräutigam wurden von einem grossen Umzug mit Spiel und von Maskierten begleitet, bis auch sie am Schluss in einen Brunnen geworfen wurden.[19] Gerade bei letzterem Brauch vermischen sich aber zwei Dinge: Einerseits ist es ein Vorfrühlingsfest, bei dem das Ende des Winters und das Erwecken der Brunnen gefeiert wurde. Dann folgt im Frühling und Mai die erotische Begegnung der Maikönigin mit ihrem Maibräutigam oder Maibären, der von einem jungen Mann in Bärenhaut gespielt wurde.

Vogelgöttin der Hallstattzeit in der Gestik der erhobenen Hände

121

Auf dem Land nannten die Leute den Winteralten «Chlaus» (Klaus), den man in den Winterabenden jagte und der nichts mit dem Nikolaus zu tun hat, sondern eher mit dem Wilden Mann. Besonders dämonenreich war die Zeit vor, während und nach der Mittwinterzeit sowie die «Zwölften» oder die «Rauhnächte» vom 25. Dezember bis 6. Januar. Dann war die Winteralte und ihr Ahnenzug sehr aktiv. Eine solche Mittwinterfrau war die Spräggelen oder Sträggelen im Knonauer Amt, in Obfelden, in Hirzel oder in Mettmenstetten. Ihr Name leitet sich entweder von «sprängel» her ab, was soviel bedeutet wie «mit Lumpen versehen sein». Oder wir haben eine Anlehnung an «strega» vor uns, das im Romanischen allgemein «Hexe» meint. Im Knonauer Amt wurde die Spräggelenacht mit dem Spräggele-Jagen und -Verscheuchen jeweils am zweitletzten Freitag vor Weihnachten abgehalten. Gemäss einer Sage sollen sich in jener Nacht zwei alte «Jungfrauen-Geister» herumgetrieben haben. In der gleichen Nacht soll zudem ein Mann mit einer Hacke in der einen und einer Laterne in der anderen Hand nachts um 12 Uhr umhergegangen sein. Der Kern der Vertreibung dieser (Ahnen)-«Geister» bestand aus der sogenannten «Schnabelgeiss», die von einem Umzug mit Schellen und Rasseln begleitet wurde: «Ein grosses, gespensterhaftes Tier, ‹Schnabelgeiss› genannt, ähnlich wie eine Giraffe, mit zwei Ohren und einem langen Schnabel, der auf- und zuklapperte, und mit spitzen Zähnen lief behutsam im Dorf herum und klopfte an die Fensterscheiben. Wenn das Fenster geöffnet wurde, streckte das Tier den Kopf hinein und es ging ein heidenmässiger Spektakel los. Das klirrte und schellte, rasselte und klapperte, wie wenn die Hölle los wäre und ihr tausend Teufel entstiegen...»[20]

In Obfelden wurden die Spräggelen immer am 29. Dezember ausgeführt. Voraus gingen die Musikanten und der Umzug, dann folgte die «Schnabelgeiss»: «Sie bestand aus einem unförmlichen, aus Holz roh gearbeiteten Tierkopf mit grossen Hörnern, meist Ziegen- oder Rindshörnern. Das Maul war länglich, mit beweglichem Unterkiefer. Ein roter Tuchlappen musste die Zunge vorstellen; statt der Zähne waren Nägel angebracht. Aus des Ungetüms Schädel blickten feurige Augen. Wo es in die Häuser eindrang, flösste es den Kleinen Schrecken und Entsetzen ein... Der Schnabelgeiss folgten dann ein Hochzeitspärchen und einige Hochzeitsgäste. Den Zug begleiteten stets der Teufel und seine Grossmutter... Natürlich wurden in erster Linie jene Häuser besucht, in denen sich ledige Töchter befanden. Da spielte die Handorgel zum Tanz auf und die Bauernstuben erzitterten unter dem Dröhnen der tanzenden Paare. Die Schnabelgeiss hatte das Vorrecht, an Esswaren mitnehmen zu dürfen, was sie mit ihrem Maul erwischte... und wurde dem Teufel und seiner Grossmutter übergeben.»[21]

In Mettmenstetten gab es eine «junge» und eine «alte» Spräggelen. Am Freitag vor Weihnachten scharte sich die ältere Schuljugend am Abend zusammen, meistens vermummt. Nach dem Einbruch der Dunkelheit ver-

Schnabelgeissen im Umzug der «Spräggelen» im Knonauer Amt, Kanton Zürich

Spräggelen-Fasnachtsumzug mit Braut und Bräutigam, Teufel und Schnabelgeiss

123

anstalteten die Knaben einen Höllenlärm mit Hörnern, Peitschen, Kuhglocken und Pfeifen. Man zog von Haus zu Haus und bekam entweder kleinere Geldbeträge oder Speise und Trank. Nachts um 10 Uhr war jeweils Schluss. Das war die junge Spräggele. Die alte Spräggele fand acht Tage später statt, am Freitag vor Neujahr. An dieser beteiligten sich die Junggesellen. Wer das gespenstischte Aussehen hatte und den grössten Lärm machen konnte, war der Held jener Nacht. Dazu gehörte auch die Schnabelgeiss: «Sie bestand aus zwei etwa 60 cm langen Brettchen, die nach dem Querschnitt eines Vogels ausgesägt waren. Das eine war so auf das andere genagelt, dass es sich um den Befestigungs- oder Drehpunkt leicht bewegen liess, und dass die beiden Schnäbel scheerenförmig aufeinandergriffen... und gewöhnlich trugen die Köpfe noch rote Ohren.»[22]

Damit haben wir wesentliche Züge der Spräggelen beschrieben. Doch wen und was soll sie bedeuten? Dieses Ritual war ein typischer Mittwinterbrauch, bei dem die Ahnen-(Geister), jedoch besonders die Winteralte und ihr männlicher Partner in Erscheinung treten, die als «Grossmutter» und «Teufel» im Schauspiel vorkommen. Die «Spräggelen» sind dabei die «Vermummten», d.h. die Ahnen- und Naturgeister der Jenseitswelt selbst. Doch die Anlehnung an «Sträggelen» zeigt, dass es vor allem um die weibliche «Hexe» geht, nämlich um die Winteralte. Sie erscheint als «Teufels Grossmutter», aber auch in Tiergestalt in der «Schnabelgeiss». Dass es eine «Geiss» sein soll, zeigt nur ihr gehörntes Aussehen an. Sie ist sogar vogelgestaltig.

Damit kommen wir zur Frage, um welches Tier es sich eigentlich handelt? Es ist länglich mit einem gestreckten Kopf, gehörnt mit einer roten Zunge und roten Ohren (Hörner?). Es klappert mit dem Maul und wird begleitet von einem Höllenlärm. Ich denke, dass die «Schnabelgeiss» bzw. die «Spräggele» eine Art gehörnte Schlange oder ein Drache darstellt, ein Tier, das die Erdgöttin sowie Wasser- und Winteralte repräsentiert. Sie ist es, die sich zur Frühlingsgöttin wandelt. Zudem war sie mit ihrem Wesen der Zürichsee und der Fluss Limmat selbst, denn der Lindwurm, die Linth und die Lindimagus (die grosse Schlange Limmat) weisen auf ihr Symboltier hin. Diese Drachenschlange erscheint in der Sagenwelt von Zürich sogar als Ortsgeist, wie wir noch sehen werden.

Ein weiterer Charakterzug der Spräggelen war, dass sie Geld, Gaben und Speisen heischt. Viele solcher Umzüge waren gleichzeitig auch Heischezüge. Diese haben vor allem zwei Bedeutungen: Jeder Haushalt gibt eine Gabe von Speisen und beschenkt die Ahnengeister, damit die Menschen, Tiere und Pflanzen wiederum Segen und Reichtum im Frühling erhalten. Je mehr jemand gibt, umso mehr wird er wieder einfahren. Gleichzeitig verbirgt sich hinter dieser Gabe das Opfer an die Ahnen der eigenen Sippe, um sie bis zur Wiedergeburt zu ernähren und am Leben zu erhalten. Dies ist der mythologisch-agrarzyklische Hintergrund der Heischezüge. Doch es gibt noch eine gesellschaftlich-soziale Bedeutung.

Denn hinter dem Heischen, dem Einsammeln von Gaben und Reichtum für ein allgemeines Fest steht eine Art ökonomische Umverteilung. So mussten ursprünglich besonders die reicheren Haushalte, die mehr Glück und Geschick hatten als die Nachbarn, das öffentliche Fest bewirten, damit ein ökonomischer Ausgleich hergestellt war. Dafür bekamen sie Ehre, Ansehen und Hilfeleistung, wenn sie einmal weniger Glück haben. Reichtum war da, um ihn zu verteilen, damit es der Gemeinschaft gut ging. Es funktionierte auch nur solange, wie es gegenseitig war und sich alle an die Spielregeln hielten. Nur so ist es ein gegenseitiges Hilfssystem ohne Armut und Elend.

Die Winteralte hiess in Zürich nicht nur Spräggele, sondern auch Frau «Chrungeli» oder «Chlungere». Ganz ähnlich wie die Spräggelenacht gab es die Chrungeli-Nacht. Sie wurde im Zürcher Oberland am 30. Dezember veranstaltet, in Hirzel, Schönenberg und Hütten jeweils am 23. Dezember. Das Wort «chrungel» bedeutet in Mundart etwa Knäuel, Wolle oder Garn. Damit ist Frau Krungeli die Spinnfrau und Weberin der Mittwinterzeit, ganz ähnlich der Frau Holle oder der mythischen Frau Bertha, die den Frauen das Spinnen beibrachte. Leider wurde auch Frau Chrungeli wie die Frau Percht zu einer Unholdin und Schreckgestalt verunstaltet, doch war sie einst die Grosse Weberin, die Schöpferin des Lebens, aus der alles entsteht. Sie erscheint dämonisiert mit Höckern, gebogener Nase und langen Fingernägeln, ähnlich wie die Kornmutter Baba Jaga in der russischen Mythologie. Sie ging jeweils in den letzten Nächten des Jahres um. Man machte sie zum Kinderschreck, die die Kinder sogar mit einer Birkenrute schlug. Dies zeigt eine völlige Umkehr der alten Mythologie, denn einst war sie die Kinder- und Lebenschenkerin.

Die vermummten, als Frau Chrungeli umhergehenden jungen Leute drangen auch in die Häuser ein und trieben mit den Spinnerinnen allerlei Schabernack. Nicht selten zogen die Chrungelen paarweise um: Eine Frau war schwarz gekleidet, versehen mit einer Aschenpfanne. Die andere erschien als weisse Gestalt. Dies ist ein sehr archaischer Zug, denn sie zeigt sich damit in ihrem Doppelcharakter: Sie ist die Leben nehmende Herbst- und Winteralte, aber auch die Leben schenkende Frühlingsgöttin. Dazu gehe sie wie Frau Bertha an Silvester in die Häuser, um nachzusehen, ob die Mädchen ihre Rocken abgesponnen haben.

Gemäss der Sagenwelt ist Frau Chrungeli mit dem Fluss Sihl verbunden. In einer schwer zugänglichen Felsenhöhle im Sihlsprung soll sie ihre Wohnstätte haben, die «Chrungelichaste» (Spinn- oder Webkasten) genannt wird. Von dort kommen auch die kleinen Kinder, das heisst aus dem Erdschoss der Ahnfrau. Zu ihr gingen jeweils die Hebammen und holten ein Neugeborenes ab.

Zur gehörnten «Schnabelgeiss» der Spräggelen gesellt sich noch ein weiteres Tier der Winteralten. Es heisst die «Haggeri», eine Art dämonischer Pferdekopf. Doch ursprünglich zog die Haggeri als eine vermummte Ge-

Sihlsprung als mythischer Ort der Frau Klungerin sowie Herkunftsort der kleinen Kinder

stalt mit langer Nase oder einer Maske, ähnlich einem Vogelschnabel, umher und erinnert dabei an Frau Percht mit der langen Nase. Orte der Haggeri waren Hirzel, Schönenberg (30. Dezember) und Samstagern. So sehen wir, wie reich und vielgestaltig die Winterbräuche waren, die hier nur in Kürze vorgestellt sind. Doch immer wieder entdecken wir die Winteralte, die Ahnfrau als Person, als Weberin und Spinnstubenfrau, als Kinderschenkerin sowie in Tiergestalt als Drachenschlange oder Pferd der Anderswelt. Gleichzeitig erscheint sie an unterschiedlichen Plätzen als Ortsgeist wie in der Felsenhöhle im Sihlsprung, gleich ihrer Landschaft und deren Wesenheit.

Und noch in den unscheinbarsten Bräuchen tritt uns die Ahnfrau in einer naturpoetischen Sprache entgegen. So zum Beispiel in Rafz, wo man in der Silvesternacht mit einem Strohband oder mit einer alten Garbenweide die Bäume in den Obstgärten umwindet, um «den Bäumen zu helfen», d.h. ihre Fruchtbarkeit zu erhöhen. Dahinter steht die Spinnfrau und Weberin des Lebens, die an Mittwinter ihre Fruchtbäume umgarnt und mit den Ahnen als Baumseelen den Menschen Früchte und Nahrung schenkt.

Nach den Winter- und Vorfrühlingsfesten begegnen wir im Jahreskreis den Frühlings- und Sommerbräuchen. Die Maibraut und den Maibräutigam (Maibär) haben wir schon erwähnt, ebenso das Brunnenwecken. Sehr naturpoetisch ist es, wenn die Frühlingsgöttin als weisser Schwan in

126

die Stadt Zürich beim Wasserempfang einschwimmt oder die Jugend an Auffahrt auf den Uetliberg steigt, um die Sonne zu begrüssen. Wer dabei aus einem Brunnen schöpft, erwirbt sich für das ganze Jahr Gesundheit sowie Glück im Stall. Bevor wir aber zum Wonnemonat Mai und zur Sommersonnwende kommen, erscheinen die zahlreichen Osterbräuche. Noch heute wird Ostern am ersten Sonntag nach dem Frühlingsvollmond gefeiert und orientiert sich damit nach dem Mondkalender. Dabei spielt das Ei eine bedeutende Rolle, das in den Volksspielen eine weite Verbreitung und Anwendung findet. Das Ei war immer schon Symbol des keimenden Lebens, des Ursprungs aus sich selbst heraus. Es ist Fruchtbarkeits- und Wiedergeburtssymbol, und beides war mit dem Weiblichen verbunden. Seine weisse Farbe können wir durchaus mit dem weissen Schwan der Frühlingsgöttin in Zusammenhang bringen, ausserdem erinnert seine runde Form an das Frühlingsei am Himmel, d.h. an den Vollmond. Je nach Konstellation ist der Vollmond nicht nur weisslich, sondern auch rötlich, was zum Beispiel die kunstvollen Eierfärbungen erklärt. Und nicht zuletzt wird es auch mit dem Körper der Frau in Verbindung gebracht. So erscheint das rote Ei in manchen Regionen Europas auf einem Gebäck, das ein junges Mädchen darstellt. Dies ist wiederum ein konkretes Abbild der Frühlingsgöttin.

Drei im Frühling verzierte Eier aus Osteuropa

Auch in Zürich war das Einziehen von Eiern durch die Burschen bei den ledigen Mädchen ein weitverbreiteter Brauch. Die Anspielungen dabei sind bekannt. Die Mädchen hielten eine grössere Anzahl von gefärbten Eiern bereit, die sie mit Sprüchen versahen. Hatte ein Junge die Gunst einer Geberin erlangt, erhielt er beim Eierheischen nicht nur ein Ei, sondern bis zu drei, dazu einen liebevollen Spruch:

Mi Tante hät scho mängsmal gseit,
Chind tue mer nu au das nüd z'leid,
Und blib nüd ledig! – Denk an mich;
Lueg, s'ledig si wär nüd für dich.

Viele solcher Eierheischebräuche enden damit, dass sich die Mädchen und Jungen in einem Lokal eintreffen und gemeinsam essen und feiern. Oder die Burschen werden von den Mädchen zu sich eingeladen, wo sie Eier, Osterhasen, Brot und Most erhalten. Weit verbreitet ist das «Eiertütschen», das ein kleines Wettspiel ist. Auch das Eierwerfen gehört dazu. Hier werden die Eier auf die Wiese geworfen, manchmal sogar über einen Bach, und wer am meisten ganze Eier geworfen hat, ist der Sieger. Bei diesem Brauch klingt noch etwas anderes mit, nämlich die Übertragung der keimenden Fruchtbarkeit der Eier auf die Felder. Mythologisch gesehen befruchtet und begrünt die Frühlingsgöttin durch ihr Eisymbol dabei die Felder, ganz ähnlich wie es beim Eierrollen über die Wiesen in Graubünden der Fall ist.

Eine andere Art des Wettspiels ist das Eierschütten, das ein ausgeklügeltes Eierwerfen ist: «In Wülflingen wurde früher das Eierschütten geübt. Die ‹Knaben› und die ‹Meitli› standen am Ostermontag vom ‹Letten› bis zum ‹Schlosshof› beiderseits der Strasse und warfen sich in die Schürzen gegenseitig 100 Eier zu, die man zuletzt in eine Stande warf. Während dieser Zeit ritt ein Bursche zu Pferd um den Brühlberg herum. Er trug den ‹Krebs›, eine feuerrote Uniform. Sobald das Eierschütten begann, ritt er ab in der Richtung nach Töss und sollte, um zu gewinnen, mit seinem Ritt zu Ende sein, ehe das Eierspiel beim Schlosshof beendigt war. Kam er später an, so hatte er verloren... Ein sehr beliebtes Ostervergnügen in Elgg war das Eierlaufen. Von einer grossen Zahl Eier wurde eines nach dem andern, ungefähr einen Schritt von einander entfernt, längs einer Strasse gelegt. Zwei starke, gewandte männliche Personen gingen nun eine Wette ein. Der eine musste die Eier auflesen und sie in eine mit Spreu gefüllte nachgetragene Wanne werfen, ohne sie zu zerbrechen, sonst hatte er die Kosten zu tragen. Der andere hatte von den Eiern aus eine genau bestimmte Strecke Weges während der Zeit des Eierauflesens hin und zurück zu durchlaufen. Wer seine Arbeit zuerst beendigt hatte, war Sieger und hatte alle Eier gewonnen.»[23]

Dieses Eierlesen und -laufen wurde nicht nur im Kanton Zürich gepflegt, sondern in vielen Teilen der Schweiz und Europas. Es muss ein sehr archaisches Kultspiel des Frühlings sein, das sich im Volk als Relikt erhalten hat. Doch was steckt hinter diesem Wettspiel? Um diese Frage zu beantworten, müssen wir uns zunächst der ursprünglichen Form des Kultspiels annähern, die wir dadurch erhalten, indem wir die verschiedenen Ausformungen des Brauches miteinander vergleichen. Das beginnt schon mit der Anzahl der Eier, die gelesen werden. Die Zahl schwankt zwischen

99 und 120, bleibt aber immer in diesem Bereich. Fester Bestandteil ist auch, dass es zwei junge Burschen sind, die um die Wette spielen. Doch worum gehen sie eigentlich den Wettbewerb ein? Erhält oben der Sieger die Eier, so «kämpfen» die jungen Männer meistens um ein Mädchen oder eine Frau, die beiden die Gunst der Liebe gewährt hat. Nun muss das Schicksal entscheiden, wer mit ihr den Frühling feiert. Somit haben wir die Grundform des Kultspiels etwa beschrieben: Zwei Männer, ein Wettstreit, eine Frau, das Eisymbol und die Zeit des Frühlings.

Vergleichen wir das Eierlesen mit dem Lebenskreis, so handelt es sich um einen Initiationswettbewerb der jungen Männer. Der eigentliche Sinn besteht jedoch in der Dramatisierung eines Vorgangs auf der Ebene des Jahreskreises. Die Frau mit dem Ei ist die Frühlingsgöttin mit ihrem Mondsymbol. Sie wählt sich einen jungen Liebhaber, um mit ihm die Kleine Hochzeit im Mai (Walpurgis) und die Heilige Hochzeit im Sommer (Johannistag, Mittsommer) zu feiern. Der Sieger erhält beim Wettbewerb «alle Eier», d.h. die junge Frau selbst. Das Eierlesen wiederum steht ganz im Zeichen der Mondin, worauf auch die Anzahl der zu lesenden Eier hinweist. Im Grenzbereich von 99 bis 120 Eier liegt eine Zahl verborgen, die den uns schon bekannten Mondrhythmus beschreibt. Jedes Ei repräsentiert dabei eine Lunation, so dass 100 Eier ziemlich genau 8 Sonnenjahre ergeben. Acht Sonnenjahre bezeichnen in der Mythologie ein Grosses Jahr, zudem war es diejenige Zeit, während der ein Sakralkönig regierte. Nach acht Jahren war seine Regentschaft abgelaufen und es wurde ein Nachfolger im Amt erkoren. Durch ein Wettspiel oder einen Wettkampf liess eine Königin-Priesterin einen zukünftigen König ermitteln, den sie dann initierte und auf ihrem Thron einsetzte. Der Thron selbst, der vielfach ein heiliger Stein mit einem Sitz war, wurde in mütterlicher Linie vererbt. Eine Königin oder Erbprinzessin war dabei die Garantin des Thrones und der Landschaft. War sie im Wohlergehen, segnete sie damit auch ihr Land. Dieselbe Anschauung übertrug sich auf den Sakralkönig: Starb er, so war das Land in Unordnung, und es musste ein Nachfolger gefunden werden. Dabei dachte man es sich so, dass dieser junge König niemand anderes war als der verjüngte Vorgänger. Dies entsprach der zyklischen Wiedergeburtsmythologie. Es kam sogar vor, dass zwei Könige in einer Doppelregentschaft Recht sprachen. Der eine regierte 50 Lunationen oder vier Sonnenjahre, der andere die restlichen 50 Lunationen, bis 8 Sonnenjahre erreicht waren.[24] Diese gesellschaftlichen und matriarchal-mythologischen Anschauungen widerspiegeln sich zum Beispiel in unseren Mythenmärchen, und sie tun es auch im Volksbrauchtum mit den Festen im Jahreskreis. Doch damit ist die Spannweite von 99 bis 120 Ei-Lunationen noch nicht gänzlich geklärt. Nebst dem Grossen Jahr von 100 Lunationen steckt darin auch ein Hinweis auf den grossen Mondrhythmus von 9,3 Sonnenjahren oder etwa 115 Lunationen. Die Mondin beschreibt während dieser Zeit einen Zyklus von einer Mondwende zur anderen, die volle Periode ist dabei 18,6 Jahre. Nach diesem Ablauf beginnt der Zyklus von neuem.[25] Wir haben diese Zusammenhänge schon bei den Mondhörnern festgestellt, und erkennen sie jetzt auch in der Volkstradition.

Nach diesem Osterspiel werden die Bräuche im Jahreskreis immer erotischer. Die Maibraut wählt ihren Maibräutigam, der auch als Maibär in Tiergestalt erscheinen kann. Die Maikönigin ist die schönste Frühlingsfrau, gewählt von den jungen Bräuten. Um diese Maikönigin bewerben sich die jungen Männer, die zu Maikönigen werden. In der Westschweiz der Region Neuenburg bauten im Mai die jungen Mädchen aus Flechtholz ein «Liebesschloss», das die Knaben erobern mussten. Danach wurde Mai gefeiert. Sehr beliebt war das Maisingen oder das Maiansingen. Hierbei wurde der Mai mit Gesang begrüsst, meist mit naturpoetisch-erotischen Anspielungen.[26] Dahinter steckt eine alte Form des Singens, nämlich ein Wechselgesang zwischen den jungen Mädchen und den jungen Burschen. Die Mädchen besingen «den Mai» mit einer Strophe, während die Jungen mit einer Strophe antworteten und umgekehrt. In dieser Tradition steht auch der Gang auf Anhöhen, zum Beispiel an Auffahrt auf den Uetliberg, wo der Mai gefeiert wurde.

Ein Höhepunkt des Sommers war das Fest der Sommersonnwende, das als Johannisfest erscheint. Im Jahreskreis bedeutet es die Heilige Hochzeit der Maibraut mit dem Grünen Mann, die jetzt als Sommerkönigin und Vegetationsheros erscheinen. Ein letzter Rest dieser Begegnung ersehen wir in Zürich noch im Brauch, eine Braut und einen Bräutigam in einen Brunnen zu werfen. Hier haben sich Zeit und Motiv etwas verschoben oder sind mit einem Vorfrühlingsbrauch zusammengefallen. An Johannis wird nämlich im Engadin folgendes gefeiert: Die Jungen verfolgen die Mädchen mit Spritzpumpen und begiessen sie so kräftig wie möglich.[27] Oder die Mädchen werden eingefangen und in einen Brunnen getaucht. Der erotische Hintergrund dieses Kinderspiels ist eindeutig, und auch in Zürich dürften sich Braut und Bräutigam beim Brunnen oder am Wasser in ähnlicher Art und Weise begegnet sein.

Darstellung der Heiligen Hochzeit in der Kirche von Pairon, Paris, 13. Jahrhundert

Ritualplätze am Zürichsee

Immer wieder lesen wir in Sagen und Legenden von Ereignissen, die an besonderen Plätzen geschehen sind. Auch Volksbräuche sind oft in Landschaften eingebettet oder reflektieren einen jahreszeitlichen Ablauf. So stellt sich für Zürich und die Region die Frage, ob und wo solche Plätze mit einem kulturgeschichtlichen Hintergrund zu finden sind. Hinweise dazu geben uns vor allem Erzählungen mit einer örtlichen Angabe. Doch es existieren unzählige Sagen mit einem örtlichen Hinweis. Wir müssen wiederum wie beim Brauchtum eine Ordnung der Zeit einbringen sowie eine greifbare Methode. Ein erster Schritt dazu ist, die historischen und sehr jungen Sagen von den eigentlichen Sagen zu trennen, die ich Mythensagen nenne. Mythensagen sind wie die eigentlichen Märchen, die Zaubermärchen, Erzählungen mit einem magischen Weltbild, mit einer «übernatürlichen» Erscheinung oder mit einem «numinosen» Vorgang. Ich erwähne für das Zaubermärchen beispielsweise sprechende Tiere und Bäume, verwandelte Menschen aus einem Stein oder sich öffnende Berge. Für die Sage stehen Zauberringe, Steine, von denen Frauen die kleinen Kinder holen, oder umgehende weisse Frauen. Tatsächlich erhalten wir in den Mythensagen Hinweise und Botschaften, die über den Charakter eines Ortes etwas aussagen. Nicht selten erscheint dabei der Genius Loci in Person oder in Tiergestalt. Und auch die Handlungsabläufe berichten uns etwas über den Platz.

Dennoch genügt es nicht, alle diese Informationen anzuhäufen und zu registrieren, um zu glauben, man hätte schon den Sinn der Ortssage vor sich. Jede Erzählung trägt geschichtliche Überlagerungen und Veränderungen auf sich, ebenso Verzerrungen der Motive. So braucht es für die Mythensage gleichfalls einen kritischen Blick, um den mythologischen Kern herauszuarbeiten. Damit ist angetönt, dass wir keine Erzählung einfach so übernehmen können, wie sie uns begegnet. Immer ist eine differenzierte Betrachtung notwendig, um die ursprüngliche Bedeutung verstehen zu lernen. Trotzdem genügt auch diese literaturwissenschaftlich-ethnologische Annäherung noch nicht. Die Kenntnis der Mythologie und insbesondere der matriarchalen Mythologie kommt hier hinzu. Ebenso die Ordnung nach Zeitschichten und Handlungsmustern. Doch mit welchem Ordnungsprinzip sollen wir methodisch vorgehen? Wie beim Brauchtum ist es auch die Ordnung des Lebenskreises und die Dramatisierung des mythischen Jahres, die sich in Märchensagen widerspiegeln. Dieses Prinzip soll uns Hilfe und Unterscheidungskriterium sein, wenn wir nach den Ritualplätzen fragen.

In der Sagenwelt von Zürich erscheint eine seltsame Geschichte, deren Begebenheiten in moderner Art und Weise im Kreuzgang des Fraumünsters abgebildet ist. Gemeint ist die Erzählung von einem Ring (Stein), den Kaiser Karl von einer Schlange erhalten habe. Der Kaiser wohnte gemäss der Sage in der Nähe des Grossmünsters und war so gerecht, dass er eine Säule mit einer Glocke aufstellen liess, damit jemand, der seine Rechtsprechung begehre, die Glocke ertönen lassen konnte. Eines Tages betätigte eine Schlange die Glocke und verschaffte sich so Zugang zum Kaiser. Diese führte ihn zu einer Reuse im Wasser, wo sie ihre Eier gelegt hatte. Auf diesen Eiern sass jedoch eine grosse Kröte. Der Kaiser verstand und liess die Kröte vom Nest der Schlange entfernen. Eine Zeit darauf kam diese zum Hof zurück und schenkte dem Herrscher einen edlen Stein, den sie in seinen Becher legte. Karl jedoch war so bewegt, dass er aus Dankbarkeit die Wasserkirche erbauen liess. Der Stein aber war ein Zauberring, und jede Person, die diesen Ring trug, versetzte den Kaiser zu ihr in Liebestrance. Bis zu ihrem Tod trug daher die Kaiserin diesen Liebesring.

Die Geschichte hat in Aachen oder Köln noch eine Fortsetzung, doch wir wollen in Zürich bleiben. Als «numinos» erscheint in der Erzählung sicher die Schlange und der Liebesring. Doch was hat der fränkische Kaiser Karl mit all dem zu tun? Hier kann die Kulturgeschichte helfen, denn es durchdringen sich in dieser Geschichte mindestens zwei Ebenen, die zeitlich differenziert werden müssen. Der mittelalterliche Kaiser Karl und sein Hof werden in Zürich an eine Landschaftsmythe angegliedert, die weit älter ist und auf die vorkeltische Zeit hinweist. Somit können wir uns auf die archaischen Züge der Mythensage beschränken. In den Sedimenten der Sage erscheint daher ein Mann, der König ist oder wird, eine «Schlange» mit einem Eihort und ein magischer Ring, der die Fähigkeit hat, eine Person in Liebestrance zu versetzen. Die «Schlange» ist dabei recht aktiv, und sie überreicht als Gabe diesen Ring. Die Kröte ist nur ein Double der Schlange und mit ihr als Symboltier identisch. Als Zusatz gilt die Stange mit der Glocke etc., doch wird der König als Recht sprechender und gerechter Mann charakterisiert, was im Verlauf der Überlieferung Kaiser Karl angedichtet wurde.

Mit dieser Unterscheidung wird klar, dass wir es mit einer echten Ortsmythe zu tun haben. Und wie lässt sie sich interpretieren? Durch eine naturpoetische und landschaftsmythologische Betrachtung im Jahreskreis erhalten wir einen logischen Sinnbezirk der Motive. Die Gabe eines magischen Ringes an einen Mann bezeichnet diesen als Auserkorenen. Zudem ist es ein Liebesring mit erotischen Fähigkeiten, d.h. es ist ein Hochzeitsring, durch den der Mann der Partner der «Schlange» wird. Gleichzeitig ist die Übergabe des magischen Ringes eine Initiation. Die «Schlange» wählt sich ihren Partner und ist aktiv bei der Wahl und Übergabe des Liebesringes. Wir können diesen Vorgang mit den Frühlingsbräuchen vergleichen, in denen die jungen Mädchen ihrem Auserwählten das Liebesei überreichen und ihn somit bezeichnen. Sowohl Ei wie Ring sind typische Liebesgaben. Die Ortsmythe von Zürich berichtet auf ihre Art von einem jahreszeitlichen Kultspiel, d.h. von einem Ritual der Initia-

Kaiser Karl und die Schlange im Kreuzgang des Zürcher Fraumünsters

Der Eihort der Schlange von Zürich im Kreuzgang des Fraumünsters

tion im Frühling durch die «Schlange». Sie ist die Königsmacherin, die den Mann auf den Thron setzt und ihn aber auch wieder absetzen kann. In der europäischen Mythologie erscheint diese Königsmacherin als Landschaftsahnin, die sich selbst als «Souveränität» bezeichnet. Ohne sie gibt es zum Beispiel keinen Hochkönig von Irland.[28] Sie zeigt sich als alte Vettel/Winteralte und verlangt von den jungen Burschen den Kuss der Initiation. Wer dies leistet, hält plötzlich die schönste Frau der Welt (die Frühlingsgöttin) in den Armen, und sie prophezeit ihm den Thron. In Zürich erscheint die Landschaftsahnin in ihrem Tiersymbol der Schlange. Diese ist gleichzeitig der Ortsgeist, was sich sogar im Flussnamen Limmat (Lindimagus) widerspiegelt.

Schlange und Liebesring. Darstellung in der Nähe des Grossmünsters.

Im Volksbrauch ist sie die Spräggele, die gehörnte Drachenschlange, die an Mittwinter umgeht. Oder die «alte Fastnacht», die weibliche Strohpuppe von Rapperswil, die in den See geworfen wird. Ohnehin sind die Flüsse und Seen ihre Drachen- und Schlangengestalt. Naturpoetisch gesprochen initiiert die Ahnin-Landschaft ihren männlichen Partner mit einer Wahl und Ringgabe. Das Ritual wird sogar ziemlich genau lokalisiert. Es muss im Bereich des Grossmünsters oder der Wasserkirche stattgefunden haben. Doch welche der beiden Kultstätten war es? Der Ort des Grossmünsters scheint schon in vorchristlicher Zeit eine gewisse Bedeutung gehabt zu haben, doch der Nabel von Zürich liegt unter der Wasserkirche. Hier liegt das «Ei» der Schlange und der Limmat, die diesen heiligen Platz einst mit ihrem Wasser umspülte. Die Stätte war noch in keltischer Zeit eine Insel, auf dem sich ein Altarstein befindet. Als Relikt existiert er im Fundament der Wasserkirche. Hier sollen Felix und Regula, die beiden Stadtheiligen, den Tod erlitten haben. Funde belegen jedoch, dass der Ort mit dieser Legende christianisiert wurde, zudem war er schon vor den Kelten eine bedeutende Kultstätte.

Dieser Stein repräsentiert die Ahnfrau des Ortes, die sich in ihrem Tiersymbol zeigt. Gleichzeitig ist der Stein auf der Insel ein Schlangenei, das von der grossen Schlange Limmat umwunden und umspült wird. Die Sage ist in dieser Beschreibung recht genau, zudem soll hier ein alter Heilbrunnen oder eine Quelle gewesen sein, zu der die Leute von weither kamen, um Wasser abzufüllen. Im Jahres- und Lebenskreis begann das

Kultstein (Altar- und Opferstein) im Untergeschoss der Zürcher Wasserkirche

Leben aus einem Stein, so zum Beispiel beim Kindlistein auf dem Uetliberg oder aus der Felsenhöhle der Spinnfrau an der Sihl, wo die Hebammen die kleinen Kinder holten. Wiederum bei einem Stein, beim Nabel- und Altarstein unter der Wasserkirche, fand eine Initiation mit einer Ringgabe statt.

Diese Initiation durch die Ahnfrau-Schlange führt zur Inthronisation und Krönung eines Sakralkönigs, der mit der Sommerkönigin Heilige Hochzeit feierte. Ein solcher Ritualplatz des Mittsommers war ein Liebesort, meistens etwas erhöht, und verbarg ein Liebesbett oder einen Thron. Die Frage ist, ob es einen solchen Ort am Zürichsee gibt. Sicher ist, dass wir ihn nach den verschiedenen Veränderungen und Patriarchalisierungen der Landschaft nicht direkt erkennen. Doch können uns die

Der Pflugstein bei Erlenbach und Herrliberg am Zürichsee

Der steinerne Thronsitz oberhalb des Pflugsteines.
Ort der Inthronisation und des Sonnenaufganges an Mittsommer

Volkssagen einen Hinweis geben und auch die Vermutung, dass es wiederum ein Platz ist, der mit einem Stein verbunden ist. Nach der Durchsicht der Mythensagen fiel mir eine sonderbare Geschichte auf, die in der Nähe von Meilen am See, bei Erlenbach und Herrliberg spielt. Die Sage heisst «Der Pflugstein bei Herrliberg», in der ein bekannter Findling erwähnt wird. Zudem ist mit diesem Stein eine Tradition verbunden, denn er gilt als Liebesort, an dem sich die Verliebten jeweils treffen. Durch diesen Brauch, die weiteren Spuren am Ort und besonders durch die kritische Lesart der Mythensage erhalten wir einen Ritualplatz, der genau für eine Inthronisation seine Anwendung fand.

Doch zunächst möchte ich den Platz und den Felsen selbst beschreiben. Der Pflugstein ist ein grösserer Findling aus vulkanischem Gestein, das vom Linthgletscher in dieses Gebiet transportiert wurde. Er liegt nicht direkt am Zürichsee, sondern etwas erhöht auf einer Wiesenterrasse mit wunderbarer Aussicht auf den See und die Bergwelt. Wandert man vom See her, erblicken wir die ausgesprochen dunkelrote Farbe des Gesteins. Es ist die Farbe des weiblichen Weisen Blutes und der Liebe. Der Pflugstein lässt sich sehr gut umkreisen, und nehmen wir ein paar Schritte Abstand, so zeigt er seine typische Form, nämlich diejenige einer kleinen Pyramide. Im Profil wird aus dem Spitz der Pyramide eine Art Kopf mit einem massigen Körper. Von der Bergseite her lässt sich der Felsen durch eine eingehauene Steintreppe besteigen, die wahrscheinlich erst später angebracht wurde. Nachdem wir diese Treppe emporgestiegen sind, stehen wir beim Gipfel der Pyramide. Unmittelbar unterhalb dieses Kopfes bergseits entdecken wir eine eigenartige Einbuchtung, die an einen Steinsitz erinnert. Ich habe mich einmal auf diesen Thron gesetzt, und man kann es sich darauf recht bequem machen. Doch ich wollte wissen, wohin man auf diesem schönen Steinthron blickt. Mein Kompass zeigte ziemlich genau Nordosten an, etwa 54° NO, eine Orientierung, die für unsere Breitengrade gut belegt ist, denn sie verweist auf den Sonnenaufgang am 21. Juni. Das war sehr erstaunlich, denn von hier aus kann man einen schönen Sonnenaufgang an Mittsommer erleben, genau zu der Zeit, als einst im Jahreskreis Heilige Hochzeit und Inthronisation gefeiert wurde!

Bei der weiteren Erkundung stellte sich heraus, dass der Felsen nicht nur Pflugstein hiess, sondern auch Fluchstein. Diese Namen begannen mich zu interessieren, und ich fragte mich, wie wohl die ursprüngliche Benennung war. Pflugstein kann bedeuten, dass es der Ort ist, bei dem man pflügte, wobei «pflügen» einen Doppelsinn haben kann. Er bezieht sich einmal auf die Felder und Äcker, die damit bestellt werden. Andererseits ist «pflügen» in der Volkstradition eine erotische Anspielung auf den Geschlechtsverkehr. In den Kultliedern der Inanna im Orient sang diese zu ihrem Geliebten: «Komm, Mann meines Herzens, pflüge meinen Schoss!» Nach meinen Überlegungen wäre der Pflugstein ebenfalls ein Ort des Pflügens gewesen. Und warum heisst es Fluchstein? Hier müssen wir berücksichtigen, dass der Platz dämonisiert und patriarchal abgewertet wurde, wie wir noch sehen werden. In der Nennung Fluchstein steckt die Absicht, den Stein zu verleumden und zu entwürdigen. Diese Diskreditierungen sind aber jüngeren Datums, und wir können ihnen begegnen, indem wir die Bezeichnung umkehren: Es handelt sich nicht um einen Stein des Fluches, sondern um einen Ort des Segens. Und genau das war der mythische Sinn der Heiligen Hochzeit, nämlich das Segnen der Felder und Wiesen, der Tiere und des Kosmos, damit die Erde Nahrung und Früchte trage.

In der Sage vom Pflugstein erkennen wir verschiedene Schichten, die wie der Ort selbst Veränderungen aufweisen. Dies müssen wir bei der Interpretation berücksichtigen. Zusammengefasst berichtet die Sage etwa folgendes: Ein sonderbarer Zauberer mit dem Namen Hartmut besitzt eine schöne Tochter. Diese verliebt sich in einen hübschen Burschen, doch der Vater sieht die Verbindung nicht gerne und verbietet der Tochter, sich mit dem Geliebten zu treffen. Diese kümmert sich aber nicht um die Gebote. Sie verabredet sich wie immer im Rosenhag mit ihrem Liebhaber, doch jetzt eben heimlich. Der Alte ahnt dies und nimmt einen Zauberspiegel hervor. Er schaut hinein und entdeckt die beiden in inniger Zuneigung. Er wird zornig und ruft seine Geisterschar herbei. Diese erzeugt ein stürmisches Gewitter, die Erde öffnet sich und verschlingt die beiden Liebenden. Und am Ort des Rosenhages setzen die Dämonen einen gewaltigen Stein, den man Fluchstein nennt.

Es ist wohl kein Zufall, dass die Stätte des Pflugsteins auch Rosenhag genannt wird. Rosenhag bedeutet der «rote Hag» oder der rote Ort, womit der Findling selbst mit seiner roten Farbe gemeint ist. Nicht selten werden solche roten Steine in der Volkstradition Brautsteine genannt, bei denen in vorchristlicher Zeit die Braut und der Bräutigam heirateten. «Ich sitze auf dem roten (heissen) Stein, und wer mich liebt, der holt mich heim» ist ein allseits bekannter Spruch, der dabei gesprochen wurde. Allgemein sind Brautsteine alte Ahninsteine und sogar Kindlisteine, denn die Braut sass auf diesem und trat so in körperlichen Kontakt mit der Landschaftsahnin, um zu empfangen. Ich werde nun zeigen, wie die Geschichte vom Pflugstein im Vergleich mit ähnlichen Mythensagen in ihrer Vielschichtigkeit erkannt werden kann.

Zunächst befassen wir uns mit der ursprünglichen Form der Erzählung, die wir kulturgeschichtlich rekonstruieren können. Die Sage berichtet eine typische Dreieck-Konstellation, auf die sich die Handlung beschränkt: Eine Frau, die als «Tochter» vorgestellt wird, ein Zauberer, der als ihr «Vater» erscheint sowie ein junger Bursche als Liebhaber. Dazu kommt ein Zauberspiegel, der im Mythenvergleich eher in den Händen einer Zauberin liegt. Das Rätsel dieser Sage löst sich rasch, wenn wir die matriarchale Gesellschaftsform und Mythologie kennen. Es handelt sich nämlich bei der «Tochter» um eine Erbprinzessin, die einen Zauberspiegel von ihrer Mutter geerbt hat. Wir können diesen magischen Gegenstand durchaus mit dem magischen Liebesring vergleichen, den die Ahnin-Schlange in der Mythensage von Zürich dem Kaiser als Gabe überreicht hat. Diese Erbprinzessin erhält das Land, das Königreich und den Thron von der Königin in mütterlicher Erbfolge. Die Königinmutter hatte einst einen männlichen Partner initiiert und inthronisiert. Sie feierte mit ihm Heilige Hochzeit und setzte ihn auf den Thron, einen heiligen Stein wie der Pflugstein, der die Landschaftsahnin selbst repräsentierte. Der «Vater» in der Sage ist ein Sakralkönig, der eine Zaubergabe als Zeichen seiner Würde erhalten hat. Er ist zurzeit der Amtsinhaber des Thrones und des Zauberspiegels. Vermutlich hat er den Spiegel nur bei der Amtseinsetzung von der Königinmutter überreicht bekommen. Er ging dann als magisches Zeichen wieder in Besitz der Sakralkönigin über. Diese kann nämlich mit dem Spiegel verschiedene Dinge tun. Sie besitzt die seherische Gabe, wodurch sie eine Prophetin und ein Orakel ist. Sie ist mit ihrem Zauberspiegel auch eine Art Schamanin mit dem zweiten Gesicht. Auf jeden Fall ist damit die Fähigkeit der Magie verbunden. Zweitens kann sie mit dem Spiegel und durch ihre Magie «Wetter machen», das heisst die Natur und den Kosmos beeinflussen, damit es Regen gibt für die Felder, Wiesen und Flüsse. Somit ist sie eine grosse Regenmacherin, die durch ihre Fähigkeiten das Land segnet, genauso wie sie es bei der Heiligen Hochzeit mit ihrem männlichen Partner tut. Einen letzten Rest des mythischen Regenmachens finden wir noch bei den Weisen Frauen, die als «Hexen» verfolgt und ermordet wurden.

Alle diese magischen Fähigkeiten erbt auch die Tochter der Königin. Und so kommen wir zur Prinzessin und ihrem Liebhaber. Denn die Amtsperiode des «Vaters» (alter König) ist abgelaufen. Er ist müde geworden oder die Sterne zeigen das Ende seiner Regentschaft an. Wahrscheinlich handelte es sich um eine Amtsperiode nach den Lunationen, wie wir es bei den Mondhörnern oder beim Eierlesen zeigen konnten. Nach dem Grossen Jahr (100 Lunationen) oder nach Ablauf eines Mondzyklus von 9,3 Sonnenjahren ist die kosmische Wende angezeigt, die auch für die Regentschaft bedeutet, dass nun eine Wende und ein jüngerer Amtsinhaber inthronisiert werden sollte. Und genau das tut die Erbprinzessin, indem sie selbst aktiv einen Mann ihres Herzens wählt. Ihr «Liebhaber» ist somit der Auserkorene, der durch die Heilige Hochzeit mit der «Tochter» den Thron erlangt und Nachfolger wird. Dies alles findet beim Pflugstein statt, der auf seiner Bergseite einen steinernen Sitz aufweist, der als Thron verwendet wurde. Zudem blickt der Inthronisierte genau nach Nordosten, wo an Mittsommer der Sonnenaufgang zu beobachten ist. Dadurch ist auch die Zeit der Heiligen Hochzeit angezeigt, die jeweils an der Sommersonnwende gefeiert wurde und bis zum nächsten Vollmond dauerte. Der alte König weicht dem jungen Amtsinhaber. Dieser wiederum ist im mythischen Jahr niemand anderes als der alte, verjüngte

König selbst, der durch eine Jenseitsreise die Zeit der Wandlung erfahren hat. Und nach der Zeit der Initiation wird auch er wieder sein eigener Nachfolger auf dem Thron usw.

Diesem männlichen Zyklus der wechselnden Amtsinhaber steht die weibliche Thronfolge in Mutterlinie gegenüber. Diese war eine Erbkonstante, so wie das Land und der Steinthron. Und nur durch die Heirat mit einer Frau in dieser Linie konnte ein Mann Sakralkönig werden, wozu übrigens niemand gezwungen wurde. Interessant ist zudem, dass wir in dieser Zeit noch keine grausamen männlichen Wettkämpfe um den Thron und die Erbprinzessin feststellen können. Denn die Initiation des männlichen Partners erfolgte sowohl in Zürich durch die Ahnin-Schlange als auch beim Pflugstein durch die Erbprinzessin in einer friedlichen Handlung der Übergabe eines magischen Gegenstandes (Liebesring, Zauberspiegel).[29] Und selbst im Wettbewerb um eine Frau beim Eierlesen geht es eher friedfertig zu, indem sich die beiden jungen Männer in Geschicklichkeit und Klugheit üben, um an ihr Ziel zu gelangen.

Doch die Zeit der Friedfertigkeit ist auch am Zürichsee vorbei, und frühpatriarchale Tendenzen machen sich breit. Der alte König wird zu einer patriarchalen Vaterfigur. Er übernimmt oder stiehlt den Zauberspiegel der Sakralkönigin, wodurch er zu einem mächtigen Zauberer wird. Aus dem einstigen Sakralkönig ist ein Herrscher geworden, der nicht mehr Recht im Namen der Landeskönigin spricht und den Menschen weise mit Rat und Tat beisteht, sondern nur noch befiehlt und Gehorsam verlangt. Mit der Vereinnahmung und dem Besitz des Zauberspiegels unterbindet er die mütterliche Erbfolge und beraubt dadurch die Prinzessin ihres Erbes und ihrer sakralen Funktion. Er ist nun derjenige, der die Erbfolge bestimmt und seinen Nachfolger wählt, und zwar in patrilinearer Sukzession. Und was macht er mit der matriarchalen Magie bzw. mit dem Zauberspiegel? Er benützt diesen als Machtinstrument und Herrschaftsmittel, um seinen Willen mit Gewalt durchzusetzen. Aus dem mythologischen Verständnis des magischen Spiegels und seiner sakralen Funktion im Regenmachen wird eine patriarchale Ideologie, ein psychisches und physisches Druckmittel, denn wer seinem Willen und seinen Befehlen nicht gehorcht, wird durch eine «Dämonenschar» bzw. Krieger gezwungen, den Anordnungen Folge zu leisten. Wer dies nicht tut, wird «in die Erde versinken», d.h. liquidiert. So denkt also der alte Zauberer nicht daran, seinen Thron zu räumen und seine Machtposition zu verlassen, um einem jungen Burschen Platz zu machen.

Doch so einfach ist es nicht, denn die Erbprinzessin fordert ihr überliefertes Recht aus matriarchaler Zeit. Es ist ein natürliches, verbürgtes Recht kraft der mütterlichen Linie und Abstammung. Nach diesem alten Recht und Gesetz handelt sie unbekümmert, und kommt damit mit dem frühpatriarchalen, künstlichen «Gesetz» des Zauberers in Konflikt. Doch das stört sie nicht, denn sie ist sich ihrer Herkunft sicher. So wählt sie einen Nachfolger im Amt des Königs, der als «Liebhaber» der «Tochter» erscheint. Dieser soll den Thron erhalten und gegebenenfalls den alten König absetzen. Doch der «Vater» will König auf Lebenszeit sein und seinen Nachfolger einsetzen. Diese patriarchale Haltung ist der Grund für den «inneren Konflikt» in dieser Mythensage. Er hat nichts zu tun mit einem psychologischen Vater-Tochter-Konflikt. Diese Sichtweise greift zu kurz oder ins Leere, denn sie verkennt den kulturgeschichtlichen Veränderungsprozess. Der Konflikt liegt auf einer ganz anderen Ebene. Auf der einen Seite haben wir die matriarchale Tradition, Erbfolge und Spiritualität. Sie wird in der Sage vertreten durch die «Tochter» (Erbprinzessin), den «Liebhaber» (Thronnachfolger), den Zauberspiegel (matriarchale Magie) und die schon unsichtbar gewordene Königinmutter (Sakralkönigin). Auf der anderen Seite steht der frühpatriarchale «Vater» (Zauberer) mit einem Machtinstrument (geraubter Zauberspiegel) und den strafenden «Dämonen» (Krieger, Erzwingungsstab). Diese beiden Gesellschaftsformen schliessen sich aus, und es kommt zur Tragödie: Die Liquidierung der Erbprinzessin und ihres Geliebten durch die Dämonenschar des Zauberers. Dadurch hat er sein Ziel erreicht und ist nun alleiniger Herrscher über seine Untertanen, denn auch diese müssen seinen Befehlen gehorchen oder werden dazu gezwungen.

Und wo sind nun die matriarchalen Traditionen? Schon beim Verhalten der «Tochter» gegenüber dem Zauberer können wir sehen, dass sie Widerstand leistet und ihre Pflichten heimlich ausübt. Im Konflikt mit dem frühpatriarchalen Gesetz werden die mutterrechtlichen Überlieferungen zu einer Heimlichkeit, zu einer verborgenen Handlung, die man erst recht diskriminieren und verfolgen kann. Sie selbst und ihr «Liebhaber» werden umgebracht. Doch im Volk hält sich die Erinnerung an die Mutterkönigin und ihrer Erbprinzessin. Auch weiss man noch etwas von der alten Tradition im Brauchtum.

So haben wir bis jetzt schon drei bedeutende Ritualplätze am Zürichsee gefunden, nämlich den Uetliberg mit dem Felsengarten und dem Kindlistein, den Nabelstein unter der Wasserkirche in Zürich und den Pflugstein bei Herrliberg. Gemäss dem mythischen Jahreskreis fehlt noch ein vierter Platz, der dem Sommer und seiner Heiligen Hochzeit folgt. Nach der Zeit der Kornmutter im Juli/August wird ein Erntedankfest gefeiert, das den Reichtum der Landschaft zeigt. Gleichzeitig ziehen sich die Kräfte der Erde langsam in die Unterwelt zurück, um sich zu regenerieren. Auch die Tage werden kürzer, und die dunkle Zeit der Ahnengeister naht, die Anfang November mit dem Beginn des Bauernwinters (Halloween, Samain, Allerheiligen, Martinstag) beginnt und besonders von den erwähnten Winterbräuchen begleitet wurde. Die helle Zeit geht über in die dunkle, die warme in die kältere und die Natur der oberen Bereiche weicht in die unteren Gefilde des Jenseits. Wir suchen demnach einen Ort der Wandlung, der Regeneration, der jenseitigen Welt und des glücklichen

Paradieses, das nicht eine Hölle der Verdammnis war, sondern ein Ort des Reichtums und der Wiederkehr. In der Landschaft sind solche Plätze oft in Hügeln und Bergen, die man sich als grosse Höhlung dachte, worin die Verstorbenen und Ahnen hausten. Doch am Zürichsee entdecken wir kaum einen solchen Hügel.

Durchsuchen wir die Mythensagen, so gibt es doch einige Hinweise auf jenseitige Orte oder Landschaften, die mit der Anderswelt in Verbindung stehen. Bei den Plätzen selbst finden oft geheimnisvolle Erscheinungen statt, oder jemand hat eine Vision, von der er nachträglich berichtet. Begegnungen mit jenseitigen Wesen kommen vor, und nicht selten erleben Personen eine schamanische Reise durch Zeit und Raum. Doch wie bei den anderen Mythensagen dürfen wir nicht erwarten, dass sich die Erzählungen ohne Veränderungen, Verzerrungen oder Motivverschiebungen präsentieren. Mit diesem kritischen Auge und in Berücksichtigung der besonders archaischen Züge einer Geschichte lässt sich folgendes bemerken: Die Jenseitsorte der Region Zürichsee sind meistens mit den Gewässern und mit ihnen in Beziehung stehenden Stätten wie Inseln verbunden. Schon die Landschaftsahnin von Rapperswil, die «Butzifrau», wurde als Strohpuppe in den Zürichsee geworfen. Dazu gehören auch verschiedene Brunnenbräuche. Im Zürichsee oder unter dem See dürfen wir den Jenseitsort sowie die Reichtum spendende Unterwelt der Region vermuten. Damit verbunden sind auch die grösseren Inseln Ufenau und Lützelau sowie die Halbinsel Hurden. Nicht nur der See war ein Jenseitsparadies, sondern auch die Inseln, wohin die Verstorbenen und Ahnen zogen, um sich zu verjüngen und um eines Tages wieder in die eigene Sippe geboren zu werden.

In mythischer Vorstellung zog auch der männliche Partner der Landschaftsahnin in den See oder auf die Inseln, um seine Jenseits- und Unterweltreise zu machen. Er erlebte den ganzen Zyklus des mythischen Jahres, das mit seiner «Geburt» von einem Kindlistein begann. Dann folgte seine Initiation und die Feier der Heiligen Hochzeit. Dabei begegnete er den verschiedenen Gesichtern der Ahnfrau. Sie war zunächst Hebamme und dann Frühlingsgöttin. Und an Mittsommer war sie die Sommerfrau mit blühendem Kleid, die schönste Frau der Welt, die ihn am Ort des Thrones empfing. Darauf erschien sie als Kornmutter der Ernten sowie bald einmal als Schnitterin, die den Feldern und Äckern den Wandel zum Herbst brachte. Diese Zeit der Wandlung brachte sie auch ihrem Geliebten im Jahresdrama, denn auch er musste sich durch eine Jenseitsreise verjüngen. Und schon bald stand er vor der Winteralten, vor der Grossen Weberin und Spinnfrau, sowie vor der Herrin der Unterwelt, des Lichtes und der Ahnengeister, bis er durch ihren eigenen, verjüngten Aspekt der Frühlingsgöttin wiedergeboren wurde.

Eine solche Begegnung mit der Landschaftsahnin wird zum Beispiel vom Hüttensee berichtet, wobei ich denke, dass eine Ortsverschiebung stattgefunden hat, denn die Sage kann ebensogut für das grössere Gewässer Zürichsee gelten. Dazu sehen wir, dass die Jenseitsreise des Auserkorenen einst als «Liebestod» aufgefasst wurde. Der Titel der Sage lautet «Die Nixe vom Hüttensee», worin sowohl die Feier der Heiligen Hochzeit im Sommer durchschimmert als auch die Zeit der Wandlung im Herbst: «Es lebte einmal ein schöner Jüngling... er war der schönste und beste Knabe weit und breit, und wo er auf der Kirchweih erschien, wünschte ihn jedes Mädchen zum Tänzer und noch viel lieber zum Gatten für das ganze Leben. Der Jüngling aber achtete der schönsten und reichsten Mädchen nicht. Ernst und gleichgültig wechselte er Tänzerin um Tänzerin. Die Nixe im Hüttensee war ihm im Traum erschienen, und so schön wie sie war keines der Mädchen der Gegend. Sie liebte er, die er doch niemals zu sehen und zu gewinnen hoffte. So oft er konnte, warf er sich in sein aus einem mächtigen Eichenstamm gezimmertes Schiffchen und ruderte auf dem kleinen Gewässer hin und her. Als er einmal so das Boot auf dem glatten Spiegel hintreiben liess, ergriff er plötzlich eine weisse Rose, welche er an seiner Brust trug, und warf sie als Liebespfand in den See. Da teilten sich die Wellen in der Nähe des Bootes, und ein schönes Mädchen im leichten grünlichen Gewand der Nixe stieg empor. Sie öffnete die Arme und rief mit lieblicher Stimme: ‹Komm hinab zur Braut in die Flut!› Freudig sprang der Jüngling in den See, und die Wellen schlossen sich sanft murmelnd über seinem Haupt. Man sah ihn nie wieder, und nie fand man seinen Leichnam. Der See aber, in den er die weisse Rose geworfen hatte, bedeckte sich fortan jeden Sommer mit weissen Seerosen, die aus dem Garten des Nixenschlosses emporwuchsen.»

Die Erzählung unterscheidet nicht genau zwischen der Braut im Sommer und der «Braut» im Herbst, die den Jungen zu sich ins unterseeische Schloss nimmt. Dennoch sind genügend Hinweise auf die Heilige Hochzeit und die Sommerfeierlichkeiten gegeben. Er ist der «schönste Knabe» der Kirchweih, und jede Tänzerin möchte ihn heiraten. Doch er liebt nur die Landschaftsahnin, die Nixe vom See, die ihm im Traum erschienen ist. Er ist dadurch der Auserwählte, und sie hat ihn zu ihrem Geliebten erkoren. Diese «schönste Frau der Welt» liebt er bis zum Liebeswahnsinn. Liebessehnsüchtig ist genau der Zustand, in dem sich die Geliebten der Göttin befinden. Sie sind liebeskrank und können nur durch die Liebe der Göttin geheilt werden. In ähnlichen Sagen erscheint ihm die Nixe nicht im Traum, sondern sie entsteigt dem Wasser und tanzt als beste Tänzerin mit ihm. Schon bei ihrem Anblick ist er in Liebe entflammt und tanzt nur noch mit ihr die ganze Nacht hindurch. Schliesslich folgt er ihr bis ans Ufer, und vor Sehnsucht steigt er mit ihr in das unterseeische Reich. Es ist bezeichnend für die vorpatriarchale Mythologie, dass dieses unterirdische Reich als Schloss oder reiches Gefilde beschrieben wird und nicht als Ort der Verdammnis. In diesem Jenseitsreich lebt es sich genauso wie auf der Erde. Es gibt reichlich Speise und Trank, Musik und

Spiel, und die Braut seiner Sehnsucht empfängt ihn. Diese gab ihm einstmals eine weisse Rose, ein Zeichen ihrer Wahl und der Aufforderung zur Liebeshochzeit. Dieses Liebespfand trägt er bei sich, und es wird ihm nun zum Pfand zur Jenseitsreise und zum ewigen Leben der Verjüngung, denn als er die weisse Rose ins Wasser wirft, erscheint die Wasserfrau, die ihn ins Reich der Fülle nimmt.

Dazu ist es nicht unbedeutend, dass er sich auf einem Boot treiben lässt. Eine der bekanntesten Epen mit mythologischen Überlieferungen ist «Tristan und Isolde», wo sich der Held ebenfalls in einem Boot treiben lässt und nach Irland gelangt, wo er der Landschaftsgöttin Isolde begegnet. Und noch die irischen Mönche begehen eine Art Jenseitsreise, indem sie sich in einem Boot dorthin führen lassen, wohin sie ihr Schicksal bestimmt. Ausserdem war das Boot auch ein Sarg, ein schwimmendes Fahrzeug, das die Verstorbenen ins Jenseits über den Horizont fährt. Manche Grab- und Kultstätte besitzt im Grundriss eine Bootsform, die auch eine Mandorla- oder Schossform ist. Denn das Boot ist nicht nur Sarg, in den man hineingelegt wird, sondern auch «Krippe», aus der man genommen wird. Dies ist ein weiblich-mythologisches Sinnbild, denn als Verstorbener gelangt man durch das Boot zum Ursprung des Lebens, zum Schoss der Ahnfrau, um verjüngt als kleines Kind in einer Bootskrippe aus dem Schosswasser wiedergeboren zu werden. Berühmte Beispiele dafür sind alle Helden, die von einer «Prinzessin» am Ufer in einem «Korb» gefunden werden (Moses, Sargon).

Eine ähnliche Sage wie «Die Nixe vom Hüttensee» ist eine Erzählung vom Stromtal aus dem Zürcher Oberland, und auch sie lässt sich mühelos auf Begebenheiten am Zürichsee übertragen. Ihr Titel heisst «Die schönste Frau der Welt», und ein junger Bursche rudert ebenfalls auf dem Wasser. Er möchte zu seiner Geliebten, doch während er dahingleitet, hört er Hilferufe einer alten Frau: «Ein Jüngling sass singend in einem Nachen auf einem breiten, reissenden Strom und ruderte aus allen Kräften, um schnell an das jenseitige Ufer zu gelangen, wo seine Geliebte, das schönste Mädchen des Stromtales, wohnte. Als er in die Mitte des Stromes kam, drang der Hilferuf eines Verunglückten an sein Ohr. Er blickte flüchtig hin und sah eine alte Frau mit den Wellen kämpfen, die sie ins nasse Grab hinunterschlingen wollten. Er aber kehrte sich nicht daran und eilte, hinüberzukommen. Die Stimme klang immer flehentlicher, aber schwächer und leiser. Die arme Alte schwamm am Nachen des Jünglings vorüber, ihr Rufen verstummte. Doch plötzlich, wenige Klafter vom Fahrzeug entfernt, tauchte sie leicht wie ein Nebelgebilde aus den Wellen empor, und es war keine hässliche Alte, sondern die schönste aller Jungfrauen, noch unendlich schöner als seine Geliebte, die schon harrend und winkend am Ufer stand. Die Jungfrau im Strom aber rief zürnend: ‹Fahr immerzu! Fahr zu in Ewigkeit!› Und sie schwamm spielend wie ein Schwan stromabwärts. Den Jüngling aber ergriff unnennbare Sehnsucht nach der Unvergleichlichen, die seine Sinne verzauberte. Er vergass der harrenden Geliebten und fuhr hinab, der Unbekannten nach, die in immer gleicher Entfernung vor seinen Augen dahinschwamm, nicht achtend auf sein liebeflehendes Rufen und nur von Zeit zu Zeit ihm vorwurfsvoll ihr leuchtend schönes Antlitz zukehrend. Der Jüngling fuhr Tage, Wochen und Jahre stromabwärts, aber das Ziel seiner Sehnsucht vermochte er nie zu erreichen. Und so fährt er immer noch zu, bis in die Ewigkeit hinein.»

Die geheimnisvolle alte Frau ist sicher keine verunfallte Person, sondern die Landschaftsahnin selbst, die Herrin des Jenseits und der Gewässer. Auch ist es keine Unfallszene, die hier beschrieben wird, sondern wie bei der anderen Sage der Liebesruf der Göttin ins Jenseitsreich. Die Probe und der «Hilferuf» der Alten gehören zu einem ganz anderen Teil der Geschichte, nämlich zur Initiationsprobe durch die Landschaftsahnin, die Souveränität, wie sie in Alteuropa genannt wurde. Diese Elemente und Züge der Mythensage vermischen sich hier, doch sie sind voneinander zu trennen. So ist die Hauptszene die Jenseitsfahrt eines jungen Burschen in einem Boot, mit dem er der Landschaftsahnin folgt, die gleichzeitig auch die junge Frau und Frühlingsgöttin ist, die Blumenfrau oder eben die schönste Frau der Welt, wie es naturpoetisch umschrieben wird. Denn sie ist sowohl die Schnitterin und Herrin der Wandlung als auch die Göttin der Wiedergeburt. So fährt der Jüngling «bis in die Ewigkeit hinein» der geliebten Wasserfrau zu. Denn auch hier, sobald er sie erblickt, ergreift ihn unbeschreibliche Liebessehnsucht, und er vergisst die ganze Welt um sich. Diese Entrückung ist typisch für die Begegnung mit der Göttin oder die Heilige Hochzeit, die sowohl eine zeitliche wie örtliche «Verrücktheit» meint, und sie ist hier kombiniert mit dem herbstlichen «Liebestod». Die «Ewigkeit» ist zudem ein schöner Ausdruck für das Jenseitsparadies, das durch die Garantin von Leben und Tod zum Ort des ewigen Zyklus wird. Ausserdem ist dieses Jenseits kein abstrakter Begriff oder eine Stätte der Transzendenz ausserhalb dieser Welt, sondern immanent in der Landschaft vorhanden. Es ist die Ahnenstätte unter der Erde oder unter dem See, im Berg oder in einer Höhle. Und auch Inseln sowie der Horizont waren konkrete Jenseitsorte. Allgemein gab es nur die eine Welt, den einen Kosmos, der mit dem Landschaftskörper der Ahnfrau identisch war. Und wo sie in Dreigestalt erscheint, sind nur ihre verschiedenen Aspekte im Jahreskreis gemeint. Von daher ist es in unserer Sage nicht unbedeutend, dass der junge Mann in Beziehung zu drei Frauen steht, nämlich zur irdischen Geliebten, zur himmlischen Geliebten und zur alten Frau, die alle nur eine Gestalt sind. Sie ist die weisse Frühlingsgöttin des Himmels, die rote Sommergöttin der Erde und Seen sowie die schwarze Winteralte der Unterwelt.

Damit haben wir die Gewässer an und um den Zürichsee als Jenseitsorte beschrieben. Doch wo war ein zentraler Jenseitsort im Ritual der Wandlung? Welche Landschaftserscheinung war so markant, dass sie mythologisch und konkret als eine Stätte des Jenseitsparadieses gesehen wurde? Interessanterweise haben bisher alle archaischen Ritualplätze am Zürichsee etwas mit einem Stein oder Felsen zu tun gehabt. Kombinieren wir den Jenseitsort eines «Steines» mit dem Gedanken des Wassers, wie wir es oben beschrieben haben, so führt uns diese Überlegung zu den Inseln im Zürichsee, nämlich zu Ufenau, Lützelau und Hurden, die als «Steinhügel» oder «Nabelsteine» aus dem Wasser ragen. Inseln waren beliebte Jenseitsorte. Und noch heute führt mancher Pilgerweg auf eine Insel mitten im See, eine Wallfahrt, um das Göttliche zu erfahren. Sie waren spirituelle Zentren genauso wie Orte von Visionen und Botschaften. So ist es kein Zufall, dass auf der Lützelau einst ein Frauenkloster stand und auf der Ufenau eine keltisch-römische Tempelanlage. Doch schon tausend Jahre vorher müssen diese Inseln ein Naturheiligtum gewesen sein, eine Ahnenstätte von Leben und Tod der Landschaftsgöttin, die sich als letzte Spur noch als «Butzifrau» und Strohpuppe in Rapperswil zeigt.

Ein wichtiger Hinweis zur Bedeutung der Inseln ist in der Legende des Adelrich verpackt. Er ist der Sohn der Reginlinde, seine Schwester war die halb mythische Königin Bertha von Burgund. Adelrich wollte nicht Regent werden sondern Mönch. Sein Vorbild sei der hl. Meinrad gewesen, der in Einsiedeln, auf dem Etzel und in der Region Zürichsee wirkte. Zufall oder nicht, Adelrich wählte sich genau die Insel Ufenau zu seiner Wohnstatt für sein mönchisches Leben. Hier geschahen dann auch

Sonnenuntergang am Zürichsee von Rapperswil aus in Richtung Lützelau und Ufenau. Zeit: Anfang November um Allerseelen und Samain.

seltsame Dinge. So soll ein Engel ihm Nahrung gebracht haben, und er selbst über das Wasser gelaufen sein. Ein andermal kam der Engel wiederum und brachte ihm Botschaften. Nach langer Lebensgeschichte liess sich Adelrich auf der Ufenau begraben. Wie auch immer diese Legende zu beurteilen ist, zeigt sie doch einen landschaftsmythologischen Hinweis, indem die Insel Ufenau als Jenseitsort erscheint, als Stätte der Visionen sowie als Begegnungsort mit jenseitigen Gestalten. Die christliche Überformung des Platzes ist indirekter Wegweiser dafür, in den Inseln ein altes, vorchristliches Naturheiligtum zu sehen, das im Charakter des Jenseitigen eine gewisse Überlieferung und Kontinuität zeigt. In diesem Sinn haben wir den vierten Ritualplatz am Zürichsee gefunden. Es wird nun unsere Aufgabe sein, diese in einer Ganzheit miteinander zu verknüpfen.

Mythologie im Jahreskreis

Das mythische Jahr am Zürichsee beginnt mit der geheimnisvollen Hebamme und jungen Frau auf dem Uetliberg, wo beim Kindlistein im Felsengarten die Ahninnen und Ahnen wieder ins Leben geführt wurden. Auch der Sihlsprung mit seiner Felsenhöhle ist ein solcher Ort der Kinderherkunft, und er ist ebenfalls mit einer geheimnisvollen Frau verbunden, nämlich mit der Grossen Weberin und Spinnfrau, die im Volk «Frau Chlungeri» genannt wird. Die Landschaftsahnin zeigt sich hier als alte Frau, als Geburtshelferin und als junge Frau, die das Leben schenkt. Diese Wiedergeburt schenkt sie auch dem Jahreskind, das alle Stationen des mythischen Jahres durchläuft und erlebt. Doch wer ist diese seltsame Frau? Wie wir noch sehen werden, steht Zürich und der Uetliberg mit dem Glarner Vrenelisgärtli in einem Zusammenhang. Es ist die vorchristliche Verena, die durch die Landschaftsmythologie wieder zum Vorschein kommt. Sie war die Ahnfrau dieser Region, so wie am Türlersee oder in Baden mit ihrer Heilquelle. Wir werden ihre verschiedenen Aspekte zusammen mit der Landschaft und den Ritualplätzen kennenlernen.

Nach der Zeit der Geburt kommt die Zeit der Initiation im Frühling. Hier tritt die weisse Frühlingsgöttin in Erscheinung, die als weisser Schwan in Zürich beim Wasserempfang einschwimmt. Sie ist das weisse Mondei ebenso wie der leuchtende Hirsch (Hindin?), der in der Legende von Bertha und Hildegard in Zürich vorkommt und auf die Stätte des Fraumünsters hinweist. Und auch Karl der Grosse soll von Aachen oder Köln aus bis nach Zürich einen Hirsch verfolgt haben, worauf er dann am Platz, wo das Tier niedersank, das Grossmünster bauen liess. Doch vor allem als mythische Schlange, als grosse Limmat, überreicht sie einem männlichen Partner einen Zauber- und Liebesring als Zeichen seiner Wahl. So steht Zürich ganz im Zeichen der weissen Göttin, wobei auch ihr schwarzer Aspekt der Schlange eine Rolle spielt. Und wiederum müssen wir uns fragen, wer mit dieser Landschaftsahnin gemeint ist? Der Ort der Initiation war der Nabel- oder Eistein unter der Wasserkirche. Dieser Stein wiederum ist mit den Stadtheiligen von Zürich, Felix und Regula, verbunden, die hier ihr Märtyrium erfahren hätten. Doch wir können die Legende auch anders lesen. Der Kultstein von Zürich war mit einer vorchristlichen Frauengestalt verknüpft, einer «Regula». So finden wir einen Fingerstein der «Regula» und des «Felix» in Glarus auf dem Burghügel. Er ist heute an der Kirchenwand eingemauert, soll sich aber einst in der darunterliegenden Höhle befunden haben. In der Region sprudelt auch eine entsprechende Quelle der Heiligen.

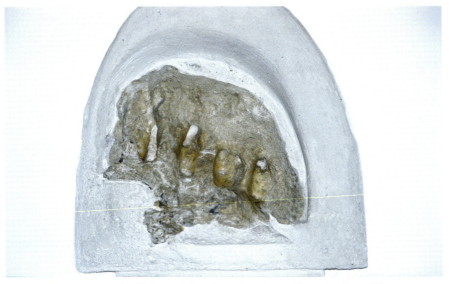

Fingerstein in der Felix- und Regulakirche auf dem Burghügel von Glarus

Gemäss den Sagen erstreckte sich die alte Kultlandschaft der «Regula» und ihres Begleiters von Glarus der Linth entlang, führte an den Zürichsee und nach Zürich selbst. Ist es Zufall, dass sie auch hier mit einem alten Kultstein und einer Heilquelle verknüpft werden? Ebenso ist es seltsam, dass «Regula» aus Ägypten stammen soll, nämlich aus Theben, und ihrem «Bruder Felix», der ein Soldat in der Thebäischen Legion war, «aus schwesterlicher Liebe» nachfolgte. So fand «Regula» die Reste der Legion und den Felix in den Alpen, wo sie als Christen verfolgt worden seien. Hier gingen sie nach Glarus und weiter in das römische Zürich. Sehr aufschlussreich ist nun, dass die legendenhafte Regula das völlige Ebenbild der hl. Verena ist, von der genau dieselbe Legende berichtet wird! Auch Verena stamme aus Theben in Ägypten, folgte ihrem Geliebten Mauritius, der ein Soldat in der Thebäischen Legion gewesen sein soll, nach Europa in die Alpen, wo sie gleichfalls Reste der Legion auf-

148

spürte. Aber hier geht die Legende nicht so weit, dass sie Verena als Märtyrerin sterben lässt wie die Regula! Denn das Volk wusste ganz genau, wer die Verena war, nämlich ihre einheimische, vorchristliche Landschaftsgöttin. Hier liess man sich keine «Ägypterin» aufbinden oder eine fremde Blutzeugin, denn die Verena-Mythologie war noch allseits bekannt. Von daher ist es auch kein Zufall, dass «Regula» ausgerechnet nach Glarus und in die Region des Glärnisch gezogen sein soll, einem alten Gebiet der Verena-Mythologie, wie wir sie noch mit dem Vrenelisgärtli fassen können. Unsere Regula ist somit niemand anderes als die alteingesessene Verena, und beide werden durch die Legende christianisiert und zu getauften Göttinnen. Damit ist aber auch der «Regula»-Stein der Wasserkirche als Kultplatz der Göttin Verena gefunden. Sie zeigt sich hier als weisse Frühlingsgöttin sowie als Souveränität der Landschaft (Schlange, Limmat), die einen Mann ihrer Wahl durch eine Ringgabe zum König macht. Dazu ist der Name «Regula» eine Umdeutung eines alten Wortes reg-, das, wie wir noch sehen werden, Stein bedeutet.

Nach der Landschaft der weissschwarzen Ahnfrau am Unteren Zürichsee gelangen wir in den Bereich der roten, sommerlichen Landschaftsgöttin. Ihr Ritualplatz war der dunkelrote Pflugstein mit seinem Thronsitz, der beliebte Liebesort der Jugend. Das Gebiet selbst bezeichnet etwa die mittlere Region des Zürichsees von Erlenbach bis Stäfa. Die Frage lautet auch hier: Wer war die Landschaftsahnin dieser Kultregion bzw. wem war der Platz hauptsächlich geweiht gewesen? Die Antwort ist ebenso einfach wie bei der Regula. Die getaufte Göttin ist auch hier die Verena, die Heilige von Stäfa. Hier lebt sie in der Legende fort als barmherzige Frau. Doch sie war einst die Liebesgöttin, die rote Sommerfrau im Blumenkleid der Landschaft, die «Tochter» des Zauberers vom Pflugstein, die mit ihrem Geliebten am Ort des Kultsteines Heilige Hochzeit feierte. Der steinerne Thron bzw. die steinerne Pyramide repräsentiert sie selbst, ja die Landschaftsahnin Verena zeigt sich als dunkelroter heiliger Fels.

Die hl. Verena von Stäfa im roten Gewand sowie mit Kamm und Krug

Der nächste Ritualplatz war hauptsächlich der schwarzen Erd- und Wassergöttin geweiht, wobei sie auch einen weissen Aspekt hatte. Es ist das Gebiet Oberer Zürichsee mit seiner schönen Insellandschaft. Hier war der Jenseitsort die Ufenau, und in Rapperswil erscheint die Winteralte als Strohpuppe, die in ihr unterseeisches Reich gelangt. Nicht weit davon entfernt ist auch der Etzelpass, ein alter Kulthügel der Landschaftsahnin, der nach Einsiedeln führt. Und es ist kein Zufall, dass dort die schwarze Madonna verehrt wird, ein christliches Abbild der schwarzen Erdgöttin vom Zürichsee. Doch wie heisst diese göttliche Ahnfrau wirklich? Der älteste Ortsname führte uns zum Flussnamen Jona-Johanna, einem Wasserwort, das auch ein Göttinnamen ist: Ana/Dana. Diese war die Grosse Göttin des Orients, des Mittelmeeres und auch in Alteuropa, und zwar schon tausende Jahre vor der keltischen Eroberung. Sie ist die schwarze Erdgöttin der Flüsse Donau oder Rhone. Hügel waren ihr geweiht, und eines ihrer Symboltiere war besonders die Schlange. Und so wurde auch der Zürichsee und die Limmat als grosse Schlange gesehen, mythologisch mit ihr identisch wie die ganze Landschaft, welche die einzelnen Ritualplätze miteinander verknüpft und verbindet. Die Ana schaute immerzu vom Zürichsee aus ihrem weissen Double ins Gesicht. Es war das Vrenelisgärtli, wo Verena als Berggöttin wohnte. Sie besitzt einen magischen Kessel und soll als Eis- oder Steinsäule gegenwärtig sein. Der Name Verena leitet sich vom alten Wort Belena ab, die auch die Ortsgöttin von Biel-Bienne am Bielersee war. Bel-Ena meint «die weisse Ana» oder «die hohe Ana». Somit ist Verena-Belena auch vom Namen her das Double und ein Aspekt der schwarzen Göttin Ana/Jona.

Der Schlangenring von Zürich

Archäologische Funde und die Sprachgeschichte von Zürich beweisen, dass der Ort schon in der Bronze- und Jungsteinzeit eine bedeutende Stätte der Besiedlung war. Der «Regula»-Stein auf dem Insel-Kultplatz, worauf heute die Wasserkirche steht, weist auf diese Zeit hin. Dazu wurde dort ein Weihe-Schwert aus der Bronzezeit gefunden, das in einem Schaukasten im Untergeschoss der Kirche aufbewahrt wird. Doch es gleicht einem Wunder, dass der Nabelstein trotz zahlreicher Überbauungen erhalten blieb, obwohl er sich nicht mehr in der ursprünglichen Form zeigt. So soll ja die Heilquelle der Wasserkirche auf Geheiss der Obrigkeit zugeschüttet worden sein, da sie darin einen abergläubischen Brauch sah. Mag sein, dass der Grund auch der war, weil gewiefte Geschäftemacher ein lukratives Wassergeschäft daraus machten. Heilwasser war und ist immer noch gefragt. Dennoch hat man hier rückblickend das Kind mit dem Bade ausgeschüttet und den Ort zusätzlich entweiht. Im Verborgenen aber lässt sich eine versteckte Spiritualität erkennen, wenn wir die Architektur der Kirche studieren.

Im Untergeschoss der Wasserkirche sind die verschiedenen Bauphasen gut dokumentiert. Vergleichen wir die unterschiedlichen Grundrisse nebeneinander, so fällt auf, dass der Nabelstein immer an derselben Stelle mit der Kirche verbunden war. Sie wurde auch nie in einer anderen Richtung gebaut. Die Kontinuität zwischen dem «Regula»-Stein und der Wasserkirche besteht nun darin, dass sich der Nabelstein immer dort befindet, wo der Priester im Chor steht. Der Stein ist entweder ein gedachter Altarstein, oder der Priester steht direkt über ihm. Somit bezieht die Wasserkirche und der Priester seine Spiritualität von diesem Stein, der trotz dem Versuch, ihn den Stadtheiligen Felix und Regula zu weihen, ein «heidnischer» Kultstein geblieben ist. Die Substanz der Erd- und Wasserkräfte dieses Ortes wird aus dem heiligen Stein gezogen und für die neue Religion benützt. Und dies alles in einem unsichtbaren Raum, wenn man nicht das Untergeschoss besucht.

Der Kult- und Altarstein unter dem Chor der Zürcher Wasserkirche

Landschaftsmythologisch gesehen ist es auch ein Schlangenei-Stein, denn die Limmat umspülte einst die sakrale Insel. Gleichzeitig war der Altarstein einer «Regula» geweiht, einer getauften Göttin, die wir als Verena erkennen konnten. Hier fand die Initiation ihres männlichen Partners durch die Gabe eines Liebesringes statt, wie wir gesehen haben. Leider ist der Ort heute mit Beton überdeckt, und die Vitalität des Göttinsteines ist ebenso zugemauert wie ihre Mythologie und Geschichte. Und wie wir auf Spurensuche gehen müssen, um unsere verdeckten, kulturellen Wurzeln zu finden, wäre es auch für die Stadt von Vorteil, ihre Ursprünge wieder freizulegen. Doch vorerst haben wir wenigstens einen Kultstein von Zürich wieder entdeckt. Dennoch steht die Frage im Raum, ob es möglicherweise noch andere Steine in Zürich gibt? Wo müssten diese zu finden sein, und gibt es Hinweise darauf? Vermutlich liegen sie ebenso am Ort einer Kirche oder sogar im «Untergeschoss» des Kirchenplatzes. Dies betrifft aber nur die ältesten Kirchen. Müssen wir somit alle alten Kirchen umgraben? Und wenn der Platz zwar bedeutend war, aber die Steine zerstört wurden? Fehlt uns dann nicht ein wichtiger Hinweis? Glücklicherweise gibt es eine elegante Lösung dieses Problems, indem wir nicht nur die Wasserkirche studieren, sondern die gemeinsame Architektur und Bezogenheit der alten Kirchen zueinander. Dabei interessieren wir uns nicht nur für die Kirche selbst, sondern vor allem für den Platz, auf dem der Sakralbau steht, und wie dieser mit den anderen Plätzen vernetzt ist.

Vom See her liegt rechts von der Wasserkirche das Grossmünster mit seinem Kreuzgang. Diesen beiden Bauten angegliedert ist eine ehemalige Marienkapelle. Wenn wir von der Eingangsseite ins Grossmünster gelangen, erblicken wir in einer Nische eine thronende Maria im roten Gewand und den Jesusknaben auf ihrem Schoss. Sie hält eine weisse Rose (Seerose?) in der rechten Hand, eine solche dürfte auch als «Brosche» dem Jesusknaben angeheftet sein. Die Malerei stammt aus dem 13. Jahrhundert mit byzantinischem Vorbild. An der Wand des südlichen Seitenschiffes entdecken wir eine schöne Wassernixe mit offenen Fischschwänzen, einer breiten Muschel und nacktem Oberkörper. Die Haare sind lang und ihr Bauchnabel steht mit zwei konzentrischen Kreisen hervor. Im christlichen Sinn bedeutet sie die «Verführung», doch wurden zur Abschreckung gerne «dämonische» Gestalten eines Ortes aufgegriffen und zur Bekehrung «an die Wand gemalt». Die Nixe stammt aus dem 12. Jahrhundert, und man kann sich fragen, was wohl das Volk in dieser Gestalt gesehen hat? Vergleichen wir die Beschreibungen der «einfachen Leute» mit diesem Sinnbild, so stellt die Wasserfrau ziemlich genau die Verena dar, wie sie im Volkslied gedacht wurde.

Maria im roten Gewand und mit Jesusknabe.
Nische im Zürcher Grossmünster.

Nixe mit Fischschwanz und Muschel im Zürcher Grossmünster

Wie auch immer man diese Erscheinungen beurteilen will, eines lässt sich beim Grossmünster nicht wegdiskutieren, nämlich dass es astronomisch ausgerichtet ist.[30] Die Längsachse der Kirche gegen den Chor zu ist nach Südosten orientiert, und zwar ziemlich genau nach 126° (125,5° SO), eine in unseren Breitengraden bekannte Orientierung hin zum Sonnenaufgang an Mittwinter. Das Grossmünster ist somit nicht nach dem Lehrbuch Ost-West gebaut, sondern nach einer alteuropäischen Tradition. Die Orientierung des Grossmünsters nach der Wintersonnwende zeigt, dass am Platz eine «heidnische» Kultstätte war mit gleicher, jahreszeitlicher Bedeutung, die übernommen, christianisiert und in die architektonische Anlage eingebaut wurde. So können wir im Grossmünster stehen und der Längsachse nach Südosten folgen. Wir können uns aber auch um 180° drehen und der Längsachse nach Nordwesten zu blicken. In diese Richtung wäre dann der Sonnenuntergang zur Sommersonnwende zu beobachten. Und wie steht es mit der ehemaligen Marienkapelle? Diese orientiert sich in ihrer Längsachse etwa nach 47° Nordost. Eine solche Ausrichtung ist für unsere Breitengrade keine Orientierung zum Sonnenaufgang an Mittsommer, sondern ein Hinweis auf den nördlichen grossen Mondwendepunkt, der etwa bei 45° Nordost liegt.

Die Mondlinie (Längsachse) der Marienkapelle und die Sonnenlinie (Längsachse) des Grossmünsters schneiden sich in einem Punkt des Münsters. Dieser Ort ist vor dem Aufgang zum Chor, wo heute ein grosser Taufstein steht. Hier dürfte das Herz des Kultplatzes sein, wo sich

Sonne und Mond treffen. Doch es gibt noch einen zweiten Herzpunkt bei der Sakralstätte. Im Kreuzgang mit seinen sehenswerten Fresken erblicken wir im Garten einen Baum in einem Brunnentrog. Dieser Baum am Platz eines ehemaligen Brunnens bezeichnet den Mittelpunkt des Kreuzganges, das heisst das Herz des Säulenumganges.[31] Verbinden wir den Herzpunkt des Grossmünsters mit dem Herzpunkt des Kreuzganges, erhalten wir eine Linie, die sich etwa nach 81°/82° NO orientiert. Ist dies nun auch eine astronomische Richtung? Ein Blick in den Jahreslauf zeigt, dass mit dieser Orientierung etwa der Sonnenaufgang am 11. September zu beobachten wäre. Dieser Tag ist gleichzeitig der Gedenktag der Stadtheiligen von Zürich, Felix und Regula, zudem sind sie die Schutzpatrone des Grossmünsters. Ich glaube nicht, dass diese Orientierungen zufällig sind, wie exakt auch immer die Himmelsbeobachtungen waren. Zudem fällt auf, dass sich zum Gedenktag der Regula noch ein anderer Gedenktag fügt, denn ein paar Tage vorher, am 1. September, ist im kirchlichen Jahreskreis der Tag der hl. Verena.

Baum im Zentrum des Kreuzganges des Grossmünsters

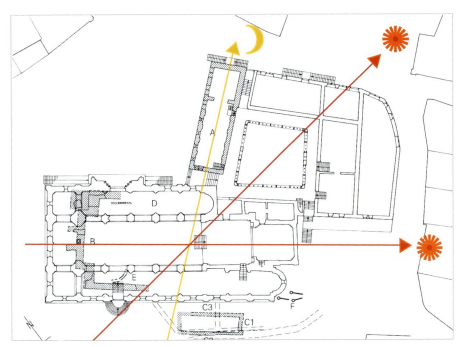

Marienkapelle (A), Grossmünster (B) und Kreuzgang. Sonnenaufgang am 21. Dezember (Grossmünster) und am 11. September (Kreuzgang, Felix- und Regulatag). Orientierung zur nördlichen grossen Mondwende (Marienkapelle). Herzpunkt beim Aufgang zum Chor (Ort des Taufbeckens) und im Zentrum des Kreuzganges.

Am Ort des Grossmünsters sollen die Gebeine von Felix und Regula gelegen haben. Man vermutet einen alten Friedhof an dieser Stätte, der nicht unbedingt erst in christlicher Zeit errichtet wurde. Die vorchristlichen Hinweise sind zahlreich vorhanden. Doch was wollte man mit der Mondorientierung und dem Sonnenaufgang an Mittwinter aussagen? Kombinieren wir diese jahreszeitlich-astronomischen Hinweise mit dem Gedanken einer Grabstätte, so ergeben sich folgende Überlegungen: So wie das Sonnenkind im mythischen Jahr an der Wintersonnwende seinen Geburtstag feiert (Weihnachten im christlichen Sinn), so erleben auch die Verstorbenen an dieser Grabstätte eine Wiederkehr an Mittwinter. Es ist ein Ort der Auferstehung bzw. ein Ort der vorchristlichen Wiedergeburt. Doch eine Geburt ohne die Mutter ist unmöglich, und im Jahreskreis ist sie eine mythische Mutter der Wiedergeburt. Dies wurde mit der Mondgöttin verbunden, die zur Maria wurde. Die Mondin bewirkt die Geburt des Sonnenkindes, ebenso führt sie die Verstorbenen wieder ins Leben. Unsere kirchliche Weihnachtsmythologie lebt noch von dieser Vorstellung mit der Krippe, der mythischen Frau, dem Sonnenkind und der Bezeichnung «Natale». Und wer war diese Ahnfrau in Zürich? Es war die Verena-Belena der vorkeltischen Zeit, bevor sie zum Genius Loci oder zu einer hl. Regula wurde.

Diese Analogie wird durch die ehemaligen Wandmalereien in der Marienkapelle bestätigt. Dort finden wir in der Rekonstruktion der Zeichnungen eine Abbildung der Weihnachtsszene: Maria, Jesus auf dem Schoss und die drei hl. Könige. Deutlich wird auf die Ereignisse an Mittwinter hingewiesen, die mit der Geburt des Sonnenkindes in Verbindung stehen. Die drei Könige sind in der Kirchenmythologie die männliche Variante der drei heiligen Frauen, die wiederum auf die dreigestaltige Schicksalsgöttin Ana-Beth oder die drei Matronen aus «heidnischer» Zeit Bezug nehmen. Und tatsächlich sind auch die drei heiligen Jungfrauen in der Marienkapelle vertreten, und zwar in der Szene, wie sie vom legendenhaften Nikolaus von Myra goldene Äpfel erhalten.[32]

Maria, Jesus und die hl. drei Könige in der Weihnachtsszene der Marienkapelle

Die drei heiligen Frauen der Marienkapelle in der Darstellung der Jungfrauenlegende

Die Verbindung des Grossmünsterplatzes mit dem Altarstein der Was-serkirche ist durch die Legende von Felix und Regula gegeben. Diese sollen, nachdem sie beim alten Kultstein geköpft worden seien, ihre Häupter in die Arme genommen haben und seien «40 Ellen» den Hügel hinaufgeschritten, wo sie am Platz des Grossmünsters niedersanken. Die beiden Orte wurden bewusst mit einer Legende christianisiert. Zudem wussten «Felix und Regula» offenbar ziemlich genau, wo die alte Grabstätte der Wiedergeburt war.

Auf der anderen Seite des Grossmünsters und der Wasserkirche befindet sich das Fraumünster. Man gelangt über eine Brücke dorthin, und im Kreuzgang dieser Kirche sind moderne Szenen aus der Sage um Karl den Grossen und die Schlange sowie von Felix und Regula zu sehen. Eine Legendensage berichtet über die Entstehung dieser Kirche: Es lebten einst am Albis auf Schloss Baldern zwei Schwestern, Hildegard und Bertha. Diese waren gar fromm und gingen fleissig zu einer Kapelle am See, wo heute das Fraumünster steht. Dies gefiel Gott, und er schickte ihnen einen leuchtenden Hirsch mit glänzendem Geweih, damit er ihnen jeweils den Weg in der Dunkelheit zeige. Solchen Eifer verstand der Vater nicht, und er wollte die beiden verheiraten, was die Töchter jedoch abwehren konnten. Sie überzeugten ihn, dass er ihnen eine Kirche bauen sollte, und sie zeigten ihm den Platz am See. Doch dieser gefiel dem Vater gar nicht. Darauf baten sie den Himmel um ein Zeichen. Eines Tages bewegte sich ein grünes Seil vom Himmel herab und legte sich ringförmig an den Platz des heutigen Fraumünsters. Dieses Ringseil wurde als Zeichen und Botschaft gedeutet, wie gross das Gebäude sein sollte. Und das Fraumünster wurde gebaut.

Zweifellos bewegen wir uns mit dieser Legende in einer kirchenmythologischen Welt, deren Sprache wir verstehen müssen. Besonders interessieren uns die landschaftsmythologischen Hinweise, die mit dem seltsamen Ort am See verbunden sind. Der leuchtende Hirsch (weisse Hindin?) ist ein altes Tiersymbol der Frühlings- und Jagdgöttin, so zum Beispiel der «keltischen» Liban. Auch der nordeuropäische Siegfried wird als gehörnter Hirsch gedacht, dazu kommen die europäischen Hirsch-und-Hindin-Spiele, die erotische Jahresfeiern waren. Zum weissen Hirsch gesellt sich die weisse Gemse oder das weisse Pferd. Nun wird dieser Hirsch christianisiert und zum Lichtträger des Kreuzes. Auch Hildegard und Bertha, die halb historische und halb mythische Gestalten sind, zeigen sich allzu fromm, so dass sie wohl früher am Ort der Kapelle (des Fraumünsters) eher keine Gebete gesprochen haben. Doch was war dieser Ort vor der Christianisierung? Gemäss der Legendensage muss er ein alter Platz der Frauenspiritualität gewesen sein. Man konnte mit dem Himmel sprechen, und er gab einem Zeichen und Botschaften. Ja die Erde war sogar mit dem Himmel durch ein grünes Seil verbunden. Dieses umschloss den Kultplatz ringförmig und bildete dadurch einen Kreis, der einen heiligen Bezirk bezeichnete. Solche Kreisanlagen sind zum Beispiel Labyrinthe, heilige Haine oder Steinkreise. Die Mitte solcher Anlagen ist ein Stein, ein Baum, eine Säule oder eben ein vertikales Seil als zentrale Weltsäule. Im schamanischen Weltbild steigen die Schaman/innen an diesem Weltenseil zum Himmel empor, bringen ihre Botschaft vor und gelangen wieder zur Erde zurück.

Bertha, Hildegard und der leuchtende Hirsch.
Moderne Darstellung im Kreuzgang des Fraumünsters.

Damit haben wir die Frauenspiritualität von Hildegard und Bertha am Platz des vorchristlichen Fraumünsters beschrieben: Sie schamanisierten und bereisten die Sphären der Welt. Dazu hatten sie wahrscheinlich die seherische Gabe. Dies war auch eine Fähigkeit der «Tochter» des Zauberers beim Pflugstein mit dem Zauberspiegel. Und wir konnten zeigen, dass sie die Landschaftsgöttin Verena war. Auch Hildegard und Bertha stehen wahrscheinlich mit der Verena in Verbindung, die sie spirituell führte. Dies war eine Tätigkeit, die in der Verenalegende durchschimmert: Sie war die spirituelle Führerin der jungen Frauen. So ist es denkbar, dass Hildegard und Bertha ihre Priesterinnen waren, und dann zu frommen Beterinnen wurden. Zu Priesterinnen passt auch, dass die Schwestern nicht heiraten wollten. Dies ist ein Kennzeichen sakraler Frauen, die heilige «Jungfrauen» waren, jedoch ursprünglich nicht im patriarchalen Sinn, sondern dahingehend, dass sie eben nicht heirateten, sondern der Göttin dienten, was durchaus erotische Feste einschloss.

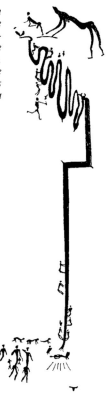

Die Verbindung von Himmel und Erde durch ein «Himmelsseil» oder eine Weltenschlange. Mythologische Darstellung aus Afrika

Und wo bleibt das ringförmig gewundene Seil vom Fraumünster, mit dem man zum Himmel Kontakt aufnehmen konnte? In einem gewissen Sinn ist jeder Kreuzgang eine christliche Nachbildung einer heiligen Kreisanlage, und normalerweise befindet sich im Zentrum ein Baum oder ein Brunnen. Hier umkreisen die Mönche im Gebet den heiligen Hain und machen ihre Jenseitsreise zu Gott. Die Mönche haben aber nicht nur den Platz des Grossmünsters, der Wasserkirche und des Fraumünsters christianisiert, sondern den ganzen Kultplatz Zürich. Dieser dürfte mit Steinen markiert gewesen sein, und heute befinden sich Kirchen über den alten Stätten. Der Kultplatz Zürich ergibt sich dadurch, dass wir die Orte der Sakralbauten auf einer Karte eintragen, wobei wir nur die älteren Stätten berücksichtigen. Zusammengenommen sind dies folgende Stellen: 1) Wasserkirche, 2) Grossmünster, 3) Barfüsserkirche (abgebrochen), 4) Predigerkirche, 5) Klosterkirche Oetenbach (abgebrochen), 6) Augustinerkirche, 7) Fraumünster, 8) Peterskirche sowie 9) Lindenhof. Verbinden wir nun die Plätze miteinander, so ergibt sich eine grössere Kreisanlage, die aus den Kirchenorten 1) bis 7) besteht. Der Mittelpunkt dieses Ringes liegt bei der Marktgasse 1. Auch das dürfte kein Zufall sein, denn im Mittelalter war nach antikem Vorbild der Marktplatz das Zentrum einer Stadt. Die Peterskirche und der Lindenhof liegen innerhalb des Kultplatzkreises, und zwar vom See her auf der linken Seite der Limmat. Diese wiederum fliesst von der Wasserkirche genau mitten durch den Kreis von Süden nach Norden und teilt ihn in zwei Hälften nach Westen und Osten. Ich glaube, damit haben wir das «kreisförmige Seil» in der Landschaft gefunden, wie es in der Legendensage von Hildegard und Bertha beschrieben ist.

Der kreisförmige Kultplatz von Zürich ist ein riesiger Kreuzgang oder ein mächtiger Steinkreis mit einem Mittelpunkt an der Marktgasse. Gebaut wurde nach einem «unsichtbaren» Bauplan, das heisst auf vorchrist-

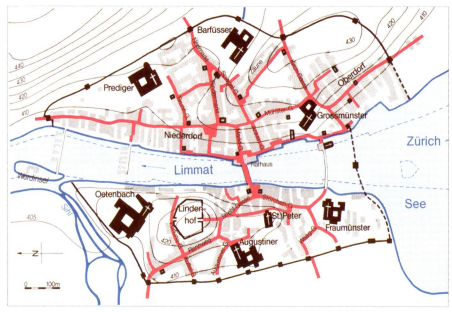

Altstadt von Zürich und die Stadtkirchen im Mittelalter

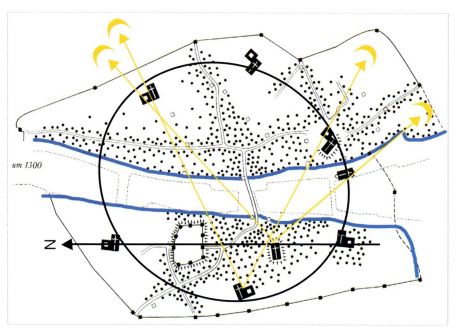

Der Steinkreis der Kirchen von Zürich. Orientierungen von der Peters- und Augustiner-kirche aus zur nördlichen, grossen und kleinen Mondwende bzw. zur südlichen, grossen und kleinen Mondwende. Durch den Kreis oder das Mondei fliesst der Schlangenfluss Limmat.

160

lichen Kultplätzen, die mit Steinen markiert waren. Das Seil selbst bzw. der Kreis sei vom Himmel gesandt worden, so dass es eine heilige Stätte ist. Ist sie damit auch ein Abbild des Himmels? Betrachten wir nur die Kirchen, so fällt der Lindenhofplatz aus diesem System heraus. Es sind sieben Kirchen und der Ort der Peterskirche. Die Sieben ist eine bekannte Zahl, so gibt es sieben Planeten, sieben Stufen zum Himmel, siebenstufige Pyramiden sowie sieben Windungen des klassischen Labyrinths. Der schwarze Göttinstein von Mekka bei der Kaaba wird heute noch von den Pilgernden siebenmal umschritten, und zwar einmal linksdrehend und einmal rechtsdrehend. Die Göttin Inanna-Ishtar ging durch sieben Tore in die Unterwelt und holte so ihren Heros-Geliebten wieder auf die Erde zurück. Und selbst am Zürichsee gibt es einen Hinweis auf die Zahl Sieben! Beim Buchberg am Oberen Zürichsee lag einmal der Rote Stein, ein bekannter Kindlistein. Man fand ihn, wenn man von Nuolen aus in Richtung Buchberg lief und kurz vor dem Bubental links abbog. Er war etwa drei Meter hoch und sieben Meter lang. Die Volkstradition berichtet, wenn sich die Kinder ein Brüderchen wünschten, müssten sie siebenmal um den Roten Stein herumlaufen, bei einem Schwesterchen fünfmal. Hier sind die Motive arg verrutscht! Nicht die Kinder müssen siebenmal um den Stein gehen, sondern die Hebamme oder junge Frau, die sich vom Kindlistein ein Kind wünscht. Das Umgehen des Steines wird auch von anderen Kindlisteinen berichtet. Im übertragenen Sinn gelangte eine Frau mit diesem Ritual durch sieben Tore (Sphären, Windungen) zum Herz der Landschaft und in den Schoss der Ahnfau, wo sie eine Ahnenseele aufnahm und wieder ins Leben führte.

Die Zahl Sieben basiert auch auf dem Mondrhythmus. Siebentägig sind die Phasen des Monats. Sie ist damit wie die Zahlen Drei und Neun eine Mondzahl. Schon beim Grossmünster haben wir gesehen, dass die Längsachse der Kirche nach dem Sonnenaufgang an Mittwinter ausgerichtet ist, doch die Achse der Marienkapelle nach der nördlichen Mondwende. Diese Mondorientierung finden wir auch bei der grossen Kreisanlage wieder, und sie erklärt, warum sich die Peterskirche innerhalb des Kultplatzes befindet. Auf dieser Ebene sind die Kirchen und ehemaligen Steinsetzungen Hilfspunkte, um den Kreis zu bilden, aber auch Fixpunkte der Beobachtung. Dabei war die Peterskirche der Beobachtungspunkt. Von dort aus kann eine Sichtlinie zur Wasserkirche gezogen werden, die mit etwa 135° SO die südliche grosse Mondwende markiert. Die zweite Sichtlinie führt von der Peterskirche zur Predigerkirche und ist mit etwa 46° NO eine Parallele zur Längsachse der Marienkapelle mit ihrer nördlichen grossen Mondorientierung. Doch damit nicht genug. Vom Platz der Augustinerkirche führt eine Kultlinie mit 63° NO zur Predigerkirche. Die beiden Kirchen selbst sind in dieser Orientierung ausgerichtet und weisen auf die nördliche kleine Mondwende hin. Eine weitere Kultlinie verbindet die Augustinerkirche mit dem Kreuzgang des Grossmünsters und der ehemaligen Marienkapelle. Die Ausrichtung ist 118° SO und beschreibt die südliche kleine Mondwende. Diese Mondorientierung mit den Rhythmen von 9,3 Jahren lässt sich sehr gut mit den gefundenen Mondhörnern in Verbindung bringen, wie wir auf die Astronomie und den Mondkalender hinweisen konnten.

In naturpoetischer Hinsicht ist die Kreisanlage ein gelegtes Mondei, durch das die Limmat als grosse Schlange fliesst. Das Ei und die Schlange sind älteste Lebenssymbole. In der Mythensage von Karl dem Grossen und der Schlange ist von einem Eihort und von einem Ring (Stein) die Rede. Wir erhalten durch die Erzähltradition zwei mythische Bilder, die sich in der Landschaft widerspiegeln: Die Limmat (der See) als Schlangenfluss und das Ei als Kreisanlage. Aber auch der Zauberring weist auf die steinerne Ringanlage hin, wobei ein Schlangenei als Kultstein immer noch unter der Wasserkirche ruht. Das Urbild der Schlange mit dem Ei lässt sich durch ein archaisches Bild der Göttin mit der Schlange ersetzen. Das weisse Ei entspricht der Mondgöttin, sie ist mit ihrem Symbol identisch. Auf allen Kontinenten erscheint das Sinnbild der Frau mit der Schlange, oft sogar mit einer sehr sinnlichen Darstellung, wie die Schlange ihrem heiligen Schoss entspringt. Die Schlange ist dabei die Lebenskraft des Weisen Blutes der Frau, aus dem gemäss matriarchaler Naturphilosophie das Kind und damit auch die Schöpfung der Welt entsteht.

Alteuropäische Göttin mit Schoss-Schlange – Urbild der Schöpfung

Im vorgriechischen Schöpfungsmythos der Pelasger, einem matriarchalen Restvolk des Mittelmeeres in Griechenland, wird diese Schöpfergöttin Eurynome genannt. Und obwohl der Text schon griechisch angehaucht ist, verrät er uns doch eine Menge matriarchaler Sinnbilder und Mythologien: «Am Anfang war Eurynome, die Göttin aller Dinge. Nackt erhob sie sich aus dem Chaos. Aber sie fand nichts Festes, darauf sie ihre Füsse setzen konnte. Sie trennte daher das Meer vom Himmel und tanzte einsam auf seinen Wellen. Sie tanzte gen Süden; und der Wind, der sich hinter ihr erhob, schien etwas Neues und Eigenes zu sein, mit dem das Werk der Schöpfung beginnen konnte. Sie wandte sich um und erfasste diesen Nordwind und rieb ihn zwischen ihren Händen. Und siehe da, es war Ophion, die grosse Schlange. Eurynome

tanzte, um sich zu erwärmen, wild und immer wilder, bis Ophion sich um
ihre göttlichen Glieder schlang und sich mit ihr paarte. So ward Eurynome vom Nordwind schwanger. Dann nahm Eurynome die Gestalt einer
Taube an, liess sich auf den Wellen nieder und legte zu ihrer Zeit das
Weltei. Auf ihr Geheiss wand sich Ophion sie-
benmal um dieses Ei, bis es ausgebrütet war und
aufsprang. Aus ihm fielen all die Dinge, die da
sind: Sonne, Mond, Planeten, Sterne, die Erde
mit ihren Bergen und Flüssen, ihren Bäumen,
Kräutern und lebenden Wesen. Die nächste Tat
der Göttin war die Erschaffung der sieben Planeten (Sonne, Mond, Mars, Merkur, Jupiter, Venus,
Saturn). Über jeden setzte sie eine Titanin und
einen Titanen.»[33]

Eurynome ist die Göttin der Nacht, des Kosmos und des Mondes. Aus sich selbst heraus oder
aus ihrem eigenen Kosmos erschafft sie die Welt,
die aus ihrem Ei hervorgeht. Die Schlange ist dabei ein Teil ihres Weltkörpers, welche ebenfalls
von Eurynome erschaffen wurde. Wir begegnen
hier einem europäisch-mediterranen Schöpfungsmythos, wie er naturpoetischer und tiefsinniger
nicht sein könnte. Und er stammt aus einer vor-

*Göttin mit Schoss-
Schlange aus Südindien,
19. Jahrhundert*

patriarchalen Zeit, aus einem Alteuropa, in dem matriarchale Völker wie
die Pelasger, Iberer, Basken, Räter, Pik-
ten oder Kanarier verbreiteter waren, bevor sie zu Restvölkern in Rückzugsgebieten wurden.

*Schale mit Eiern und Wirbelmuster
Sinnbild der Schöpfung, Osteuropa,
Jungsteinzeit*

Somit haben wir vor allem die archaischen Schichten des Kultplatzes Zürich
beschrieben. Ob sich die Bauherren der
Kirchen dieser bewusst waren, wird
wohl immer ein Geheimnis bleiben. Jedenfalls haben sie die Plätze übernommen und für ihre Religion gebraucht. Für
die Mythologie am Zürichsee war die
Mondgöttin Verena zuständig, was wir
auch mit einem noch grösseren Mondei
zeigen können. Eine Landschaft wurde
mythologisch nicht nur in ihrer horizontalen Lage gegliedert, wie wir es am Bei-
spiel der Ritual- und Kultplätze am Zürichsee gesehen haben, sondern
auch in ihrer vertikalen Position. In dieser Betrachtung bezeichnen Hügel
und Berge die Oberwelt, Ebenen und Felder die Mittelwelt sowie Meere

und Flüsse mit ihrer Tiefe die Unterwelt. Dieses Stockwerkweltbild kann dreifach, siebenfach oder sogar neunfach sein, je nach der landschaftlichen Gegebenheit und der entsprechenden Mythologisierung der Natur. Besonders heilige Hügel spielen dabei eine bedeutende Rolle, denn sie verdeutlichen die vertikale Sichtweise. Viele Orte besitzen ihre heiligen Hügel und Berge, so zum Beispiel die sieben Hügel Roms, der Pilatus bei Luzern oder der Odilienberg im Elsass. Solche entsprechenden Landschaften wurden gegliedert betrachtet, und ich denke auch an die «Hexen»-Kultplätze auf Hügeln und Anhöhen oder an die Belchen- und Blauenberge im Dreieck Vogesen, Schwarzwald und Jura, die ein grösseres Bezugssystem bilden. In Basel sind es die drei Hügel Margarethen, Tüllingen und Chrischona, die auf die Stadt einwirken und wiederum mit den Belchen- und Blauenbergen in Beziehung stehen. Ja sogar das Herz von Basel, der Münsterhügel, ist eine heilige Anhöhe, obwohl dies durch die Verbauung nicht mehr bewusst wahrgenommen wird.

Und Zürich? Gab oder gibt es auch in Zürich heilige Hügel mit einem Bezugssystem? Durch Erfahrung und Intuition konnte ich etwa folgendes feststellen: Sicher ist der Uetliberg ein solcher heiliger Hügel. Für ein Bezugssystem braucht es meistens eine Art Triangulation, eine Vernetzung dreier Fixpunkte, die zu einem Ganzen führen. Dazu auch ein Gegenüber, eine wechselseitige Relation. Nach dem Uetliberg-Kulm, der heute ein beliebter Ausblickspunkt ist, sind die beiden anderen Fixpunkte in der Landschaft Zürich eine höhergelegene Stelle auf dem Zürichberg sowie der Ort der ehemaligen Burg Manegg mit einem kleineren Hügel. Verbinden wir nun die drei Stellen miteinander, ergibt sich ein langgezogenes gleichschenkliges Dreieck in der Landschaft. Durch die drei Punkte können wir ein ovales Ei konstruieren, eine Ellipse mit einer Längs- und Querachse, wobei die Längsachse gleichzeitig die Mittelsenkrechte des Dreiecks ist. Die gedachte Strecke Zürichberg bis Uetliberg-Kulm und Zürichberg-Manegg ist dabei identisch. Beide sind astronomisch ausgerichtet. So sehen wir vom Uetliberg aus über dem Zürichberg den Sonnenaufgang an Mittsommer bei etwa 53° NO. Die Strecke Manegg-Zürichberg ist mit 36° NO eine Sternbildorientierung zur Grossen Bärin an Weihnachten, eine Zeit, die mit der Sonnenaufgangslinie bei 126° SO markiert ist, wenn wir die 36° um 90° nach Südosten drehen und in die Alpen in Richtung Ufenau blicken.

Wie bei einem Tempel oder bei einer Kirche können wir das landschaftsmythologische Ei ausmessen. Dabei weisen die Proportionen, die Zahlen und Orientierungen auf die Bedeutung des unsichtbaren Ovals hin, genauso wie bei einer Tempelanlage die Architektur auf die Sakralität des göttlichen Wesens hinweist, das an diesem Ort verehrt wurde. Das Eioval orientiert sich in seiner Längsachse ziemlich genau nach 46° Nordost, eine Ausrichtung, die wir bei der Marienkapelle des Grossmünsters und beim Kreiskultplatz beobachten konnten. Die Querachse dazu orientiert sich ebenfalls ziemlich genau nach 135° Südost, eine Richtung, die sich beim Steinkreis mit der Strecke Peterskirche-Wasserkirche wiederholt. Und sie wiederholt sich auch in der Strecke Uetliberg-Kulm zum Fixpunkt Manegg. Beide Ausrichtungen weisen auf die nördliche grosse Mondwende (46° NO) und auf die südliche grosse Mondwende (135° SO) hin. Diese Entdeckung zeigt, dass das grosse Oval und das kleine Ei von Zürich der Mondin geweiht waren und damit auch ihre Kultplätze und heiligen Hügel.

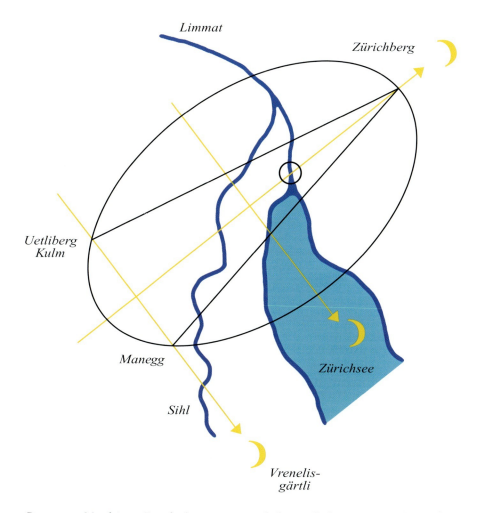

Das grosse Mondei von Zürich. Orientierung nach der nördlichen grossen und südlichen grossen Mondwende. Mondaufgang beim Vrenelisgärtli. Das Mondei wird von den beiden Fluss-Schlangen Sihl und Limmat durchflossen.

Und wer war diese Mondgöttin? Dies geht aus dem Ovalei hervor und führt zur landschaftlichen Sagenwelt. Denn von der Region Zürich aus und besonders vom Uetliberg blicken wir mit 135° Südost über den See in die Bergwelt, und zwar genau zum Glärnisch mit dem sagenumwobenen Vrenelisgärtli, das eine augenfällige Rautenform aufweist. Hier steht die Göttin Verena/Belena mit ihrem Schosskessel, verbannt in die Berge in ihrem Garten, wo sie als Grosse Gärtnerin weiterlebt. Durch die Orientierung wollte man einen Bezug zum heiligen Mondberg Glärnisch herstellen und seine «Ausstrahlung» mit dem Kultplatz Zürich verbinden.

Und auch das naturpoetische Sinnbild der Landschaft wiederholt sich. Wird das kleine Mondei des Steinkreises mit dem Schlangenfluss Limmat durchflossen, so wird das grosse Mondoval ebenfalls mit einem Schlangen- und Lebensfluss gespeist, d.h. sogar mit zwei Flüssen. Durchströmt und mit Lebenswasser versorgt wird das Mondei durch die Sihl, die sich bei Zürich mit der Limmat vereinigt und ein Delta bildet. Das Mondei symbolisiert dabei die Landschaftsgöttin selbst, die mit ihrer Schlange die kosmische Schöpfung vollbringt. Dabei ist das Oval auch eine Art Kelch, Kessel oder weiblicher Schoss, aus dem die Fluss-Schlange fliesst. Das mythische Urbild der Eurynome, ihre Schöpfung, ihre Schlange, ihr Weltei, ihre Entstehung der Sonne, des Mondes, der Planeten, der Gestirne, der Erde mit ihren Bergen und Flüssen, ihren Bäumen, Kräutern und lebenden Wesen wurde mit einer solchen Kultlandschaft gefeiert und vergegenwärtigt. War es dort die kosmische Göttin der Nacht, Eurynome, so war es hier in dieser Seelandschaft die Grosse Göttin Verena. Ihre Schöpfung wurde im Jahreskreis dramatisiert und in Kultspielen nachvollzogen. Die anfängliche Urmythe mit ihren Aspekten wird dabei immer wieder zyklisch erneuert und somit in der Gegenwart am Leben erhalten. Dies war fester Bestandteil der Gesellschaft und in diesem Weltbild lebte man, denn die matriarchale Mythologie der Konsensgesellschaft war eine

Das schneebedeckte weisse Vrenelisgärtli

Ahninnenmythologie mit direkter Naturverehrung und einer Naturphilosophie der sippenbezogenen Wiedergeburt, die sich auch auf die Zyklen und Abläufe der Natur bezog.

Gemäss dem Stufenweltbild bezeichnet der Uetliberg die obere Welt, während die Ebene der Sihl und der Limmat mit dem See die mittlere und untere Welt beschreiben. Mit den Kultplätzen und der dargestellten Landschaftsarchitektur können wir von einem Landschaftstempel sprechen, denn es handelt sich um eine sakrale, räumliche Gliederung, die jedem Tempelbau eigen ist. Nur ist es hier eben ein Freilichttempel, der keine Schlüssel und dicken Mauern kennt, in denen die Spiritualität und Mythologie eingeschlossen ist. Es war gelebte Mythologie, und jede Frau und jeder Mann konnten ihre Inspirationen durch die Landschaftsahnin erleben sowie ihre spirituellen Erfahrungen mit den Aspekten der Verena machen, was die Sagenwelt und die Mythenbräuche noch spurenhaft in ihren Sedimenten bewahren.

Das vertikale Stufenweltbild lässt sich am Zürichsee auch horizontal anwenden. Wie wir gesehen haben, gliedert sich der ganze See in drei Gebiete, in denen hauptsächlich jeweils ein Aspekt der Landschaftsahnin im Jahreskreis besonders gefeiert wurde. So war die Region am Oberen Zürichsee dem schwarzweissen Aspekt der Verena geweiht. Beide kommen zum Beispiel als Fasnachts-Strohpuppe, als Berggöttin im Vrenelisgärtli, als Flussgöttin Jona oder als schwarze Madonna in Einsiedeln vor. Ihr besonderer Ritualort war der See selbst, den man sich als Drachenschlange dachte, aber auch die Insellandschaft (Ufenau, Lützelau, Hurden). Dies war die untere Welt. Die mittlere Welt lag zwischen Erlenbach und Stäfa. Hier fanden wir den dunkelroten Pflugstein als Ritualort. Er war Liebesstätte und Thron der Verena, die in der Sage als «Tochter» eines Zauberers erscheint. Die Region Zürich war dem weissschwarzen Aspekt der Ahnfrau geweiht. Hier initiierte sie als «Schlange» ihren männlichen Partner mit einem «edlen Stein» oder Ring. Der Ritualort selbst war der Schlangen- oder Nabelstein, der heute unter der Wasserkirche sein Dasein fristet.

Diese weissen, roten und schwarzen Bereiche des Zürichsees können als eine Gestalt aufgefasst werden. Es ist das schon beschriebene Sinnbild einer Schlange, die sich in der Seelandschaft gegen Zürich hin bewegt. Am Ende ihrer Bewegung fliesst sie als Limmat in die Landschaft, wo sie beim Kopf im Delta auf den Kultplatz Zürich mit seiner Kreisanlage trifft. Diese Steinanlage kann auch als «edle Steine» oder als Ring gesehen werden. Zusammen mit dem See und dem Fluss ergibt sich dabei ein phänomenales Sinnbild, nämlich die Wasserschlange mit einem Steinring im Maul, genauso wie es in der Mythensage vom Schlangenring beschrieben ist! Die «Schlange» ist daher nicht nur der Ortsgeist von Zürich, sondern der ganzen See- und Flusslandschaft. Diese erstreckt sich von der Region Glärnisch-Vrenelisgärtli durch den Fluss Linth und den See bis nach Zürich ins Limmattal. Dadurch erhalten wir in Gedanken sogar ein viertes Sinnbild der Landschaft: Die Berg-Göttin aus dem Glärnisch mit ihrer Fluss-Schlange Linth-Limmat-See.

Heilige Steine im Kreis

Es ist anzunehmen, dass nicht nur die bisher beschriebenen Landschaften und Kultsteine eine besondere Bedeutung hatten, sondern auch noch weitere Plätze mit Mythensagen und Steinfunden. So erwähnt der Ethnologe John Meier in seinen informativen Büchern zu den Rechts- und Brautsteinen einen Gerichtsstein der Gemeinde Stäfa in Ötikon am Zürichsee.[34] Etwa zur gleichen Zeit schreibt Emil Stauber über Sitten und Bräuche im Kanton Zürich: «Nach dem ältesten Kinderglauben kommen die jungen Erdenbürger aus Schluchten, Felsen, sonderbaren Steinen, aus Brunnenstuben, wo die Hebamme sie aus einem verborgenen Gemach holt. In Stäfa ist es der Stäfnerstein, ein nahe an der Wasserfläche des Sees aufragender Felsenhügel, dessen eines Ende, ein grosser, mit einer Windfahne versehener Stein, das sonderbare Geheimnis in sich birgt. In Maschwanden holt man die Kindlein aus dem Kindlistein, einem Nagelfluhfelsen mit kleinen Höhlen beim Grischheihof. Aber auch der Ütliberg besitzt beim Staffel einen Kindlistein, aus dem ein Teil des Kindersegens stammt. In Benken kommen die jungen Menschen aus dem ‹toten Brünneli›, einem verschütteten Brunnen oberhalb des Dorfes... An anderen Orten überträgt man den Auftrag, ein Kindlein zu holen, der Hebamme, die als weise Frau genau weiss, wie sie ihn erfüllen kann. Im Wehntal z.B. holt sie die Kleinen ‹vom Wachthüsli oben abe›, d.h. von der Lägernhochwacht.»[35]

Sehr aufschlussreich ist, dass es gemäss beiden Forschern sowohl einen Kindlistein als auch einen Rechtsstein (Gerichtsstein) in Stäfa gab. Ein Kindlistein, der Leben schenkt, ist ein Ahninstein, mit dem die jungen Frauen in körperlichen Kontakt treten. Ein Rechtsstein ist ebenfalls ein Ahnenstein, denn bei ihm wurde ursprünglich kraft der Landschaftsahnin Recht gesprochen oder Beschlüsse gefasst. Dabei sprach ein männlicher Partner der Ahnfrau in ihrem Namen ein Urteil, das vorher beraten wurde. Somit repräsentieren beide Steine von Stäfa eine Ahnin, die in der Sagenwelt zum Ortsgeist oder zu einer Heiligen wurde. Die Ortsheilige von Stäfa ist aber die hl. Verena, unsere wohlbekannte Göttin der Region.

Nicht weit von Stäfa liegt am See Meilen. Wandern wir der Anhöhe zu, so gelangen wir in ein Gebiet zwischen Hohenegg und Wetzwil, das wiederum nicht weit vom Pflugstein liegt. Hier berichtet die Sagenwelt von seltsamen Drehsteinen, die «Elfisteine» genannt werden. Ein solcher Elfistein lag einst am Waldrand links an der Strasse, die von der Warzhalde nach dem Herrenweg führt, da, wo sich jetzt ein Schacht der Wasserversorgung befindet. Von dem leider zerstörten Stein wurde gesagt, dass er sich elfmal im Kreise drehe, wenn er die Uhr elf schlagen höre. Er muss ziemlich gross und auffallend gewesen sein, denn seine Masse wurde zum Bau einer Strasse verwendet. Somit handelt es sich bei diesem Kultstein wieder einmal um ein verlorenes Kulturerbe der Landschaft.

Einer der Elfisteine der Region Meilen (Hohenegg) am Zürichsee

Ein anderer Elfistein liegt am Weg auf den Pfannenstiel, wenig oberhalb der Abzweigung der Strasse nach der Anstalt Hohenegg, rechter Hand, da, wo ein Fussweg ins Tobel hinunterführt. Und sogar ein dritter Elfistein ist überliefert. Es handelt sich um einen grossen Findling unterhalb des Hofes Rohren in einer sumpfigen Wiese. Diese Ansammlung von Drehsteinen ist auffallend. Wie lässt sie sich erklären und woher kommt der Name Elfi-Stein? Bei anderen Drehsteinen der Schweiz und Europas sind die Zeiten des Sich-Drehens unterschiedlich genannt, so zum Beispiel an Mittag oder an Mitternacht. Auf jeden Fall ist immer eine Zeitangabe damit verbunden. Beim Namen Elfi-Stein dürfen wir mit einer Volksetymologie rechnen, denn Elf klingt nach Elfe und weissen Albwesen, die das Volk mit diesen Steinen in Verbindung brachte. Die Grundform war sicher einmal Elb-Stein oder Alb-Stein, wobei der zweite Wortteil Stein ein jüngerer Zusatz des ersten ist, gleichzeitig aber auch die Bedeutung der Wortwurzel elb/alb liefert. Dieses Etymon, wie man sagt, stammt aus alteuropäischer Zeit und ist mehrere tausend Jahre alt. Die Ackerbauer/innen und Viehzüchter/innen der Jungsteinzeit an den Seeufern haben es in diese Landschaft gebracht. Das Etymon ist eine Variante einer bekannten Wortwurzel lap/lep, die zu alp/elb wurde. Das Wort ist vorindoeuropäischer Herkunft und bedeutet allgemein Stein oder Fels, kann aber auch Berge oder Anhöhen bezeichnen, so dass es «weiss» bedeuten kann. Unsere Alpen tradieren ebenfalls dieses Wort, denn es sind weisse Berge und wie der Albis Anhöhen. Das ostschweizerische Alpstein-Gebirge im Appenzell ist damit namensverwandt.

Obwohl somit die Sprachgeschichte zeigen kann, dass es sich bei den «Elfi»-Steinen um eine volksetymologische Umdeutung handelt, bleibt doch eine indirekte Sinngebung bestehen: Es sind «weisse Elfensteine», die sich um «elf Uhr» im Kreis drehen. Greifen wir nun die geographischen Hinweise und Lokalisierungen der Drehsteine auf, können wir diese Angaben auf eine Karte übertragen. Sicher müssen wir dabei mit Ungenauigkeiten rechnen und eine gewisse Spanne berücksichtigen, doch die Flurhinweise weisen uns den Weg. So zeichnen wir den Drehstein bei Hohenegg an der Strasse ein, den Drehstein von Rohren und den zerstörten bei Warzhalden, wo es heute noch «Steinacker» heisst. Interessanterweise ergibt sich dadurch ein grösserer Umkreis mit dem Steinacker als Zentrum, gerade dort, wo der massige Fels mit einem guten Ausblick zu liegen kam. Die anderen Drehsteine liegen auf dem Kreis bzw. sind nur noch kümmerliche Reste eines solchen. Ziehen wir jedoch den Bogen weiter und vervollständigen den Umkreis, so gelangen wir nach Wetzwil, und zwar genau zu der Stelle, wo sich der Schalenstein des Dorfes befand.

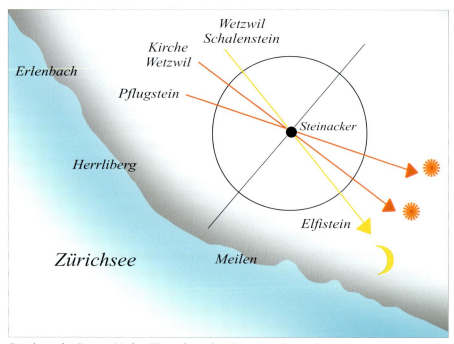

Steinkreis der Region Meilen-Wetzwil mit dem Zentrum «Steinacker». Orientierung nach der südlichen grossen Mondwende vom Wetzwiler Schalenstein aus, der genau 13 Schalen aufweist. Sonnenaufgang am 21. Dezember von der Kirche Wetzwil aus. Sonnenaufgang vom Pflugstein aus Anfang November und Anfang Februar (Anfang und Ende des Bauernwinters)

Schalenstein von Wetzwil (heute in Herrliberg) mit 13 Schalen, die auf ein Jahr mit 13 Monaten und einen Tag hinweisen

Der Schalenstein wurde 1850 oberhalb von Wetzwil in der Gemeinde Herrliberg gefunden. Er wurde ins Landesmuseum nach Zürich gebracht und fristete jahrelang hinter dem Museum im Park ein unbeachtetes Dasein. Heute finden wir den ausserordentlichen Kultstein wieder in Herrliberg, und zwar vor der Vogtei. Der Findling ist etwa 110 cm lang, 70 cm breit und 45 cm hoch. Eine der wenigen Personen, die sich wirklich mit dem Kultstein aus der Bronze- und Jungsteinzeit beschäftigt haben, ist der Mathematiker William Brunner. Nicht nur die alte Position des Steines und sein Zusammenspiel mit den Drehsteinen ist erstaunlich, sondern auch seine Bearbeitung durch Menschenhand. So finden wir auf dem Findling dreizehn Schalen herausgearbeitet, die grösste davon misst etwa 10 cm. Die Grübchen und kleinen Becken lassen sich sehr gut mit Wasser füllen, so dass sie wie Augen oder kleine Monde erscheinen. Das dürfte auch ihre ursprüngliche Bedeutung gewesen sein, denn 13 Lunationen (Monate) und ein Tag ergeben ein Sonnenjahr, das in Monden gerechnet wurde.

Doch nicht nur der Kult- oder Altarstein weist auf die Mondbewegungen hin. So steht er auf seiner Steinkreisposition mit dem zentralen Drehstein, dem ehemaligen Steinackerstein bei Warzhalden, in Verbindung. Vom Wetzwiler Stein zum Zentralstein lässt sich eine Kultlinie ziehen, die mit etwa 136° nach Südosten weist, und zwar weiter zum Drehstein bei Hohenegg. Diese Orientierung nach 135°/136° SO haben wir schon mehrmals in der Mythenlandschaft Zürichsee angetroffen, denn diese astronomische Linie geht über zum Gebirge Glärnisch mit seinem Vrenelisgärtli, wo die Mond- und Wassergöttin ihre Bergstätte besitzt. Dazu wurde ihr Mondjahr, die 13 Schalen oder Möndchen auf dem Schalenstein, auf dem Findling verewigt. Wahrscheinlich wurde auf dem Stein auch ihr grosses Mondjahr von 9,3 oder 18,6 Jahren überliefert, denn bei 136° SO ist die grosse südliche Mondwende zu beobachten.

Doch damit ist das Geheimnis des Steinkreises von Meilen-Wetzwil noch nicht zu Ende, denn in der Nähe des Dorfes Wetzwil befindet sich ausserhalb der Ortschaft etwas erhöht die Kirche, die wiederum ganz nahe beim Pflugstein zu liegen kommt. In der Kirche selbst entdecken wir eine prächtige Wandmalerei einer Schutzmantel-Madonna. In ihrer Erhabenheit und Position erinnert sie beinahe im Umriss an das Erscheinungsbild des Pflugsteines. Auf jeden Fall zeigt sie den weiblichen Ortsgeist des Platzes an, nämlich die zur Maria gewordene Landschaftsahnin Verena. Unterhalb der Schutzmantel-Madonna ist die Weihnachtsszene abgebildet. Maria in einem dunkelroten Gewand hält auf dem Schoss das Kind, über dem ein achtstrahliger Stern schwebt. Ist auch hier Maria in ihrer Haltung und Erscheinung ein Gegenstück zum dunkelroten Pflugstein mit seinem Schoss-Thron für das «Kind» der Göttin? Dazu zeigt die Wandmalerei die bekannte Anbetung der drei Könige, wie sie ihre Geschenke reichen.

Schutzmantelmadonna in der Kirche von Wetzwil

Weihnachtsszene in der Kirche von Wetzwil: Maria, Jesus und die drei hl. Könige,
die den vorchristlichen drei Schicksalsgöttinnen entsprechen

Die drei Könige sind in der Kirchenmythologie die vermännlichte Gestalt der drei heiligen Schicksalsfrauen Anbeth, Wilbeth und Borbeth, die in Kirchen wiederum als Dreiheit erscheinen, nämlich als Catharina, Margaretha und Barbara. So können wir die Wandmalerei in einer vorchristlichen Lesart interpretieren: Die Muttergottes als göttliche Ahnfrau sitzt an Weihnachten (Mittwinter) auf ihrem Thron mit dem Sonnenkind, das in dieser Nacht geboren wurde. Über dem Sonnenkind schwebt ein auffallender Stern, der auf einen Himmelskörper hinweist. Zur Himmelskönigin kommen drei Könige bzw. drei Schicksalsfrauen, die dem Kind Gaben und ihren Segen bringen. Sie weisen ihm wie die Moiren, Nornen und Parzen sein Schicksal zu.

Dieser Vorgang in der Kirche von Wetzwil lässt sich astronomisch in der Landschaft nachvollziehen. Eine Sicht- und Kultlinie von der erhöhten Kirche zum Zentrumsfelsen Steinacker des Drehsteinkreises zeigt eine Ausrichtung von 126° Südost, eine Orientierung, die am Landschaftshorizont den Sonnenaufgang an Mittwinter (Weihnachten) anzeigt. Diese Kultlinie führt sogar zu einem hochmythologischen Ort im Zürichsee, nämlich zur Insel Ufenau mit der Lützelau und der Halbinsel Hurden. Diese Insellandschaft wurde schon als Jenseitsparadies der Ahnen beschrieben, und von hierher kommt auch das neue Leben, das mit der Geburt des Sonnenkindes verbunden ist, wie es in der Kirche von Wetzwil christlich überformt tradiert wird. Die drei Schicksalsfrauen (die drei Könige), die besonders an Mittwinter als Weberinnen und Spinnerinnen des Lebens umgehen, korrespondieren dabei mit der dreigestaltigen Insellandschaft Ufenau, Lützelau und Hurden. Sie repräsentieren die drei heiligen Frauen Ana-Beth, Wil-Beth und Bor-Beth, wobei besonders die Ana-Beth auf den Flussnamen Jona-Ana hinweist. Und nicht weit weg befindet sich die schwarze Madonna von Einsiedeln.

Die schwarze Ana-Beth in Dreigestalt erscheint auch in Pfäffikon, wo gemäss der Sage die Ländereien der Region im Besitz von drei seltsamen «Jungfrauen» waren. Hier sehen wir trotz negativer Färbung sehr schön, wie die Schicksalsfrauen die Landschaftsahninnen sind und ihre Landschaft den Menschen überreichen, ja sie sind völlig identisch mit ihrer Natur. So teilen sie ihre Ländereien in drei Landstriche auf. Die Älteste wünscht, dass ihr Teil zu Wasser werde. Somit verkörpert der See die älteste Schicksalsfrau. Die Mittlere wünscht, dass ihr Gebiet zu einem Ried werde, und die Jüngste möchte, dass ihr Land gutes Wiesenland sei. Und so geschah es auch, es entstand der See, das Ried und das Grasland von Pfäffikon.

In der Kirche von Wetzwil haben wir noch zu klären, wer denn die Schutzmantel-Madonna ist. Im Kulturvergleich und gemäss ihrer Gestik, den Schleier zu heben, stellt sie eine christliche Form der Grossen Göttin dar, wie sie ihren heiligen Schoss zeigt. In der vorkeltischen Tradition hiess sie zum Beispiel Sheila-na-gig und wurde noch lange in mittelalterlichen Kirchen als Frau mit dem Schoss abgebildet.

Westlich der Wetzwiler Kirche finden wir den Pflugstein, und es mag überraschen, dass auch er eine Verbindung zum Drehstein Steinacker besitzt. Die Kultlinie Pflugstein-Zentrumsstein ist etwa nach 113° Südost orientiert, was ebenfalls eine bekannte astronomische Linie ist. In dieser Himmelsrichtung lässt sich der Sonnenaufgang Anfang November und Anfang Februar beobachten. Diese Daten bezeichnen im Jahreskreis den Beginn des Bauernwinters und sein Ende. Mythologisch wird im November die Zeit der Winteralten immer stärker betont, was wir mit dem Grabkult Allerheiligen und Allerseelen begehen, wo sich die Lebenden und die Verstorbenen begegnen. Es kommt die Zeit der schwarzen Winterfrau, der Holle, Percht, Ana und Spräggele, die sich Anfang Februar in ihre helle Gestalt wandeln. Dann erscheint Maria Lichtmess oder noch älter die Göttin Brigit, der verjüngte Aspekt der Ahnin und gleichsam ihre Tochter.

Mit dieser Spurensuche haben wir einen weiteren Hinweis auf jahreszeitliche Ritualplätze in der Mythenlandschaft Zürichsee gefunden. Beim Pflugstein wurde nicht nur Heilige Hochzeit und Inthronisation an Mittsommer gefeiert, sondern auch Anfang und Ende des Bauernwinters. Am Platz der Wetzwiler Kirche ehrten die Sippen ihre Mittwinterfrau der Geburt, welche die Sonne und das Leben wiederkehren liess. Begleitet wurde sie dabei von den drei Schicksalsfrauen, die jedem Kind an der Krippe erschienen. Damit verbunden war die Insellandschaft Ufenau, die als Ort von Tod und Wiedergeburt galt. Dies alles war mit der Erd-, Wasser- und Mondgöttin vernetzt, die die Menschen wie so oft Verena nannten.

Verena vom Türlersee

In der Region um den Türlersee südlich von Zürich und des Uetliberges berichten mehrere Sagen von einer seltsamen «Frau Vrene» oder «Kriemhild», die eine «böswillige» Frau und sogar eine «Hexe» gewesen sein soll. Vergleichen wir die verschiedenen Varianten, so fällt auf, dass sich die Erzählenden widersprechen und die Vorkommnisse nicht mehr so genau kennen. Einmal soll sie ein karges Land bewohnt haben und darum «neidisch» auf ihre Nachbarn gewesen sein, ein andermal besitzt sie den blühendsten Garten der Umgebung. In einer Sage erscheint Kriemhild als Frau Vrene, während in einer anderen Erzählung ein «Pilger» die hl. Verena gewesen sein soll. Straft hier Gott oder der Teufel, so tut es anderswo ein «Pilger» oder ein fahrender Schüler. Die Unstimmigkeiten häufen sich und zeigen, dass der Mythenkern sehr alt sein muss und im Lauf der Geschichte vergessen oder verändert wurde. Der Versuch, den Bericht mit einem Landstreit, mit einer neidischen Frau oder mit ihrer Boshaftigkeit zu erklären, macht deutlich, dass es jüngere Motive sind, die den ursprünglichen Sinn neu zu deuten versuchen. Es ist wie bei den Ortsnamen: Wo ihre alte Bedeutung und Herkunft nicht mehr klar ist, werden Volksetymologien unterschoben, die auch vor gelehrten Schreibstuben keinen Halt machen. Man passt das Ganze dem eigenen Weltbild und den eigenen Vorstellungen an, wobei Widersprüche vorprogrammiert sind. Denn die Welt der Mythologie und ihre Landschaft hat eine alte

Wassergöttin-Schlangenfrau als Sinnbild der Belena-Verena (Schottland, keltische Zeit)

Sprache mit einem vielschichtigen Vokabular, das gelernt und richtig übersetzt werden muss. Verstehen die Erzählenden oder Aufschreibenden diese Sprache nicht, übersetzen sie nach ihrem eigenen Wörterbuch, was zwangsläufig zu Unstimmigkeiten und Uminterpretationen führt.

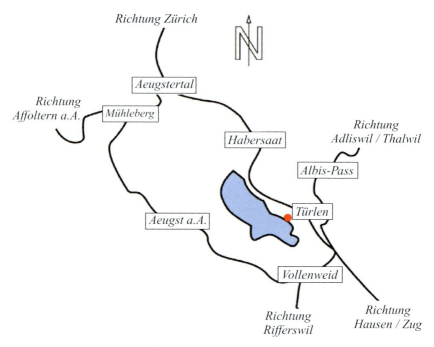

Richtung Zürich

N

Aeugstertal

Richtung
Affoltern a.A.

Mühleberg

Habersaat

Richtung
Adliswil / Thalwil

Albis-Pass

Türlen

Aeugst a.A.

Vollenweid

Richtung
Rifferswil

Richtung
Hausen / Zug

Der Türlersee der Frau Verena in seiner geographischen Ausrichtung

Trotz der verschiedenen Varianten des Sagentyps «Verena vom Türler-see» lassen sich die Grundzüge und der Kern einer Mythe erkennen. So ist Frau Vrene nicht eine «böse Hexe» und neidisch auf die Ländereien ihrer Nachbarn, sondern Verena/Kriemhild ist die Landschaftsahnin so-wie das Land am Türlersee selbst. Dabei ist interessant, dass Verena auch als Kriemhild erscheint, eine Gestalt der burgundischen Überlieferung. Denn die Landschaftsgöttin Belena von Biel-Bienne im Dreiseenland der Westschweiz besass einen Kultstein in Drachengestalt, den Heidenstein, der auch «Krimhiltinenstein» genannt wurde.[36] Dazu konnten wir den Namen Verena von Belena herleiten, der weissen Göttin aus vorkeltischer Zeit.

Die Verena/Kriemhild soll gemäss der Sage einen Graben ausgehoben haben, um die Felder der Nachbarn aus Rache mit dem Wasser des Tür-lersees zu ertränken. Wir heben diese verzerrte Darstellung auf und set-zen sie in einen landschaftsmythologischen Kontext: Verena, die Ahnfrau der Landschaft, lässt Bewässerungsanlagen bauen oder macht dies selbst, damit die Felder ihr Wasser vom Türlersee empfangen. Sie erstellt ein Graben- und Regulationssystem vom See über ihre Landschaft. Dadurch gedeihen die Felder wie in einem Garten Eden, so dass die Pflanzenzüch-terin den schönsten Garten weit und breit besitzt. Verena erscheint hier als Erbauerin architektonischer Anlagen wie Gräben, Dämme und Mauern.

Jetzt verstehen wir auch, warum in diesem Gebiet immer wieder von einem Goldenen Zeitalter die Rede ist, in dem es die schönsten und grössten Früchte sowie satte Wiesen und reichlich Milch gab: «Ehedem führten die Obfelder im Knonauer Amt ein wahres Schlaraffenleben. Wenn im Herbst die Bauern sich vom Bett erhoben, lagen oftmals die reifen Birnen schon vor der Kellertür, ohne dass sie eine Hand hatten rühren müssen. Diesen Dienst erwiesen ihnen die Wassernixen von der Reuss, die ihnen besonders zugetan waren. Damals gab es in unserem Land Birnen, die waren tausendmal grösser als die jetzigen. Viel Sorge machte es den Leuten dazumal, die Milch aufzuheben. Die Kühe waren nämlich so gross, dass man Teiche graben musste, um die viele Milch, die sie gaben, darin aufzufangen.»

In dieser Sage «Die Nixen und das Goldene Zeitalter» wird das Wirken der Verena in bildhafter Sprache des Volkes erzählt. Sie lässt durch ihre Natur alles erblühen und ernährt Menschen und Tiere. Die Milch muss sogar in Teiche gefüllt werden, so ergiebig waren die Kühe. Mit diesen Teichen ist der Türlersee gemeint, der die Landschaft mit seinem Wasser als mythische Milch der Verena nährt. Und auch die Reuss spendet ihr Wasser, aus dem die Verena in ihrer ursprüngliche Gestalt hervortritt: Eine Nixe und Wasserfrau des Goldenen Zeitalters. Somit sind nicht nur der Türlersee und die Umgebung der Ahnfrau geweiht, sondern auch die Reuss in ihrer Personifikation. Diese Landschaft erscheint in verschiedenen Aspekten der Verena. Sie ist einmal die Frühlingsgöttin und Sommerfrau, die «gute Tochter» der Frau Vrene, aber auch die Herbst- und Winteralte des brachen Landes, die «böse Kriemhild». Dann nämlich ziehen sich die Erdkräfte in die Unterwelt zurück, um sich zu regenerieren und zu wandeln.

In dieses Jenseitsparadies zieht sich auch Verena zurück, indem sie ihr Diesseitsparadies im Bauernwinter verlässt. Die Winteralte hält Einzug, während die Sommerfrau in die Anderswelt entrückt. Und wohin entschwindet Frau Verena? Auf den Glärnisch zum Vrenelisgärtli, einem Jenseitsparadies der Berge, wo sie ebenso als Grosse Gärtnerin erscheint wie am Türlersee. Von diesem Jenseitsparadies der Anhöhe kommt sie nach dem Winter im Frühling wieder zurück und begrünt ihre Landschaft, ihre Seen und Flüsse. Mit ihr ziehen im Herbst auch die Verstorbenen sowie ihr männlicher Partner (Gatte, fahrender Schüler, Teufel), die in der Sage entweder mit dem «Tod» oder mit der Jenseitsreise verknüpft sind.

In der patriarchalen Verzerrung werden die einheitlichen Aspekte der Göttin abgespalten und zu «guten» und «bösen» Gestalten. Die Umdeutungen berichten uns aber auch von geschichtlichen Veränderungen. So sind die «Nachbarn» Eindringlinge und Eroberer, die der Verena ihr Land schrittweise wegnehmen. Sie verleumden sie und machen aus ihr eine Hexe. Mit fadenscheinigen Gesetzen rauben sie ihr Land, gleichzeitig widersetzt sich Frau Verena, denn ihr natürliches Recht bestand schon immer in dieser Gegend. Doch sie muss weichen, die «böse Frau» wird dem Land ausgetrieben. Ein «Himmelsgericht» entscheidet, und ein Grund lässt sich schon finden: Sie sei rachsüchtig, war mit dem Teufel im Bund oder wollte alle im Wasser ertränken.

Doch die Folge der Vertreibung ist verheerend. Das Goldene Zeitalter ist vorbei, das Mutterrecht zerstört oder verdrängt sowie das Land in einem minderen, unfruchtbaren Zustand. Es wäre sogar Wüste, wenn die Eroberer die Kenntnisse der Ahnfrau nicht übernommen hätten. Das bedeutet, dass das Wissen der Tier- und Pflanzenzucht sowie der landwirtschaftlichen Kultur ebenfalls geraubt wurden. Wahrscheinlich aber hat eine Herrenschicht das Volk der Verena für sich arbeiten lassen, das sich wehmütig an die Zeit der Ahnfrau erinnert. Dieser geschichtliche Prozess ist nicht Fiktion. Die Mythensagen berichten nicht nur Mythenkerne, sondern auch historische Ereignisse, die in der Sprache des Volkes überliefert sind. Eine Form dafür ist die Sage.

Und auch die «Nachbarn» kennen wir. Es sind frühpatriarchale Eroberer, die sich gegen die Landschaft der Göttin und gegen das Goldene Zeitalter richten. Ihr Ziel ist, dass fruchtbare Land zu erobern und zu besitzen. Ihnen steht jedoch die Welt der Verena im Weg, die den Raub des Landes nicht hinnehmen will. Wehrt sie sich, wird sie zur «Hexe» gestempelt. Die patriarchale Eroberung beginnt in dieser Gegend etwa vor 3000 Jahren und setzt sich in den historisch fassbaren, keltischen Stämmen fort. Nach den keltischen Herren kommen die römischen ins Land,

Rätselhafte Steinreihe bei Mettmenstetten

178

Ein aufrechter Stein (Menhir) auf dem Homberg der Region Mettmenstetten

und nach den Römern die christlichen Missionare. Darauf folgen die Alemannen und ihre Landnahme. Trotzdem erinnert sich die Subkultur des Volkes immer noch an das Goldene Zeitalter der Verena.

Ebenfalls vorhanden ist die Landschaft, sofern sie nicht völlig ausgebeutet und verwüstet wurde, sowie die landschaftsmythologischen Spuren. Es ist nämlich erstaunlich, dass der Graben der Verena immer noch existieren dürfte. So entdeckt man in der Region Türlersee, Herferswil, Homberg und vor allem Mettmenstetten sonderbare Steinreihen, die über das ganze Land verstreut sind. Sie erscheinen wie Alleen oder Mauern, weisen dorthin oder dahin. Einige sind wahrscheinlich astronomisch ausgerichtet, sogar auf den Kirchplatz von Mettmenstetten. Zu diesen Steinreihen gesellen sich auch Menhire, aufgerichtete Steine, die eine Ahnin oder einen Ahnen verkörpern. Ein letzter Rest davon ist ein einsamer Menhir auf dem Homberg.

Bei den Steinreihen handelt es sich um letzte Spuren des Kriemhild-Verena-Grabens. Dabei sind heute gewisse Steine Grenzmarkierungen oder steinerne Zäune. Wie auch immer, eine Zweitverwendung des alten Grabens muss mitberücksichtigt werden, wenn wir eine Interpretation vornehmen.

Fast noch spannender finde ich den Türlersee und seine Umgebung. Ein schöner Wanderweg führt um ihn herum, und der See lässt sich von den Hügeln wie vom Ufer aus gut beobachten. Funde aus der Vorgeschichte weisen auf eine alte Besiedlung hin. Nähern wir uns dem Türlersee und studieren die Landschaft, so bemerken wir, dass der See sich länglich hinzieht. Diese Längsachse orientiert sich von Nordwesten nach Südosten in eine offene Landschaft mit den Bergen am Horizont. Und wie beschreibt die Sage diesen Ausblick?: «Der Graben war vollendet bis zum letzten Spatenstreich, da erfasste sie einer und sagte: ‹Du musst mit mir, du magst wollen oder nicht!› Blitzschnell führte er sie auf eine liebliche grüne Halde oben auf der Westseite des Glärnisch. Aber der schöne Alpengarten verwandelte sich in eine Gletscherhalde, und Frau Vrene steht, den Spaten in der Hand, heute noch dort, zur Eissäule verwandelt. ‹Vrenelis Gärtli› glänzt zu allen Zeiten hell wie Silber herüber ins Knonauer Amt.»

Der Türlersee richtet sich mit etwa 126° Südost nach dem Glärnisch und dem Vrenelisgärtli aus. Die Sage bestätigt unsere Beobachtung. Damit haben wir auch die astronomische Verbindung der Region Türlersee mit dem Glärnisch, und bei beiden ist die Rede von der Verena: Einmal vom Jenseitsparadiesgarten Vrenelisgärtli und einmal vom Diesseitsparadiesgarten beim Türlersee. Diese Entdeckung lässt sich mit einer naturpoetischen Beobachtung kombinieren. Ich stellte mir nämlich immer die Frage, wo denn die Verena der Mythensage in der Landschaft zu entdecken wäre. Sie ist sowohl mythische Frau als auch die Landschaft selbst, daher vermutete ich, dass sie als besondere Naturerscheinung gegenwärtig ist. Und tatsächlich, es ist der See! Betrachten wir den Türlersee in seinem Grundriss, bildet das Wasser eine Körperlandschaft mit einer Achse, die der astronomischen Kultlinie von 126° Südost entspricht. Vor uns liegt die Wassergöttin Verena im Umriss, eine Babuschka mit Kopf und Brust. Ihr Kopf richtet sich genau in Richtung Glärnisch und Vrenelisgärtli, ihre Brust bildet eine Bucht, die sich nach Südwesten richtet.

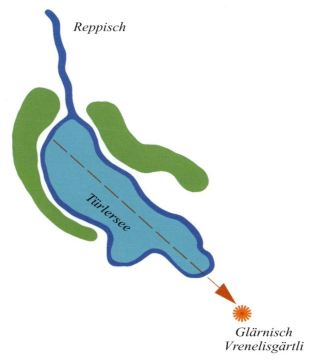

Die Landschaftsgöttin Verena als Türlersee in einem U-förmigen Schosstal.
Sie orientiert sich zum Sonnenaufgang an Mittwinter zum Vrenelisgärtli beim Glärnisch

Doch damit ist die Entdeckung der Landschaftsahnin noch nicht zu Ende. Die umliegende Hügellandschaft bildet zum See einen Kranz oder ein Hufeisen. Auf jeden Fall liegt die Wasser-Babuschka in einem U-förmigen Schosstal, das sich nach Südosten hin öffnet. In diese Richtung beobachten wir am Horizont beim Vrenelisgärtli den Sonnenaufgang an Mittwinter (Weihnachten), wo die Sonnenstrahlen zum Türlersee ins Schosstal herübergleiten. Die Wassergöttin Verena wird durch die Sonnenstrahlen der Berggöttin im Hügelschoss der Erde geweckt und wiedergeboren. Dies ist ein erhabenes Bild und bezeichnet nochmals die landschaftsmythologischen Zusammenhänge zwischen Türlersee und Glärnisch. Gleichzeitig wissen wir jetzt auch, warum es «Vrenelisgärtli» heisst. Denn so wie die Region Türlersee der «Garten» der Verena ist, ist auch der Bergort mit seinem weissen Dreieck (Raute) ein «Garten» der Verena, d.h. der paradiesische Schoss der Landschaftsgöttin.

Nicht weit vom Türlersee und von Mettmenstetten entfernt erreichen wir im Westen jenseits der Reuss die Steinstätten von Sarmenstorf und des Bremgartenwaldes bei Wohlen. Und nördlich davon entdecken wir die liegende Kornmutter von Lenzburg. Im Bremgartenwald finden sich verschiedene Steine, doch die Gegend ist stark überwaldet, so dass es heute schwierig ist, Verbindungen zwischen ihnen zu erkennen. Dazu fehlen sicher einige Blöcke, denn auch hier wurde der Steinmetz fündig und holte sich das harte Material der Findlinge. Am bekanntesten sind zwei Steinplätze, der «Erdmannlistein» und der «Bettlerstein», die beide in einsamer Waldgegend liegen. Vor allem der Erdmannlistein ist ein beliebtes Ausflugsziel, doch nicht immer zur Freude des Platzes, denn Abfall und Feuer stören die Würde des Ortes. Der Erdmannlistein besteht aus einem mächtigen Überlieger, einem Block, der von zwei weiteren Blöcken gestützt wird. Es ist wirklich ein Naturwunder, wie diese Formation zu Stande kam, die einem riesigen Dolmen gleicht. Der «Dachstein» und die stützenden «Pfeiler» bilden ein Tor oder eine Öffnung, durch die man hindurchschlüpfen kann.

Der Erdmannlistein als mächtiger Überlieger im Wald zwischen Bremgarten und Wohlen, Kanton Aargau

Dies hat zur Sagenbildung geführt, dass der Erdmannlistein auch ein Kindlistein sei. Dazu sei er ein Ort der «kleinen Leute»: «Der Erdmannlistein besteht eigentlich aus drei Felsblöcken, zwei senkrecht aus dem Boden ragenden und einem flacheren, der von den beiden Pfostensteinen getragen wird. Der Raum dazwischen ist zumeist mit Erde angefüllt, die den Zugang zur Erdmännchenhöhle verdeckt. Von alters her gingen die Leute hierher, um die Erdmännchen herauszurufen. Diese folgten denn auch zutraulich, und gegen ein kleines Geschenk von Kraut, Kohl und Rüben führten sie allerlei possierliche Tänze und Sprünge vor. Die Menschen mochten sie gut leiden, und sie selbst waren ebenso friedfertig. Dies dauerte so lange, bis zwei zügellose Burschen ihren Übermut an den kleinen Wesen ausliessen. Sie riefen nicht in die Höhle, sondern schleuderten gleich Steine hinein. Aus dem Innern drang darauf Winseln und Stöhnen. Die klagenden Laute hört man noch heute, wenn man bei Nacht in die Nähe des Erdmannlisteins kommt. Seit jener Zeit aber zeigten sich die liebevollen Erdgeister nicht mehr.»[37]

Diese «kleinen Wesen» oder «Erdgeister» scheinen mir die Kinderseelen zu sein, die bei anderen Steinorten von der Hebamme oder von einer jungen Frau empfangen wurden. Diese Ahnenseelen bewohnen die belebte Natur, und gemäss volkskundlicher Tradition helfen sie den Menschen in Not. Dazu bewirken sie das Wachstum der Pflanzen und Tiere. Oft werden sie bei jahreszeitlichen Festen nach Hause eingeladen, wo für sie Gaben und Teller bereitgestellt wurden. Dies bringt dem ganzen Hof Segen. Und wie erscheint der Erdmannlistein selbst? Die mächtige Überliegergruppe liegt auf einem kleinen Damm. Umkreisen wir den Stein und beobachten seine Züge, so fällt auf, dass er von Süden her ein Gesichtsprofil zeigt. Die Stützsteine bilden dabei gleichsam den Hals, während der Überlieger als Kopf von der Seite her erscheint. Deutlich erkennbar sind die Stirn und die Haarpartie, Augenwinkel, Nase und der Mundwinkel. Das Gesicht zeigt einen menschlichen und tierischen Ausdruck. Ausserdem ist es nicht eindeutig bestimmbar, ob es eine weibliche oder männliche Figur ist.

Gesichtsprofil des Erdmannlisteines, Blickrichtung nach Westen

Der Erdmannlistein blickt ziemlich genau nach Westen und ist ein kardinaler Punkt mit den vier Himmelsrichtungen. Mit nur etwa drei Grad Abweichung finden wir im Süden des Gesichtssteines den sogenannten Bettlerstein. Er weist Steinmetzspuren auf, dennoch dürfte der Hauptstein der einstigen Anlage erhalten sein. Der Bettlerstein selbst zeigt eine Besonderheit: Er ragt wie eine Schanze aus dem Erdboden. Auf einer längeren Schrägseite kann man sehr gut herabrutschen, was ihn als Rutschstein ausweist. Solche Steine wurden gerne als Kindlisteine verwendet. Und so ist es nicht verwunderlich, dass der Bettlerstein als Kindlistein bekannt ist: «In der Nähe des Erdmannlisteins liegt ein weiterer grosser Findling, der Bettlerstein. Von ihm wird berichtet, dass die hier hausenden Waldmännchen die Bettelnden mit Schinken, Kuchen und Wein bewirteten. Seit dem 15. Jahrhundert soll sich bei diesem Stein vor allem fahrendes Volk eingefunden haben. Dabei verliess man sich jedoch kaum nur auf die Gastfreundschaft der Waldmännchen, sondern ass ab und zu auch einen gestohlenen Schinken. Vor allem aber war der Bettlerstein der ausgiebige Kinderstein der umliegenden Ortschaften. Hier holten die Hebammen die kleinen Kinder ab. An den noch sichtbaren Bohrlöchern soll festzustellen sein, wie oft die Hebamme den goldenen Schlüssel ansetzen und mit dem goldenen Karst hineinhauen musste, um das Neugeborene aus dem Stein herausnehmen zu können.»[38]

Die Hebammen gingen also zu diesem Stein, um das junge Leben zu empfangen. Wie wir schon festgestellt haben, sind Kindlisteine ursprünglich Ahninnensteine. Sie repräsentieren eine Landschaftsgöttin, von der

Der Bettlerstein im Wald von Bremgarten-Wohlen. Er ist ein Kindlistein mit einer Rutschrinne.

die Frauen eine Kinder- und Ahnenseele geschenkt bekommen. Glücklicherweise kennen wir hier im Bremgartenwald sogar den Namen dieser Ahnfrau. Zwar nicht direkt, aber indirekt, denn die Bezeichnung «Bettlerstein» ist sehr verdächtig und gesellt sich zu weiteren Bettlersteinen, Bettlerküchen oder Bettlerhöhlen in der Schweiz und in Europa. Alle diese Bettlersteine haben mit den «Bettlern» nichts zu tun. Der Ausdruck ist eine Volksetymologie und Umdeutung. Die wortwörtliche Bedeutung des alten Namens trägt die Bezeichnung selbst in ihrem zweiten Wortteil, nämlich in Bettler-Stein. Dieses «Bettler» war nicht mehr klar in der Bedeutung, so dass der Zusatz Stein die Sache selbst wieder beschrieb. Doch woher kommt nun dieses «Bettler»? Die Wortwurzel in dieser Umschreibung ist Bet, Pet oder Beth. Verwandt damit sind die alteuropäischen Wörter Petra und Baetyl, die beide Stein bedeuten. Baetyl wiederum erscheint im Orient als Bethel, das im Semitischen mit «Haus Gottes» übersetzt wird. Die wortwörtliche Übersetzung lautet aber «Stein der Gottheit» oder «Steinsitz der Gottheit», womit ursprünglich die Göttin Asherah, Astarte oder Ishtar gemeint war. In Europa bezeichnen die «Bettlersteine» ebenfalls den Steinsitz einer Landschaftsgöttin. Ihr Name ist Beth oder Ana-Beth, ihre Schwestern heissen Wil-Beth und Bor-Beth. Auch Steine mit dem Namen «Elisa-Beth» oder «Frau Bille» (Wilbeth) gehen auf die drei Bethen zurück.

Das steinerne Frau Billenkreuz in der Südeifel (D) ist ein ehemaliger Menhir, der christianisiert wurde. Sein Name ist eine Kurzform von Wilbeth. Erkennbar ist die weibliche Form und eine Vulva

Eine christliche Umformung der drei Bethen sind die heiligen «drei Jungfrauen», so dass die Bethen nun als Margaretha mit dem Wurm (Drachenschlange), Katharina mit dem Rad und Barbara mit dem Turm erscheinen. So zum Beispiel in einer Nebenkirche im nahe gelegenen Bremgarten auf einem grösseren Ölbild an der Seitenwand. Da nun der Göttinname Beth nicht mehr transparent war oder von der Bildfläche verschwinden sollte, kam er mit einem anderen, ähnlich klingenden Namen «Bettler» in Berührung und übernahm dessen Wortform und Bedeutung. Damit ist geklärt, von welcher Ahnfrau die Hebammen und jungen Frauen die Kinderseelen empfangen haben, und auf welchem Stein sie rutschten, um eine Ahnenseele ins Leben zu führen. Die Ana-Beth war die Landschaftsgöttin dieser Region, und sie repräsentierte sich im «Bettlerstein». Der Beth-Stein selbst zeigt noch eine besondere Eigenschaft. Er erscheint von einer Seite wie ein liegender Menhir mit typischer Schulter- und Kopfpartie, die nur angetönt ist. Der «Bettlerstein» ist damit eine liegende Beth. Auf ihrem Steinkörper rutschten die Frauen herab, direkt von Körper zu Körper.

Die Ana-Beth war nicht nur die Ahnfrau im Bremgartenwald, sondern die Göttin der ganzen Region. Wir finden ihre Bezeichnung wieder im Flussnamen Reuss (< Rudana), ebenso in der Mythologisierung des Flusses, der gemäss der Sage dem Wesen einer Nixe entspricht. Damit steht die Reuss-Nixe mit der Landschaftsahnin Verena der Region Mettmenstetten-Türlersee in Verbindung. Bei Bremgarten zeigt sich die Reuss in einer besonderen Form, nämlich als markante Fluss-Schlaufe oder Doppelwindung. Dies erinnert an eine Doppelspirale oder an ein labyrinthförmiges Gebilde. Auf jeden Fall ist es ein zentraler Schlangenverlauf mit einem Wasserknotenpunkt. Dazu sind Spiralen- und Labyrinthformen Symbole des weiblichen Schosses, der hier als Erdschoss erscheint. Diesen Erdschoss der Ana-Beth oder Reuss-Schlangenfrau hat man bei Bremgarten sogar in einer sakralen Geometrie nachgebildet und verdeutlicht. So führt vom Ort des Erdmannlisteines eine Strecke zum Kirchenareal der Stadt Bremgarten. Dieselbe Strecke in gleicher Länge wiederholt sich vom Kirchenareal aus in Richtung des Klosters von Hermetschwil. Dadurch werden drei Fixpunkte in der Landschaft bezeichnet, die zusammen ein gleichschenkliges Dreieck bilden. Das Dreieck ist ein weibliches Ursymbol, das durch die sakrale Geometrie versinnbildlicht wird. Vor uns zeigt sich ein bekanntes, naturpoetisches Zusammenspiel einer Fluss-Schlange mit dem Erdschoss.

Interessant ist auch die astronomische Konstellation zu diesen Fixpunkten. Der Ausgangspunkt dabei scheint der Ana-Beth-Stein alias Bettlerstein zu sein. Von diesem aus liegt der Erdmannlistein fast im Norden. Im Nordosten mit etwa 65° NO finden wir das Kirchenareal von Bremgarten, und im Südosten mit etwa 114° SO liegt das Kloster von Hermetschwil. Vom Bethen-Stein aus geht somit Anfang Mai und Anfang August die Sonne in Richtung Bremgarten auf, während Anfang November und Anfang Februar der Sonnenaufgang in Richtung Kloster-Hermetschwil zu beobachten ist. Diese vier Daten beschreiben die vier vorkeltischen Jahreszeitenfeste, die teilweise auch im Kirchenkalender erscheinen: Brigit (Maria Lichtmess) im Februar, Walpurgis im Mai, Lammas-Erntedank im August (auch Lugnasad genannt) und Samain (Halloween, Allerheiligen, Allerseelen) im November. Das Rad des Lebens oder das Jahreszeitenrad dreht sich somit um den Erdschoss der Ana-Beth mit ihrer Tochter Brigit. Weitere Abklärungen dürften zeigen, dass der «Bettlerstein» auch mit der Mondmythologie und einer entsprechenden Astronomie verbunden war.

Flusslauf der Reuss bei Bremgarten in Form einer Doppelschlaufe oder Spirale

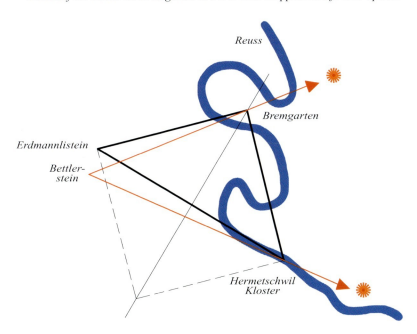

Schossdreieck mit der Reuss als Schlangenfluss bei Bremgarten. Die Eckpunkte sind der Erdmannlistein, das Kirchenareal von Bremgarten und das Kloster von Hermetschwil. Vom Bettlerstein aus Sonnenaufgänge Anfang Mai und August sowie Anfang November und Februar. Entspricht den vier «keltischen» Jahresfesten.

Kultplätze der Region Ufenau

Als der Missionar Gallus gemäss seiner Lebensgeschichte, die nach seinem Tod von Mönchen verfasst wurde, im 7. Jahrhundert nach Zürich kam, schiffte er sich mit seinem Begleiter Columban ein und fuhr in Richtung Oberer Zürichsee.[39] Dort kam er in die Region von Tuggen, wo damals noch ein See, der Tuggenersee, den Zürichsee und den Walensee verbunden hatte. Dieser ist längst verlandet, doch die interessanten Hinweise in der Gallus-Legende sind geblieben: «Es wurde ihm (Gallus) also vom König die freie Wahl gelassen, irgendwo eine passende Stätte aufzuspüren. Bei der Suche kamen sie an den Limmatfluss (ad fluvium Lindimacum), folgten seinem Lauf und gelangten zu einem Kastell namens Zürich (Turegum). Von dort weg näherten sie sich einem Dorfe, das im Volksmund Tuggen (Tuccinia) heisst und am oberen Ende des Zürichsees liegt. Der Ort gefiel, aber der bösartige Charakter der Einwohner missfiel ihnen. Grausamkeit und Schlechtigkeit herrschten unter ihnen, denn sie waren auch dem heidnischen Aberglauben verfallen. So versuchten also die Diener Gottes, unter ihnen ihre Wohnung aufzuschlagen, und sie lehrten sie, den Vater, den Sohn und den Heiligen Geist anzubeten. Gallus aber begann daselbst, die Heiligtümer der Heiden in Brand zu stecken und die den Götzen dargebrachten Opfergaben in den See zu versenken. Als sie nun ihre Tempel verbrannt sahen, ergriffen sie gegen jene die Waffen des Hasses, der ihre Herzen so sehr packte, dass sie den Ratschluss fassten, den Gottesmann Gallus zu töten und Columban unter Misshandlung aus ihrem Gebiete zu vertreiben.»

Das Leben des Gallus, der von Tuggen über den Rickenpass fliehen musste und nach Arbon, Bregenz und das heutige St. Gallen kam, ist gemäss seiner Vita nicht unbedingt von Erfolg gekrönt. Auch in Bregenz am Bodensee brachte er die Menschen gegen sich auf. So darf man eine solche Missionarsgeschichte durchaus zwischen den Zeilen und gegen den Strich lesen. Die abwertende Beschreibung der vorchristlichen Bewohner von Tuggen ist mit Vorsicht zu betrachten, denn wir lesen die Vorurteile und Abwertungen eines schreibenden Mönches und nicht einen objektiven, historischen Bericht. Zumal ging es um die Glorifizierung des Missionars Gallus, und zwar mit allen Mitteln, obwohl seine Taten sogar in der eigens geschriebenen Lebensgeschichte ein Fehlschlag sind.

So galt bei Gallus und bei anderen Missionaren nicht das Argument des Wortes, sondern dasjenige der Fäuste. Er brannte «die Heiligtümer» nieder und versenkte «die den Götzen dargebrachten Opfergaben» in den See. Leider beschreibt die legendenhafte Geschichte nicht, wie die Kultplätze und «Götzen» von Tuggen ausgesehen haben. In Bregenz waren es drei Bildsäulen, die Gallus in den See warf. Danach wurde der Ort der hl. Aurelia geweiht. Ich vermute, dass in diesen drei Bildsäulen die dreifaltige Göttin Brigit verehrt wurde, die auch der Ortschaft ihren Namen gab.

Und wie war es in Tuggen? Historisch lässt sich nicht viel entdecken, doch volkskundlich besitzen wir zahlreiche Hinweise, wie die Kultplätze im 7. Jahrhundert etwa ausgesehen haben. Die Sagenwelt beschreibt ziemlich genau die Orte und ihren Charakter, und es ist immer noch ein kulturgeschichtliches Vorurteil, wenn die mündliche Überlieferung nicht ernst genommen wird. Doch wir machen uns auf die Spurensuche nach den besonderen Stätten in der Region.

Bei Tuggen selbst etwas ausserhalb des Dorfes finden wir die sogenannte Linthbordkapelle. Diese Kapelle grenzt an den langgezogenen Buchberg an, auf oder bei dem so manche Kultstätte gewesen sein dürfte. Beim Linthbord stand einst eine heilige Linde mit einem Kultstein, zu dem Wallfahrten führten: «Zum Linthbordbaum, einer Linde bei Tuggen, wird viel gewallfahrtet, denn er gilt als gnadenreich. Die Linde ist mit zahlreichen Votivzeichen behangen. Davor steht ein Stein mit einer fast tellergrossen, rundlichen Vertiefung, in die mancher der kniend Betenden das eine Knie einlegt. Manche lassen bei ihrem Gebet ein Wachskerzlein brennen. Verehrt wird hier der heilige Michael.»

Tatsächlich finden wir hier 1200 Jahre nach Gallus noch einen Rest der Heiligtümer, die Gallus bei Tuggen zerstört hat. Es handelt sich um einen Schalen-, Knie- oder Fuss-Stein, von dem man Heilung bei körperlichen Leiden erwartete. So traten die Pilger eigentlich mit dem «heidnischen» Ortsgeist dieses Steines in Kontakt, um von ihm geheilt zu werden. Dies kann aber nur ein Ahnenstein sein.

Und um welche Ahnengestalt handelt es sich bei diesem Kniestein? Dies berichtet uns eine phantasievolle Legende, die mit der Linthbordkapelle verbunden ist, denn die erste Christianisierung der heiligen Linde und des Steines genügten noch nicht. So konnte ein Mädchen Anna (!) aus Uznach im 16. Jahrhundert sich nur auf den Knien (!) fortbewegen und wünschte, nach Einsiedeln zur schwarzen Madonna zu kriechen. Unterwegs kam sie zum Ort der heutigen Linthbordkapelle, wo sie von einem Mann in leuchtender Gestalt geheilt worden sei. Zum Andenken an dieses Wunder steht seitdem die Kapelle, während der heilige Kultstein mit dem Wunder der Knieheilung verschollen ist.

Die Legende verdreht hier eine alte Mythensage, die mit dem Platz der Linthbordkapelle verbunden ist. So kam einst ein Bursche aus Uznach zum Linthbord. Bei der Kapelle traf er ein geheimnisvolles Mädchen mit einem Koffer, dem er helfen wollte. Sie war damit einverstanden und sagte: «Gut, wenn du mir unbedingt helfen willst, dann komm morgen um Mitternacht zum Wald ob der Kapelle.» Dieser Wald liegt auf dem Buchberg, und das Mädchen war ebenso verschwunden, wie es gekommen war. Am anderen Tag ging der Junge wieder zur Linthbordkapelle und dem Waldrand zu. Einige Minuten vor zwölf Uhr raschelte es im Gebüsch, und es erschien ein weiss gekleidetes Mädchen mit einem schweren Koffer. Dieses verlangte: «Wenn die Glocke vom Tuggener Kirch-

*Der Knie- und Heilstein von Rankweil (A) ist ähnlich dem verschollenen
Kniestein von Tuggen-Linthbord*

turm zwölf Uhr schlägt, hältst du mich mit der rechten Hand an den Haaren.» Doch beim achten Schlag blitzte und donnerte es, so dass der Bursche das Mädchen losliess. Er hatte seine Probe nicht bestanden, die weisse Frau nicht «erlöst». Im Koffer aber war reines Gold. Hätte der Junge Mut gehabt, wäre er von der jungen Frau beschenkt worden. So muss sie wieder hundert Jahre warten und verschwand.

Die Mythensage beschreibt die klassische Initiationsprobe eines jungen Mannes durch die Landschaftsgöttin, die als weisse Frau zum Ortsgeist des Linthbordes wurde. Diese Ahnfrau besitzt einen «Koffer» mit Gold, d.h. einen Schosskessel mit goldenen Früchten und Schätzen der Erde. Aus diesem wächst zum Beispiel das Korn, das als «Gold» der Erdgöttin oder als ihre «Haare» betrachtet wurde. Sie überreicht dem Jungen damit sich selbst, nämlich die heilige Landschaft, die er an den goldenen Ähren-Haaren hält. Sie erscheint als «weisses Mädchen» um Mitternacht, was einen Hinweis auf die Mondin ist. Auch die hundert Jahre, nach denen das Mädchen wieder erscheinen wird, weist auf die Mondrhythmen und astronomischen Mondwenden hin. Die weisse Frau ist die Mond- und Erdgöttin, wie sie in Europa Ana oder Dana genannt wurde. Diese Ana wird bei ihrem Kultplatz am Linthbord zu einem Mädchen Anna, das auf Knien zu ihrem eigenen Steinkultplatz kriecht, um vom Kniestein, der nichts anderes repräsentiert als die Ahnfrau selbst, Heilung zu erlangen. Wer auf diesem Stein kniete, erlangte nicht nur Segen und Heilung, sondern man stand mit der Landschaftsgöttin in Kontakt, um durch sie initiiert zu werden. Denn auf diesem Stein stand oder kniete der junge Bursche, hielt die Haare der Ahnin und sollte seine Probe der Initiation bestehen.

In der legendenhaften Verdrehung wird die Ahnfrau Ana zu einem knienden Mädchen Anna und der weibliche Ortsgeist, das weisse Mädchen, zu einem leuchtenden Mann (Jesus), der dem «Anneli» wieder auf die Beine verhelfe. Hier sind die Verhältnisse gänzlich verkehrt und überlagert. Von der Göttin ist keine Rede mehr, und auch nicht vom Kultstein mit den Knieheilungen. Das Initiationserlebnis wird zu einem christlichen Wunder der Heilung, wobei ironischerweise nun die Landschaftsgöttin «geheilt» werden soll!

Der heilige Knie- und Initiationsstein ist nicht der einzige Stein oder Kultplatz der Region, den Gallus nicht zerstören konnte. Eine Mythensage berichtet von einem Ritual auf dem Buchberg, das einen tiefen Einblick in die jahreszeitliche Volkstradition erlaubt: «Vor vielen Jahren sollen sich einige Tuggener jeweils in der Vollmondnacht des Monats September heimlich zur heiligen Eiche begeben haben, um dort, wie ihre Vorfahren, Geflügel und Korn den alten Gottheiten zu opfern. Es war ein gefährliches Unterfangen, weil der neue Landesherr bei Strafe verboten hatte, nach altem Glauben zu opfern. Ab und zu fanden sich auch Spitzel in der Nähe der Opferstätte ein, wo der verkohlte Baumstumpf der alten, heiligen Eiche als Zeuge des alten Glaubens stehen geblieben war. Drei Unentwegte hatten sich dort den schönsten Hahn ausgesucht und das herrlichste Korn auf ein Linnen geschüttet, das sie kreuzweise verknoteten. Gegen Mitternacht sollen sie sich zur heiligen Eiche aufgemacht haben, ohne zuvor das Juch, den alten Zauberplatz am Fuss des Buchberges, zu besuchen. Mit Wonne hätten sie den fetten Hahn geschlachtet und sein Blut vor der heiligen Eiche ausgegossen. Alles sei gut abgelaufen, doch der Teufel habe sie gesehen und verraten.»

Wiederum erscheint in der Mythensage der Buchberg bei Tuggen als alter Kultplatz und Ort der Verehrung. Dorthin dürfte auch Gallus vor 1200 Jahren gegangen sein, nämlich zu einer heiligen Eiche, die er niederbrennen konnte. Zu dieser Eiche brachte man «Opfergaben», d.h. wie in der Sage den schönsten Hahn und das herrlichste Korn. Es wird auch die Jahreszeit beschrieben, der Monat September, sowie die Tageszeit, d.h. die Vollmondnacht. Somit beschreibt dieses «Opfer» eine herbstliche Vollmondzeit, während der das alte Erntedankfest gefeiert wurde. Bei der Eiche handelt es sich um den Weltenbaum, und bei ihr dürfte ein heiliger Altarstein gelegen sein, um die Gaben an die «Götzen» zu weihen. Ein solcher Stein war ein Altarstein, ein weiblicher Ahnenstein, der die Gaben in Empfang nahm. Es sind dies das «herrlichste Korn», das die goldenen Erdfrüchte der Göttin symbolisiert, sowie das Blut des «schönsten Hahnes». Wir begegnen hier der mythischen Grossen Schnitterin der Ernten, die im Spätsommer und Herbst die prächtigen Felder mäht. Ihr Kornkind ist das herrlichste Korn, und es wird nun den Menschen als Nahrung dienen. Doch ein Teil dieses Kornes dient auch dazu, die Ahninnen und Ahnen zu versorgen und im Jenseits am Leben zu erhalten. Diese haben sich am Kultplatz versammelt und nähren sich mit Korn und Blut. Dieses Blut stammt vom «schönsten Hahn», der das männliche Kornkind symbolisiert. Es wurde von der Korngöttin geboren, ernährt und wieder als Korn in die Erde gelegt, damit es nach seiner glücklichen Zeit der Wandlung und Unterweltreise im Winter durch die Landschaftsahnin wiedergeboren wird.

Dies ist ein mythischer Naturzyklus der Erdgöttin, der von den Menschen im Ritual der Gabe gefeiert und jahreszeitlich dramatisiert wurde. Zu diesem Ritual der Lebensgabe gesellt sich das Ritual der Lebensempfängnis, das ebenfalls auf dem Buchberg zu entdecken ist. So gingen die Frauen einst zum Roten Stein auf dem Kulthügel und umkreisten den Kindlistein siebenmal. Dann soll es einen kleinen Jungen geben. Umkreisten sie den Ahninstein fünfmal, so gebe es ein kleines Mädchen.

In der Überlieferung hat sich aber ein Motiv ziemlich verschoben, denn anstatt die Hebamme oder eine junge Frau sollen nun die kleinen Kinder den Kindlistein umkreisen! Und der Rote Stein selbst? Dieser scheint endgültig verschollen zu sein, denn trotz intensiver Feldforschung und lokaler Anfrage konnte er nicht mehr gefunden werden. Dennoch wissen wir jetzt, warum Gallus und Kolumban ausgerechnet in die Region von Tuggen-Buchberg kamen. Hier gab es im siebten Jahrhundert noch eine alte vorchristliche Tradition, die auch im Mittelalter und bis in die Neuzeit andauerte, obwohl jetzt heimlich und verdeckt, sowie immer in der Gefahr, denunziert zu werden. Das ist auch ein Grund dafür, warum wir nur noch Reste und Facetten der alten Naturphilosophie kennen, weil die Weisen Frauen und Männer durch die Obrigkeit und Inquisition liquidiert wurden. Dazu müssen wir uns überwiegend auf mündliche Traditionen und veränderbare Kultbräuche verlassen, denn wer von den Schreibenden hat sich in früheren Zeiten schon für das Volk interessiert. Und wenn dies einmal der Fall war, dann auch noch herablassend und verzerrend, wie wir am Beispiel der Gallus-Vita gesehen haben.

Die vorchristlichen Bräuche und Traditionen zogen sich auch immer mehr von den einstigen Hauptgebieten zurück, wo sie nun in den Rückzugsgebieten entweder aufrecht erhalten wurden oder in der Wildnis gleichsam «verwilderten». Dieser Vorgang muss schon im siebten Jahrhundert im Gange gewesen sein, was uns die Sage «Der heilige Mutzenstein» berichtet: «In alter Zeit kam eines Tages ein Missionar namens Kolumban auf die Weisstannenalp, weil ihn das Volk, das an seinen alten Bräuchen hing, zu Tuggen am See ins Wasser werfen wollte. Nur mit Not hatte er der wütenden Menge entfliehen können. Wie er in der Wildnis des Wägitales und endlich auf die Weisstannenalp hinaufgestiegen war, traf er dort auf Wild- und Waldleute aus dem Euthal, die dort oben bei einem Bild ihrer alten Gottheit ihr Vieh sömmerten. Sie taten ihm nichts zu leid und nahmen ihn freundlich auf. Wie Kolumban die Einheimischen bekehren wollte und gar ihre heilige Gottheit der Vorfahren, einen verwitterten Baumstumpf, der ein Gesicht hatte, verhöhnte, wurden sie wütend über ihn...» Die Missionare trafen mancherorts nur noch auf Restkulturen, die sich in einem langen Auflösungsprozess befanden, wobei das Christentum massgeblich Beihilfe leistete.

Schwarze Madonna in Einsiedeln

Die Geschichte der schwarzen Madonna beginnt nicht in Einsiedeln, sondern in der Region Tuggen, Rapperswil, Ufenau und Etzel. Hier am Oberen Zürichsee begegnen wir der vorchristlichen Erd- und Wassergöttin in ihrer Landschaft, die sie selbst verkörpert. Kulturgeschichtlich stammt die Verehrung der schwarzen Ahnfrau aus dieser Gegend, zieht sich dann weiter über den Etzelpass in das schöne Gebiet am Sihlsee und in die Region von Einsiedeln, wo heute die Erdgöttin als schwarze Madonna verehrt wird. Die Landschaft zwischen Rapperswil und Einsiedeln kann nicht isoliert betrachtet werden, denn wir entdecken in ihr immer wieder Aspekte der Ahnin. Damit können wir auch eine zeitliche Bestim-

Die schwarze Madnonna von Einsiedeln in der Gnadenkapelle

mung vornehmen. Die Schwarze Frau wurde schon in der Bronze- und Jungsteinzeit am Zürichsee verehrt. Diese Verehrung setzt sich teilweise in der Keltenzeit mit patriarchalen Vorzeichen fort, wobei die Erdgöttin überwiegend von den Ackerbäuer/innen der Unterschicht um Segen und Beistand angerufen wurde. In römischer Zeit wurde sie zu einer Matrona, während sie in christlicher als schwarze Madonna wiederkehrt. Dabei ist es schwierig zu sagen, wann die Erdgöttin nach Einsiedeln gekommen ist. Vielleicht bestand immer schon eine kulturelle Verbindung zwischen dem Zürichsee und der Region Sihlsee. Oder die schwarze Ahnfrau zog sich während der Keltisierung und Romanisierung in ein kleinräumiges Gebiet jenseits des Etzels zurück, wo sie in eine unscheinbare Bergregion kam. Hier konnte ihr Kult weiter bestehen, bis ihn der Arm der Missionierung erreichte. Doch man konnte den vorchristlichen Kult nicht einfach verbieten und abschaffen, noch die heiligen Stätten zerstören. Das hätte Hass und Unmut im Volk erzeugt, wie wir am Beispiel des Gallus in Tuggen gesehen haben. So wurden die heiligen Orte umgeweiht und die Erdgöttin zur schwarzen Madonna getauft. Was man jedoch nicht taufte und ausgrenzte, war ihr männlicher Partner. Dieser erscheint dämonisiert als schwarzer «Teufel» mit gehörnten Masken in der Fasnachtszeit von Einsiedeln.

Ich möchte nun die ältesten, landschaftsmythologischen Spuren in der Region Zürichsee-Sihlsee beschreiben, dazu besonders auf die Aspekte der Erd- und Wassergöttin hinweisen. Wie wir oben gesehen haben, erscheint in Rapperswil die «alte Fastnacht» als «Butzifrau» aus Stroh und Lumpen, die in den See geworfen wird. Diese Winteralte ist ein Aspekt der schwarzen Erdgöttin, die am Ende des Winters in ihre unterseeische Jenseitswelt zurückkehrt, um ihrem Frühlings-

Der schwarze Mann als Vegetationsheros der Schwarzen Erdgöttin von Einsiedeln

aspekt, der weissen Frau, die Jahreszeit zu überlassen. Auch die drei Inseln Lützelau, Hurden und vor allem die Ufenau haben wir als ihre dreigestaltige Landschaft beschrieben, die mit dem Jenseits und spirituellen Begegnungen verbunden war. Dazu konnten wir den Namen der Ahnfrau im Flussnamen Jona (Johanna) entdecken, der auf ein Ana/Dana bzw. Ana-Beth zurückgeht. In ihrem Tiersymbol erscheint sie oft in einer Wasserdrachen-Schlange. Ein solcher Drache ist auf der Ufenau in der Kirche Peter und Paul im Chor zu entdecken und symbolisiert das Wesen des Sees und der Jona.

Geflügelte Drachenschlange in der Peter- und Paul-Kirche der Insel Ufenau.
Sie symbolisiert die Erdkräfte sowie das Wesen der Gewässer Zürichsee und Jona.

Dazu waren der Schwarzen Frau allgemein schwarze Tiere heilig: Schwarze Katzen, Pferde oder Raben. Raben spielen in der Legende des Meinrad, der in Einsiedeln eine Einsiedelei bewohnt haben soll, eine bedeutende Rolle, denn sie sollen seine Mörder bis nach Zürich verfolgt haben. Wie so oft ist hier die Mythologie in der Legende ziemlich verzerrt, denn die Raben sind eindeutig die schwarzen Symboltiere der schwarzen Göttin von Einsiedeln, wie auch der Schwarze Mann ihr Begleiter und Beschützer war. In der Sagenwelt erscheint die Landschaftsgöttin als Verena mit einem Kessel im Vrenelisgärtli auf dem Glärnisch. Gut erkennbar ist beim Vrenelisgärtli ein doppeltes Dreieck oder eine Raute, die ein weibliches Schoss-Symbol ist. Sie hält damit den «Kessel» des Lebens in der Hand. Verwandt damit sind das Füllhorn oder der «Koffer» der weissen Frau beim Linthbord in Tuggen, worin sich pures Gold, d.h. die Schätze der Erde befinden.

In der Sage «Die Schlossfrau als Schlange» ist die Ahnfrau eine Schlange mit einem Schlüssel im Mund. Diese hütet einen Goldschatz und erscheint alle hundert Jahre. Dieser «Goldschatz» ist wiederum das herrlichste Korn, und die hundert Jahre bezeichnen 100 Lunationen oder acht Sonnenjahre, nach denen eine Amtszeit zu Ende geht. Die «Schlange» bittet auch nicht um «Erlösung», wie es die Sage verzerrt darstellt, sondern sie übergibt einem neuen Amtsinhaber die Schlüssel als Zeichen seiner Initiation. Diese Initiationsprobe war nicht nur für einen jungen Mann von Bedeutung, sondern auch für eine junge Frau. In der Sage «Die Burgfrau und das Mädchen» sehen wir eine weibliche Initiation durch eine wunderschöne Frau: «Dem Mädchen erschien dort eine wunderschöne Frauengestalt... Sie nahm das Kind an der Hand und führte es zu einer schweren, eisernen Tür im Felsen, die sich ohne Geräusch öffnete. Die beiden traten in einen gewölbten Keller ein, in dem zwei lange Reihen der schönsten Fässer lagen. Ohne Zweifel war es der Schlosskeller der einstigen Wandelburg. Bei einem Fass mit einer schön geschnitzten Rose standen sie still. Die Frau schlug zart ein goldenes Stäbchen an das Fass, und sofort floss Wein heraus, der wie Gold funkelte.»

In Ermenswil ist die Ahnfrau eine Spinnfrau und Weberin, eine weissgekleidete Frau mit einem Spinnrad, die damit an die «Spräggele» oder an die Frau Klungeri erinnert. In Rapperswil erscheint sie als Hirschkuh, die dem Fürstenpaar begegnet und auf einen ganz besonderen Platz am Ort hinweist, wo dann der Kern der Stadt sein sollte: «Einst war Graf Rudolf, der Herr von Rapperswil, mit seiner Gemahlin und grossem Gefolge auf der Jagd. Sie verfolgten eine Hindin (Hirschkuh) bis auf den heutigen Lindenhof, der damals noch ganz bewaldet war. Doch hatte die

Muttergöttin mit Kind (links) und Darstellung der Göttin Venus (rechts). Kempraten, gallo-römische Zeit

Hindin in einer Höhle zwei Junge. Auf die Bitten der Gräfin liess ihr Gemahl die Jagd abbrechen, die Hunde wurden weggejagt und das edle Paar setzte sich nieder, um auszuruhen. Da kam die Hindin aus ihrem Versteck hervor und legte den Kopf in den Schoss der Frau. Diese aber, da sie schon so oft aus dem Fenster ihrer Burg sehnsüchtig an den sonnigen Hügel herübergeschaut hatte, nahm die Zutraulichkeit der Hirschkuh als gutes Zeichen und bat den Gemahl, hier an dieser Stelle wohnen zu dürfen. Da auch dem Grafen der Platz gar wohl gefiel, liess er am anderen Morgen Zimmerleute und Maurer kommen und befahl, auf dem Platz ein Schloss zu bauen.»

Der Liebfrauenbrunnen beim Vorplatz des Klosters Einsiedeln. Sein Wasser aus den 14 Röhren gilt als heilwirkend, besonders zur Empfängnis eines Kindes.

Die Hirschkuh mit den Jungen ist ein Symbol für den nährenden Aspekt der Landschaftsgöttin. Ähnliche Darstellungen sind in römischer Zeit eine Matrona mit Fruchtkörben oder kleinen Kindern. In Kempraten wurden antike Frauenfiguren, eine Venusdarstellung und eine stillende Muttergöttin gefunden. Sie weisen auf eine Verehrung der Ahnfrau am Oberen Zürichsee hin, obwohl es sich um eine römische Interpretation und Darstellung handelt.

In Einsiedeln erscheint die Schwarze Ahnfrau als Quellgöttin. So soll ein Born unter der heutigen Gnadenkapelle gewesen sein, der auch das Wasser für den Liebfrauenbrunnen vor dem Kloster abgebe. Heute ist es sicher nicht mehr so, jedoch besteht der Brauch, von allen vierzehn Röhren Wasser zu trinken. Dadurch kann man Segen erwirken, besonders aber soll es Frauen helfen, die sich ein Kind wünschen. Damit ist die schwarze Madonna wie jede Erdgöttin eine Kinder schenkende Ahnfrau. Diese repräsentierte sich auch in einem heiligen Stein, bei dem die kleinen Kinder geholt wurden: «In Einsiedeln wird unter Knaben und Mädchen oft die Frage gestellt, woher die Kinder kommen. Im Tiefenbrunnen, beim Frauenkloster Au, gibt es den Kinderstein. Es wird erzählt, dass vor allem die Mädchen ihr Ohr auf den Stein legten und dann die kleinen Kinder deutlich weinen hörten, worüber sie grosses Mitleid zeigten und den Stein, wäre er nicht zu schwer gewesen, gerne weggehoben hätten.»

Weiher der Kinderherkunft beim Frauenkloster Au in der Nähe von Einsiedeln.
Der Born liegt auf einer Anhöhe am Waldrand.

Leider war der heilige Kultstein bei Tiefenbrunnen trotz intensiver Feldforschung nicht mehr vorzufinden. Doch es existiert in Einsiedeln noch ein weiterer Quellort der Göttin, von dem die Kinderseelen geholt wurden. Hinter dem Frauenkloster Au führt ein Weg auf eine Anhöhe und schöne Wiese. Gegen den Waldrand zu entdecken wir einen einsamen Weiher des Klosters. Von diesem Weiher wird gesagt, dass die Frauen der Gegend aus dem Wasser ihre kleinen Kinder holten. Wahrscheinlich haben sie einst das Wasser getrunken, oder sie badeten im Wasser, um im feuchten Schoss der Erdgöttin direkt zu empfangen und eine Ahnenseele aufzunehmen. Dieser Volksbrauch wurde mir übrigens von einer Klosterschwester am Ort bestätigt.

Ein weiterer Kultstein befand sich zusammen mit der vermuteten Quelle am heutigen Platz der Gnadenkapelle. Es handelt sich um einen Fünf-Fingerstein, in den die Pilger jeweils ihre Hand hineinsteckten, um mit dem Göttlichen in Verbindung zu treten. Die Fingereindrücke sollen von Christus stammen, was jedoch nicht sehr überzeugend ist, denn am Ort der schwarzen Madonna ist das Göttliche doch die Erdgöttin selbst, die sich in einem heiligen Stein manifestierte. Ein solcher Fingerstein ist auch in Glarus auf dem Burghügel bekannt. In der Kirche, die über der Burghöhle errichtet wurde, wo sich Felix und Regula aufgehalten hätten, ist in die Vorderwand ein Fünf-Fingerstein eingemauert. Es ist dort immer noch möglich, die Finger und die Hand hinein zu stecken, um so mit dem Ahnenstein in Kontakt zu treten. Dies ist in Einsiedeln leider nicht mehr möglich, denn seit dem Einfall der Franzosen im 18. Jahrhundert gilt der Stein als verschollen.

Übrigens ist der Fingerstein in Glarus ebenso ein weiblicher Kultstein wie in Einsiedeln. In der Sagenwelt erscheint eine Steinfrau «Regeli», und ihren Namen trägt auch die Rigi am Vierwaldstättersee. Unsere «Regula» von Zürich ist mit ihr namensverwandt, so dass der Steinname «Regula» und der Fingerstein in Glarus identisch sind. Dies ist die wortwörtliche Bezeichnung. Gleichzeitig haben wir gezeigt, dass hinter der Regula die getaufte Göttin Verena steckt.

In der Landschaft von Rapperswil, Jona, Ufenau, Etzel und Einsiedeln haben wir bisher zahlreiche Aspekte einer Ahnfrau kennen gelernt. Sie ist Quell- und Wassergöttin, manifestiert sich in Seen und Flüssen oder in Kultsteinen. Berge und Inseln sind ihr geweiht, und sie erscheint auch in Symboltieren. Sie ist die Grosse Erd-, Wasser- und Mondgöttin Alteuropas. Und wie wirkte sie am Zürichsee im christlichen Gewand weiter?

In Rapperswil war ihre besondere Stätte dort, wo die Begegnung mit der «Hirschkuh» stattfand. Heute befindet sich am Platz das Schloss und ein Kirchenareal. Die alte Pfarrkirche aus dem 13. Jahrhundert wurde dem Johannes geweiht. Aus kirchenmythologischer Sicht übertrug man die Stätte der Jona-Johanna dem Johannes, indem man die Ortsgöttin taufte und vermännlichte. In der Kirche selbst sind mehrere Abbildungen der Anna Selbdritt (Anna mit Maria und Jesus) zu sehen. Aber auch andere Heilige wie Odilie, Barbara, Katharina und Margaretha, sowie Agatha oder Dorothea. Auch ein Drachentöter fehlt nicht an der Seitenwand.

Nördlich von Rapperswil in Kempraten wurde die Landschaftsgöttin zur heiligen Ursula (Ursulakapelle), während sie in Jona eine Kapelle erhielt, die dem Dionys geweiht ist. Unsere Ana-Dana wurde hier zum Dionys vermännlicht, doch in der Kapelle selbst finden wir eine unübersehbare Wandmalerei mit einer Schutzmantel-Madonna. Auf der gegenüberliegenden Seeseite gelangen wir nach Altendorf. Auf einer Anhöhe oberhalb des Dorfes entdecken wir einen seltsamen Kulthügel, von wo aus wir einen wunderbaren Ausblick auf den Zürichsee und die Insellandschaft erhalten. Auf diesem Hügel steht eine Kapelle, die ebenfalls dem Johannes geweiht ist. In der Kapelle befinden sich mehrere Statuen, darunter wieder Anna Selbdritt und Verena. Ich glaube nicht, dass die alten Plätze in dieser Region zufällig dem Dionys oder Johannes geweiht wurden, denn der Gleichklang mit dem Göttinnamen Ana/Dana ist mehr als auffällig. Dazu wird in der Volkstradition gerne von einem seltsamen «Anneli» gesprochen.

Nach all den Hinweisen in dieser Kultlandschaft habe ich mich gefragt, ob im beschriebenen Gebiet eine sakrale Geometrie und Astronomie zu entdecken wäre. Ich bin bei dieser Frage auf den Etzel gestossen, der ein heiliger Hügel war. Noch heute zieht er viele Wandernde an und ist ein beliebtes Ausflugsziel. Und so ist es auch kein Zufall, auf dem Etzel eine Meinradskapelle und einen entsprechenden Brunnen mit heiligem Wasser zu finden, das einst nicht dem Meinrad, sondern ebenfalls der Schwarzen Ahnfrau geweiht war. Die Anhöhe am Oberen Zürichsee ist der ideale Verweilungsort, um die Landschaft Ufenau-Einsiedeln als Einheit zu erkennen. Einen ähnlichen Kulthügel finden wir im Uetliberg der Region Zürich. Blicken wir vom Etzel aus gegen Norden, entdecken wir die Insellandschaft bei Rapperswil sowie die eigenartige Krümmung des Zürichsees selbst, die mächtige Schlange, die sich gegen Nordwesten hinzieht. Gegen Nordosten erhebt sich über dem See am Horizont ein weiterer Kulthügel, nämlich der Bachtel bei Hinwil und Wernetshausen. Der Etzel und der Bachtel sind beide etwa gleich hoch, und sie bieten ausgezeichnete Rundblicke und Visierungen. So lässt sich eine interessante Kultlinie zwischen beiden Bergen feststellen, die vom Etzel aus zur Halbinsel Hurden verläuft, durch das Schloss- und Kirchenareal von Rapperswil, nach Rüti und zum Bachtel. Die astronomische Ausrichtung dieser Sichtlinie liegt etwa bei 32° Nordost, eine Orientierung, die öfters bei Kultlandschaften zu beobachten ist. Sie korrespondiert mit der abendlichen Mittwinterzeit, an der in dieser Himmelsrichtung die Grosse Bärin zu erkennen ist.

Wiederum vom Etzel aus blicken wir gegen Süden. Hier öffnet sich die wunderbare Bergwelt mit den schneebedeckten Gipfeln, den Seitentälern und den glitzernden Bergseen. Das Panorama bietet ein einmaliges Bild der Landschaft und der Ahnfrau selbst, die mit dieser Natur identisch ist. Gegen Südwesten führt uns das Auge zur Kultstätte von Einsiedeln und zur schwarzen Madonna. Darüber hinaus entdecken wir am Horizont die beiden Zacken der Mythen, eine der auffälligsten Bergformationen der Alpen. Der Name «Mythen» hat nichts mit «Mythos» zu tun, sondern besitzt eine alte Wortwurzel muot oder motta, was allgemein Stein oder Hügel bedeutet. In Graubünden sind zahlreiche Muottas Berge und Hügel, deren Namen ebenfalls auf diese alteuropäische Wortwurzel zurückgehen. Die Mythen selbst erscheinen wie zwei aufrechte Menhire, zwei zackige Doppelhügel oder zwei spitze Erdbrüste. Auf jeden Fall werden sie in der Sagenwelt als versteinerte Menschen gesehen.

Die geheimnisvollen Mythen-Berge vom Alptal aus

Ziemlich genau gegen Süden erblicken wir vom Etzel aus den zauberhaften Sihlsee mit seiner umliegenden Talschaft. Hier zeigt sich eine weitere Besonderheit, denn die Landschaft öffnet sich wie ein Schossdreieck oder ein Herz. Dazu trägt das Gebiet den Namen Sihl, was auf die «keltische» Wassergöttin Sul in Bath, aber auch auf das altkeltische Wort Suil hinweist, das Auge oder Öffnung bedeutet. Die Bezeichnung Auge oder Quelle sind dabei identisch, ebenso der übertragene Sinn auf den weiblichen Erdschoss. Jetzt verstehen wir auch, warum unter der Gnadenkapelle mit der schwarzen Madonna eine Quelle sei und warum die Frauen das Wasser der Erdgöttin vom Liebfrauenbrunnen trinken, um Fruchtbarkeit zu erlangen. Sie nehmen das heilige Wasser der Dea Sulis auf, eine Umschreibung für die Göttin Ana/Dana.

Eine weitere Mythenlandschaft öffnet sich beim Anblick der Berge nach Südosten. In dieser Richtung erhebt sich der Glärnisch mit dem Vrenelisgärtli, wobei das «Gärtli» seine typische Raute zeigt. Diese soll der «Kessel» der Verena sein, den sie über den Kopf gestülpt habe, denn sie sei so in dieser Gestalt eingeschneit worden: «Eine übermütige junge Frau im Glarnerland hiess Verena. Sie meinte, sie könnte zuoberst auf dem mittleren Glärnisch einen Garten anlegen. Doch die Leute warnten sie davor... Dann nahm das baumstarke Mädchen einen grossen, kupfernen Sennenkessel und hielt ihn über den Kopf, damit sie nicht nass werde, wenn es gar schneien sollte. So stieg die junge Frau den Berg hinan. Als sie oben ankam, fielen die Flocken so dicht, dass Verena den Kessel nicht mehr abzuziehen vermochte. Der nasse Schnee drückte das Mädchen zu Boden, und der Schnee legte sich hoch über die übermütige Frau, die dort für ewige Zeiten begraben liegt.»

Glärnisch und Vrenelisgärtli vom Kultberg Etzel aus

Die Verena erscheint in dieser Mythensage in einer typischen Gestalt, nämlich als Frau mit dem Kessel. Ihr Pendant ist die «weisse Frau» beim Linthbord in Tuggen, die einen «Koffer» voller «Gold» besitzt. Dazu vervollständigt eine weitere Beobachtung die Beziehung Etzel-Vrenelisgärtli. Vom heiligen Hügel aus erhebt sich der Glärnisch und das Vrenelisgärtli ziemlich genau bei 135° Südost, was die südliche grosse Mondwende in der Landschaft markiert. Dieser Rhythmus hat eine Zeit von 18,6 Jahren und zeigt den Zyklus der Mondgöttin an, die beim Glärnisch Verena heisst.

Damit haben wir eine hochmythologische Landschaft beschrieben, die gesamthaft vom Kulthügel und Zentrum Etzel aus erkannt werden kann. Im Norden erstreckt sich der Zürichsee als mythische Schlange. Im Süden öffnet sich das Gebiet des Sihlsees in Schoss- und Herzform, während südwestlich davon die schwarze Madonna und die «Busenhügel» Mythen liegen. Südöstlich erhebt sich Verena mit dem Schosskessel als Berg- und Mondgöttin. Und wir bemerken noch etwas: Diese Landschaft ist ein völliges Abbild der matriarchalen Göttin-Mythologie. Der Zürichsee im Norden ist dabei die alte Weise, die mit ihrem Symboltier der Wasserschlange vertreten ist. Sie ist die schwarze Erdgöttin und Herrin der unterseeischen Welt, die dreigestaltige Schicksalsfrau. Sie ist die dreifaltige Ana-Beth der Insellandschaft. Ihr wurden nicht nur die drei Inseln geweiht, sondern auch drei besondere Kultplätze, die mit einer sakralen Geometrie und Astronomie vernetzt wurden. Diese drei Plätze sind das Schloss- und Kirchenareal von Rapperswil mit der Johanneskirche, der Kulthügel oberhalb von Altendorf mit seiner Johanneskapelle sowie die Insel Ufenau. Verbinden wir nun diese drei Fixpunkte miteinander, so ergibt sich ein rechtwinkli-

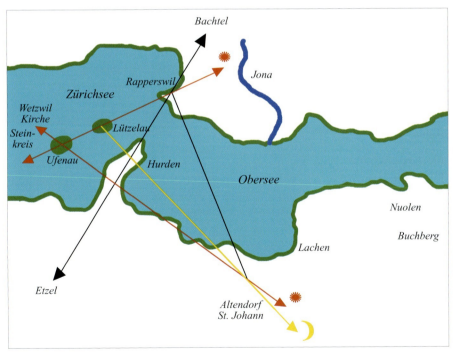

Sakrales Dreieck am Zürichsee mit den Fixpunkten Rapperswil, Ufenau und Altendorf-St. Johann. Die Kultlinie Etzel-Bachtel bildet beim Kirchenareal von Rapperswil einen Kreuzpunkt. Sonnenaufgänge von der Ufenau aus an Mittwinter sowie Anfang Mai und August. Sonnenuntergang von Rapperswil aus in Richtung Lützelau-Ufenau Anfang November und Februar. Von der Lützelau aus führt eine Orientierung zur südlichen grossen Mondwende. Zum Schossdreieck gesellt sich der Zürichsee als Drachenschlange.

ges Dreieck in der Landschaft. Eine Strecke führt von der Ufenau über die Insel Lützelau zum Kirchenareal von Rapperswil und schneidet dort eine andere Kultlinie, nämlich die Strecke, die vom Etzel aus über Hurden und Rapperswil zum Bachtel führt. Eine weitere Strecke im Dreieck führt über Hurden nach Altendorf-St. Johann und vom Knotenpunkt Rapperswil ebenfalls nach St. Johann.

Dazu sind diese Strecken auch astronomisch orientiert. Schon die Strecke Etzel-Bachtel ist eine Ausrichtung zum Sternenhimmel, wie wir gesehen haben. Nun ist die Kultlinie Ufenau, Lützelau und Rapperswil ziemlich genau 65° Nordost orientiert. In dieser Richtung geht von der Ufenau aus die Sonne Anfang Mai und Anfang August auf. Umgekehrt sind von Rapperswil aus über den See in Richtung Lützelau und Ufenau Sonnenuntergänge Anfang November und Anfang Februar zu beobachten. Besonders diese Erscheinung weist nochmals auf den Jenseitsort Ufenau hin, denn Anfang November beginnt der Bauernwinter und die Zeit der Winteralten «Butzifrau» von Rapperswil. Anfang Februar (Brigit, Maria Lichtmess) ist dann der Bauernwinter vorbei, die schwarze Winteralte als Strohpuppe zieht sich in ihre unterseeische Jenseitswelt zurück und wandelt sich zur weissen Frühlingsgöttin.

In der Mitte des Bauernwinters liegt die Zeit der Wende, der Übergang vom Tod zum Leben, die mythische Wandlung und Wiedergeburt. Gemeint ist die Zeit von Mittwinter (Weihnachten), der Geburtstag des Sonnenkindes, das von der Sternenfrau und Erdgöttin wiedergeboren wird. Und auch dieses mythische Ereignis ist mit der Insel Ufenau verbunden, denn sie war nicht nur ein Ort des Jenseits, der Visionen und Ahnenbegegnungen, sondern auch eine Stätte der Wiedergeburt. In der Landschaft wird dies mit der Strecke Ufenau, Hurden und Altendorf-St. Johann bezeichnet, eine Kultlinie mit 126° südöstlicher Ausrichtung, die den Sonnenaufgang an Mittwinter bei der Johanneskapelle beobachten lässt. Gleichzeitig ist es diejenige astronomische Kultlinie, die nordwestlich zum Steinkreis der «Elfisteine» von Meilen und zur Kirche von Wetzwil mit ihrer Weihnachtsszene führt. Dazu orientiert sich die Strecke Lützelau, Hurden und Altendorf-St. Johann genau mit 135° nach Südosten, was auf die grosse südliche Mondwende hinweist. Aus naturpoetischer Sicht ist das Kultdreieck von Rapperswil wiederum ein Schossdreieck der Landschaftsgöttin Ana-Dana, das von der grossen See-Schlange mit ihrem Wasser durchflossen wird. Aus diesem «Kessel» oder «Koffer» erleben die Verstorbenen ihre Wiedergeburt, die mit der Weihnachtszeit verknüpft ist.

Dieses Kultdreieck im Raum Rapperswil wiederholt sich sogar auf einer weiteren Ebene. Dies hängt mit den drei heiligen Hügeln Etzel, Bachtel und Buchberg zusammen, die ein gleichschenkliges Dreieck bilden. Auf dem Buchberg ist der Fixpunkt interessanterweise ziemlich genau dort, wo sich der rote Kinderstein befand. Als Ganzes bildet nun dieses sakrale Dreieck einen geneigten Kelch oder eine Schale, aus der die Wasserschlange Zürichsee emporsteigt. Das naturpoetische Sinnbild der Mythenlandschaft ist dabei eine Schlange aus einem Krug, die im Mund einen Ring hält, wie wir es beim Steinring-Kultplatz von Zürich vorgestellt haben. In der Kirchenmythologie erscheint dieses Symboltier beim Johannes dem Evangelisten, der Ende Dezember seinen Festtag besitzt.

Und wie steht es mit der Mythenlandschaft südlich vom Etzel? Haben wir nördlich des Etzels vor allem die verschiedenen Aspekte der weisen Alten entdeckt, so zeigt sie sich im Süden in ihrer vollkommenen Dreifaltigkeit. Der weisse Aspekt der Landschaftsahnin verkörpert sich als Berg- und Mondgöttin beim Vrenelisgärtli. Schon der Name Verena/Belena meint «die weisse Ana» oder «die hohe Ana». Das Gebiet des Sihlsees mit der Schossform verkörpert den roten Aspekt. Sie ist hier die Dea Sulis, die mit der Kinder schenkenden Quelle der Gnadenkapelle mythisch verbunden ist. Der schwarze Aspekt wiederum zeigt sich in Einsiedeln selbst am Ort der schwarzen Madonna mit dem Liebfrauenbrunnen und dem ehemaligen Fingerstein. Zur Ahnfrau dürften auch die zackigen Spitzen der Mythen gehören.

So ist es kein Zufall, dass der Einsiedler Meinrad im 9. Jahrhundert in diese Mythenlandschaft ging. Er soll auf dem Etzel eine Stätte gehabt haben und dann in der Nähe des heutigen Einsiedeln. Obwohl er als der Heilige der Region gilt, verweisen wir auf die weibliche Vorgeschichte namenloser Frauen am Ort. Die Stätte von Einsiedeln hiess einst «im Finsteren Wald», und als Meinrad um 828 sich in diesen dunklen Ort zurückzog, begegnete er bereits anwesenden Waldschwestern. Diese gaben ihm Speise und Trank, dazu unterrichteten sie ihn, eine Klause zu bauen. Ausserdem – und das ist für uns von besonderer Bedeutung – schenkten sie ihm zwei schwarze Raben und eine Marienstatue.[40] Es ist naheliegend, dass die ursprüngliche Statue aus dem 9. Jahrhundert schon eine dunkle Madonna war. Jedenfalls stammt die Statue, die heute in Einsiedeln verehrt wird, aus dem 13. Jahrhundert, und sie ist schwarz. Schwarz sind auch ihre heiligen Tiere, die Raben, und ihr heiliger Ort, der Finstere Wald.

Ebenfalls zur schwarzen Ahnfrau gehört ihr männlicher Partner, der von ihr abgespalten und dämonisiert wurde. Die matriarchale Göttin wurde im Christentum zur schwarzen Madonna erhoben, teils wegen der ansässigen Volkstradition, teils aus missionarisch-theologischen Gründen: Wer zur Göttin der Schöpfung will, muss die Jungfrau anbeten.

Interessanterweise ist die weibliche und männliche Gestalt in der Sagenwelt vereint, nämlich als «Teufel und seine Grossmutter». Und auch im Volksbrauchtum von Einsiedeln sind sie zusammen: In der Fasnachtszeit ziehen nicht Pilger durch das Dorf zur Wallfahrtskirche, sondern schwarze Teufel mit langen roten Zungen und wild geschwungenen Hörnern. Es handelt sich um eine Fasnachtsfigur, die hier überlebt hat, denn dieser Brauch war einmal in ganz Europa von Spanien bis Tirol, Kärnten und Slowenien bekannt: Am Fasnachtsmontag versammeln sich morgens um neun Uhr über 50 schwarze Teufel auf dem Dorfplatz und ziehen mit tänzelnden Schritten zum Hauptportal der Kirche, wo hinter den Mauern eingeschlossen die schwarze Madonna wartet. Die «Teufel» werden dabei von «verhuzelten, alten Weibsbildern» begleitet. Vor der Klosterkirche wendet der Zug. Eine Order der Mönche verbietet es den «Dämonen», den Klosterplatz zu betreten. Die Grenze bildet eine Reihe von Pflastersteinen zwischen Strasse und Platz. Darauf bewegt sich der Zug zum zweiten Mal in Richtung Wallfahrtskirche, um sich schliesslich vor dem Hauptportal aufzulösen. Die Naturgeister waren nur 45 Minuten zu sehen.

Dieses «Schauspiel» von heute scheint aber nicht das alte, jahreszeitliche «Mysterienspiel» zu sein, denn aus kirchlichen Verboten wissen wir, dass der Zug der Jenseitsgestalten einmal anders war. Die Winteralte und der gehörnte Schwarze Mann verschafften sich früher bis zur schwarzen Madonna Zugang, wo sie im Angesicht ihrer Göttin tanzten und musizierten. Auch waren einst Männer und Frauen bei diesem Kultspiel vertreten, da die Kirche verbot, dass Frauen die Rolle des Teufels übernahmen. Dennoch wurde diese Verfügung nie wirklich eingehalten. Das ungeschriebene Gesetz, dass kein Teufel seine Identität preisgeben durfte, machte das möglich.

In vielen Kulturen und Mythologien besitzt die Erdgöttin einen männlichen Partner, sei dieser der Grüne, Gehörnte oder der Schwarze Mann. Ein schwarzer Ritter gehört zur Welt der Laudine/Lunete im mittelalterlichen Epos Iwein, wo derselbe Ritter vorher als Waldmensch mit einer grossen Keule sowie als Herr der Tiere erscheint. Auch der Minotauros, der Stiermensch von Kreta, widerspiegelt die Gestalt des matriarchalen Heros. Europa besass den Stier als ihr Symboltier, ebenso Artemis ihren Hirsch-Heros Aktaion. Noch in keltisch-patriarchalen Zeiten Irlands musste sich der Hochkönig des Landes im Gebaren eines Hengstes einer weissen Stute nähern, die als Symboltier der Landschaftsgöttin galt. In der vordynastisch-ägyptischen Mythologie wurde der Sonnenheros Horus von seiner Kuhmutter Hathor am Morgen geboren, vereinigte sich am Mittag mit ihr, um am Abend in ihren dunklen Schoss-Horizont einzugehen – bis der Zyklus von Geburt und Wandlung von neuem begann. In der osteuropäischen Mythologie erscheint die Kornmutter und Erdgöttin Baba Jaga, die durch die Dominikaner zu einer Teufelin gemacht wurde. In ihrem Reich der Unterwelt besitzt sie das Feuer und herrliches Korn. Am Morgen sendet sie einen weissen Ritter aus, am Mittag einen roten Reiter und am Abend einen schwarzen Mann. Es handelt sich um die Himmelsreiter der Tageszeit, die durch die Atmosphäre gleiten, wobei sie die drei Kultfarben der Ahnfrau auf sich tragen.

Ausserhalb der Hochreligion gibt es zahlreiche «schwarze Madonnen», die in der Mythologie des Volkes bewahrt sind. So kennt man in Norddeutschland eine «schwarze Greet», die schwarze Margaretha, die als Herrin der Meerestiere erscheint und den Fischern ihre Fische schenkt.[41] Begegnet man ihr jedoch respektlos, so verwandelt sie sich in die Todesgöttin. In Griechenland kennt man die Schicksalsfrauen Moiren, die meist zu dritt auftreten, wobei eine davon schwarz ist. In Süddeutschland nennt man die Schwarze Frau die «alte Urschel», die in einem Berg wohnt. Ihr Name muss nicht unbedingt von «Ursula» abgeleitet sein, sondern geht auf die alte Erdgöttin Erce zurück. In Graubünden sind es die schwarzen Dialas, die Schicksalsfrauen des Alten Rätiens, sowie die Schwarze Madrisa, die noch an eine Göttinkultur erinnern. Madrisa bedeutet wortwörtlich «Mutter Rita», sie war die Ahnfrau der Region und wurde zur heiligen Marga-Retha mit dem Drachen getauft. Dazu existiert in der rätischen Mythologie noch eine Weisse Madrisa. Die Kirche hat die Mutter Rita zu trennen und abzuspalten versucht, denn so konnte ihre Macht gebrochen werden. So soll es eine «gute» Weisse und eine «böse» Schwarze Madrisa geben. Beides sind jedoch jahreszeitliche Aspekte und Eigenschaften der umfassenden Landschaftsgöttin. Und so versteht es auch das Volk, das in den beiden «Cousinen» sieht.

Leben und Heilung schenkt die schwarze Madonna von Einsiedeln. Wer sie als Amulett mitnehmen wollte, kaufte sich eine sogenannte «Schabmadonna». Sie half den Frauen bei ihren speziellen Leiden, aber auch den erkrankten Kindern. Eine Schabmadonna ist ein kleines Figürchen aus Ton, Heilkräutern, Staub und Lampenöl aus der Gnadenkapelle. Zum Gebrauch schabte man ein wenig Staub ab, vermischte ihn mit Wasser und nahm ihn zur Heilung ein. Ebenfalls heilwirkend war das Wasser aus dem Frauenbrunnen vor der Kirche. Es sind heute 14 wasserspeiende Röhren, die an die 14 ehemaligen Quellen des Ortes erinnern sollen. Von einer Quelle «im Finsteren Wald» ist schon im 9. Jahrhundert die Rede, sie war wie der Fingerstein heilsam. Heute ist die Quelle unter der Gnadenkapelle versiegt, da man den Verlauf des Wassers verlegen wollte. Gewöhnliches Leitungswasser speisen die Röhren des Liebfrauenbrunnens. Dennoch pilgern vor allem Frauen zum Brunnen, denn immer noch gilt, wer dreimal je von jeder Röhre trinke, werde durch das Wasser der Erdgöttin mit Fruchtbarkeit gesegnet.

Von theologischer Seite her gibt es verschiedene «Erklärungen», warum die Madonna schwarz sei. Dabei tut man sich immer noch schwer, die Tatsache zu akzeptieren, dass hinter der schwarzen Madonna nicht eine «Muttergottes» steckt, sondern eine matriarchale Erdgöttin. Sie ist auch nicht «der weibliche Aspekt» irgendeines patriarchalen Gottes, denn sie ist die Schöpferin und die Schöpfung selbst, die sie aus sich selbst heraus geschaffen hat. Als Göttin der Nacht, des Kosmos und der Erde ist sie schwarz, eine heilige Farbe, die alle Fähigkeiten des Leben-Hervorbringens und der mythischen Wandlung zur Wiedergeburt beinhaltet. Eine gängige Erklärung lautet nun, die Madonna habe ein Dorf oder eine Stadt in Flammen gerettet, indem sie das ganze Feuer in sich aufnahm. Und so sei sie eben schwarz geworden. Eine andere Deutung meint, dass die Madonna einst weiss und leuchtend war, jedoch durch die Sünden der Menschen, die sie aufnimmt, schwarz geworden sei. So haben wir schon zwei Erklärungen, nämlich eine, die ins Reich der Phantasie gehört, und eine moralische, die zu einer handfesten Ideologie wurde. Bei einer weiteren Erklärung soll es sich anfänglich um eine gewöhnliche Marienstatue gehandelt haben, die aber durch den Rauch der Kerzen allmählich schwarz geworden sei. Hierher gehören auch noch weitere Ursprungslegenden. So sei die Kirche oder Kapelle einmal abgebrannt, nur die Marienstatue habe in den Flammen unbeschadet überlebt. Seitdem ist sie schwarz gefärbt. Oder man habe eine Marienstatue vergraben müssen und erst nach Jahren durch einen wundersamen Zufall wieder gefunden. Doch inzwischen sei die Statue dunkel geworden.

Der schwarze Stein der Göttin Ana in Le Puy-en-Velay, Auvergne (F).
Er befindet sich heute in der Kathedrale neben einer schwarzen Madonna.

Die herzhafteste Erklärung habe ich in Frankreich in der Auvergne gehört. Dort, in der Stadt Le Puy-en-Velay, befinden sich zwei aussergewöhnliche Kultfelsen, die wie riesige Menhire aus der Erde ragen. Der eine ist der Aiguilhe, auf dem eine Michaelskapelle gebaut wurde, der andere ist der Corneille-Felsen, auf dem eine überdimensionale Maria mit Kind die Region überragt. Hier war einst ein heilender Ort mit einem schwarzen Stein, der heute in der Kathedrale der Stadt in einer Seitennische zu entdecken ist, obwohl die meisten Leute nicht wissen, worum es sich bei diesem schwarzen Kultstein eigentlich handelt.

Gerade anschliessend ist ein Altar mit der schwarzen Madonna. Näher zusammen können Göttin und Stein nicht mehr sein. Dazu handelt es sich um einen alten Kultplatz der Ana, denn der Felshügel hiess nicht immer Corneille, sondern einmal Anis-Berg! Während einer Führung berichtete eine Nonne, warum die Madonna und das Jesuskind schwarz seien. Maria und das Kind seien den einfachen Leuten sehr verbunden gewesen, so auch den Winzern der Gegend. Gerne gingen sie in die Rebberge und halfen bei der mühsamen Arbeit in der Hitze. Dabei brannte die Sonne jeden Tag herab, und Maria und das Kind wurden gebräunt und immer dunkler. Dies ist eine schöne Legende, die indirekt auf den Kult der Göttin in der Region hinweist. Dazu bemerkte die Nonne in der Kathedrale, dass es sich bei der schwarzen Madonna eigentlich nicht um die Muttergottes handle, sondern um eine alte Erdgöttin, die verchristlicht wurde. Dies war eine ehrliche Antwort, die ich sonst nirgendwo mehr gehört habe.

Die Kulturgeschichte der schwarzen Madonna lässt sich etwa folgendermassen skizzieren: Sie stammt aus einem alteuropäischen Kulturraum, der verwandt war mit den alten Kulturen des Mittelmeeres und des Orients. In der Zeit der frühen Patriarchalisierung verblieb die schwarze Erdgöttin überwiegend im jahreszeitlichen Kult der unteren Schichten bestehen, so zum Beispiel bei den keltischen Stämmen als Ana-Beth, wobei sie dadurch auch an den hohen Prozentsatz unterworfener, nicht-keltischer Frauen und Männer erinnert. Ein Teil dieses Kultes erscheint in römischer Zeit in der Gestalt der Matrona. Dazu gesellen sich aus dem Osten orientalische Kulte mit einer Verehrung einer schwarzen Göttin, die mit den gallo-römischen Muttergottheiten verschmelzen. Solche Göttinnen waren zum Beispiel Isis und Kybele, die mit einer «keltischen» Noreia oder Ana zusammen gingen. Das erklärt die Ansicht, die Gestalt der schwarzen Madonna sei durch Kreuzfahrer aus dem Orient mitgebracht worden, was zwar falsch ist, jedoch eine Erinnerung an die orientalischen Kulte enthält. In abgelegenen Tälern und Gebieten Europas wie z.B. in Zentralfrankreich hat die Verehrung der Schwarzen Frau noch lange bis ins frühe Mittelalter gedauert. Die Christianisierung erreichte schliesslich auch diese Randregionen und die halbvergessenen dunklen Figuren. Diese waren aber so fest in der einheimischen Spiritualität verwurzelt, dass man sie weder verbieten, noch einfach mit einer herkömmlichen Marienstatue ersetzen konnte. Wahrscheinlich sahen die Mönche im Volk auch die grosse Hingabe und Zuneigung zu dieser Schwarzen Frau, so dass man sie für den Zweck der Mission gebrauchen konnte, indem man sie zur schwarzen Madonna taufte. Dies bewirkte indirekt eine Revitalisierung des Göttinkultes in Europa, jedoch mit christlichen Vorzeichen.

Nun tauchen auch theologische Spekulationen und Deutungen auf, warum Maria schwarz ist, wie wir dies oben gesehen haben. Eine mystische Quelle dabei war das Hohelied mit seiner erotischen Beschreibung der Heiligen Hochzeit einer Sakralkönigin und ihres männlichen Partners, was spitzfindig als Allegorie gedeutet wurde. Falsch ist auch die Übersetzung: «Schwarz bin ich, aber schön...», die stimmiger lauten sollte: «Schwarz bin ich und schön.» Dieser berühmte Satz der Priesterin verbindet sich mit dem Aussehen der alten Erdgöttin als schwarze Madonna.

Es bleibt noch zu klären, warum die Klosterkirche mit der Gnadenkapelle genau dort gebaut wurde, wo wir sie heute vorfinden. Warum gingen die Waldschwestern über den Etzelpass und wohnten «im Finsteren Wald» bei Einsiedeln? Und warum ging Meinrad ebenfalls diesen Weg zu den Einsiedlerinnen? Damit steht besonders eine Frage im Raum, nämlich diejenige, warum das Frauenkloster des Tales in Au liegt, während die schwarze Madonna im Männerkloster der Benediktiner in Einsiedeln verehrt wird? Müsste es denn nicht gerade umgekehrt sein? Oder sind die beiden Orte miteinander verwandt und eigentlich identisch? Wie hängen also diese beiden Kultplätze zusammen? Es sind gerade solche «einfachen» Fragen, die zu erstaunlichen Antworten und Einsichten führen. Dazu hilft uns die landschaftsmythologische Betrachtung, so manches Rätsel zu lösen.

Wie wir gesehen haben, besass das Frauenkloster Au einen heiligen Ahninstein, der als Kindlistein im Tiefenbrunnen bekannt war. Hinter dem Kloster auf einer Anhöhe am Waldrand befindet sich eine Quelle der Göttin, ein Weiher, aus dem die kleinen Kinder geholt werden. Diese beiden landschaftsmythologischen Erscheinungen dürfen wir auch auf den Klosterplatz Einsiedeln übertragen. Auch hier hüteten die Waldschwestern eine heilige Quelle, die Fruchtbarkeit und Kindersegen versprach, was dann auf den Liebfrauenbrunnen übertragen wurde. Diese Quelle war mit der Erdgöttin identisch, ebenso ihr verschollener Fünf-Fingerstein, durch den die Pilger mit der göttlichen Ahnfrau in Kontakt traten. Beide müssen am Ort der heutigen Gnadenkapelle gewesen sein. Hier befindet sich die schwarze Madonna in ihren steinernen Mauern. Auch die schwarzen Vögel (Raben) der Prophezeiung gehören hierher, durch welche die Ahnfrau zu den Menschen spricht. Somit ist der alte Kultplatz nicht das Frauenkloster Au, sondern das Benediktinerkloster Einsiedeln steht auf einem sakralen Platz im Zentrum der Landschaft, die einmal eine weibliche Kultlandschaft war.

Dies können wir sehr gut zeigen, wenn wir die Natur des Ortes beobachten. Die schwarze Madonna und der Klostergarten befinden sich auf einem zentralen Punkt. Durch sie hindurch verläuft eine Kultlinie, die etwa beim Frauenbrunnen mit den 14 Röhren beginnt, die Längsachse der Klosterkirche und der Gnadenkapelle bildet und etwa auf einer kleinen Anhöhe mit einem Kreuz beim Punkt 951 endet. Die Strecke orientiert sich ziemlich genau von Osten nach Westen. Vom Mittelpunkt dieser Strecke aus führt beinahe in einer Senkrechten eine weitere Kultlinie in nördlicher Richtung und endet bei der unscheinbaren Kapelle St. Gangulf an der Zufahrtstrasse nach Einsiedeln. Wandern wir zu diesem Ort und schauen zum Kloster, so bemerken wir eine erstaunliche Erdformation: Die Gnadenkapelle mit der schwarzen Madonna liegt in einem riesigen Hufeisen oder in einem U-Tal, unserem «Finsteren Wald»! Dieses U wird von einer Hügelformation gebildet, die etwa südlich vom Frauenbrunnen beginnt, zum Meinradskreuz und zum Klosterwald führt und dann zum Kreuz bei Punkt 951, d.h. zu einem kleinen Kulthügel. Die Klosteranlage wirkt dabei wie ein riesiger Riegel, der den Zugang zu diesem U-Tal versperrt und dieses in Besitz nimmt. Dies wohl nicht ganz zufällig, denn dieses Hufeisental ist ein ausgesprochenes Schosstal der Erdgöttin, ihre heilige Erdweiblichkeit in offener Natur.

Das Kloster Einsiedeln als Ort der schwarzen Madonna liegt in einer sakralen Landschaft, die mit den umliegenden Hügeln ein U-förmiges Schosstal bilden. (Bild von Georg L. Vogel um 1840)

Auch die sakrale Geometrie dieses Ortes ist beeindruckend. Dabei spielen die drei Fixpunkte Frauenbrunnen, Kreuzpunkt auf der Anhöhe und Kapelle St. Gangulf eine bedeutende Rolle. Diese drei Orte bilden ein leicht verschobenes, aber dennoch perfektes Dreieck. Es ist das Schossdreieck der Schwarzen Frau, das wir verdoppeln können. Dadurch erhalten wir eine Raute, die wiederum die Basis für eine Mandorla in der Landschaft bildet. Raute und Mandorla sind beides weibliche Symbole, die auf die Anatomie des Körpers zurückgehen. Der weibliche Erdschoss öffnet sich durch die Mandorla, und in der Mitte ruht die schwarze Madonna von Einsiedeln.

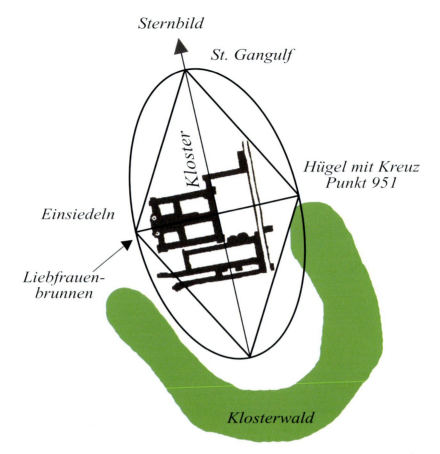

Mandorla und sakrale Geometrie im Schosstal von Einsiedeln der schwarzen Erdgöttin. Eine Hauptkultlinie führt vom Liebfrauenbrunnen zur Gnadenkapelle und zu einem kleinen Hügel. Die heilige Architektur ist dem natürlichen U-Schosstal der Ahnfrau angepasst.

Die Schwarze Frau erscheint hier aber auch in ihrer ganzen Pracht und Vielfalt. Sie ist die schwarze Erdgöttin der Unterwelt, der Quellen und des Fingersteines. Die Mandorla und das Schosstal sind mit ihr verbunden und repräsentieren ihren roten Frauenaspekt. Ihr weisser Aspekt verkörpert einerseits die Verena, die Berggöttin der Region, aber auch eine weitere Beobachtung. Die Nord-Süd-Achse der Mandorla von Einsiedeln ist eigenartigerweise «schief», d.h. sie weicht etwa um 13° von Norden ab. Ich glaube nicht, dass dies ein Konstruktionsfehler ist, sondern eine gewollte Orientierung. Doch was wollte man damit bezwecken? Die Ausrichtung führt weder zum Kultplatz Etzel, noch ist es eine Sonnen- oder Mondorientierung. Übrig bleibt nur eine Sternbildpeilung. Aber zu welchem Zeitpunkt und zu welchem Sternbild? Die bedeutendste Zeit der Schwarzen Frau war der Winter, wo sie als Winteralte erscheint. Die hohe

Zeit während dieser Monate ist der Mittwinter, d.h. der 21. Dezember, wo sie die Schöpfung neu hervorbringt. Folgen wir nun an Mittwinter (Weihnachten) der Längsachse der Mandorla, die sich mit etwa 167° nach Norden orientiert, erblicken wir am abendlichen Sternenhimmel die geschweifte Drachenschlange, doch besonders die Kleine Bärin mit ihrem Polarstern. Auf sie weist unsere Ausrichtung hin, dazu ist sie der weisse Himmelsaspekt der Erdgöttin. Im Volksbrauchtum der Schweiz ist diese Gestalt auch als «Weihnachtskind» bekannt. Es handelt sich um ein ganz in Weiss gekleidetes, junges Mädchen mit einem Stern über dem Kopf, begleitet von sechs weiteren Mädchen. So ziehen sie zu siebt am Weihnachtsabend von Haus zu Haus und bringen den Menschen Segen. Dazu gilt die Kleine Bärin (wie die Grosse Bärin) als Siebnergestirn, zumal noch mit einem besonderen Stern, dem Polarstern.

So verstehen wir nun, warum die «keltischen» Waldfrauen beim Kultplatz der Erdgöttin von Einsiedeln wohnten. Ihnen folgten zum «Finsteren Wald» die Waldschwestern, die noch im Besitz der Heilquelle, des Fingersteines und der schwarzen Raben waren.

Und wo ist die Göttin heute? Ist sie nicht hinter dicken Mauern eingeschlossen, wo ihre Spiritualität gelenkt und verwaltet wird? Ist es nicht absurd, die schwarze Madonna besitzen zu wollen, wo doch die ganze Landschaft die göttliche Ahnfrau ist?

Es gibt Menschen, die finden den Zugang zur offiziellen schwarzen Madonna. Es gibt aber auch Menschen, und ich zähle mich dazu, die ihre

Neujahrsgebäck als gekringelte Schlange, genannt «Änis-Schlange».
(Region Stans, Unterwalden)

heilige Landschaft bewundern. Mit ihr können wir sprechen und wie in einem Buch lesen. Das Buch der Natur ist das Buch der Ahnfrau. Ihre Sprache ist ihre Vielfalt, eher leise und schweigsam, doch klar verständlich. Manchmal ist ein Wort zuviel, und die tiefsten Momente sind die Zweisamkeit. Die Landschaft ist gegenwärtig, immer und ewig. Sie zu erkennen und zu Respektieren, ist unsere grosse Aufgabe. Und was auch immer geschah, sie ist nie völlig verschwunden und lebt im Herzen des Volkes und in seiner Sprache weiter: «Eine grosse, prächtige Schlange mit einer herrlichen Krone aus prunkvollem Gold auf dem Kopf trank gemütlich mit dem Kind Milch aus der Schüssel. Auch in einem anderen Haus sah man eine Schlange mit einer goldenen Krone. Viele Leute erzählten, dass jenem Kind, dem die Schlange die Krone ablege, ein grosses Glück bevorstehe.»

Diese Erzählung finden wir nicht nur in Einsiedeln wieder. Sie zeigt die Ahnfrau als gekrönte Schlange im Denken des Volkes. Sie reicht ihre goldene Krone dar, den Reichtum der Erde. Sie ist die Erdgöttin, die zum Genius Loci und zum Ortsgeist wurde. Sie zu finden, sind wir alle eingeladen.

ANMERKUNGEN

Mythensagen

1) Heinrich Brennwald: Schweizerchronik. Basel 1908-1910. Band 1, Nr. 72; vgl. Karl Werner Glaettli: Zürcher Sagen. Zürich 1959 (1970), p. 206.
2) Brennwald 1, Nr. 81.
3) Brennwald 1, Nr. 85.
4) Brennwald 1, Nr. 88 und Nr. 90.
5) Emil Engelmann: Germanias Sagenborn. o.O. 1889.
6) Conrad Escher: Chronik der ehemaligen Gemeinde Enge. Zürich 1918, p. 168.
7) Nach Glaettli I, Nr. 35.
8) Nach Paul Corrodi: Sagen und Legenden am Zürichsee. In: Jahrbuch vom Zürichsee 1951/52, p. 320; vgl. Theodor Vernaleken: Alpensagen. Wien 1858, «Die weisse Nonne»: «Ein ähnliche Sage geht vom weissen Domfräulein in Boningen...»
9) Brennwald I, Nr. 89. Vgl. Sagen aus dem Kanton Zürich. Hrsg. von Ursina Lüthi. Zürich 1987.
10) Emil Stauber: Aberglauben und Sagen im Kanton Zürich. Zürich 1928, p. 44.
11) Theodor Vernaleken: Alpensagen. Salzburg 1938 (1858), p. 204.
12) Corrodi, p. 321.
13) Heinrich Herzog: Schweizersagen. Aarau 1913. Band I, p. 233; Corrodi p. 323.
14) Glaettli I, Nr. 72.
15) Corrodi, p. 327.
16) Corrodi, p. 328.
17) Corrodi, p. 329.
18) Glaettli I, Nr. 85.
19) Nach Edward Attenhofer: Das Büchlein von der heiligen Verena. Aarau 1943.
20) Stauber, p. 46.
21) Stauber, p. 46.
22) Herzog II, p. 99.
23) Stauber, p. 48.
24) Jakob Stutz: Sieben mal sieben Jahre aus meinem Leben. Pfäffikon 1853, p. 186.
25) Glaettli II, Nr. 14.
26) Stutz, p. 149.
27) Glaettli II, Nr. 19.
28) Albert Heer: Das Haus von Landenberg von Werdegg. Zürich 1904, p. 56.
29) Glaettli II, Nr. 28.
30) Glaettli II, Nr. 39.
31) Glaettli II, Nr. 40.
32) Glaettli II, Nr. 41.
33) Gottfried Peterhans: Ins Zürcher Oberland. Winterthur 1925, p. 169.
34) Glaettli II, Nr. 57.
35) Glaettli II, Nr. 59.
36) Glaettli II, Nr. 77.
37) Glaettli II, Nr. 79.
38) Glaettli II, Nr. 81.
39) Glaettli II, Nr. 111.

40) Glaettli II, Nr. 112.
41) Glaettli II, Nr. 122.
42) Vernaleken, Alpensagen, p. 70.
43) Sagen vom Türlersee. In: Clemens Kohlrusch: Schweizerisches Sagenbuch. Leipzig 1854, p. 291.
44) Stauber, p. 49; vgl. Glaettli III, Nr. 12.
45) Vernaleken, p. 267.
46) Kohlrusch, p. 292.
47) Gerold Meyer von Knonau: Zürcherische Volkssagen. Zürich 1853, p. 8; vgl. Glaettli III, Nr. 14.
48) Herzog I, p. 213; vgl. Gemeindechronik Mettmenstetten 1905, unter dem Titel «Verena vom Türlersee»: «Frau Vrene wollte mit Hilfe des Teufels am Hexengraben, einer Bucht des Sees gegen die Linden und Herferswil einen Kanal graben, um die Felder der Herferswiler zu ersäufen. Vor dem letzten Spatenstich tat sie einen schadenfrohen Fluch. Da kam ein Sturmwind, der sie im Auftrag des Teufels auf den Glärnisch trug, wo sie noch steht.»
49) Glaettli III, Nr. 24 und Nr. 25.
50) Nach Emil Stauber; vgl. Glaettli III, Nr. 27.
51) Glaettli III, Nr. 28.
52) Nach Arnold Büchli: Schweizer Sagen. Aarau 1928-1940. Band 3, Nr. 35.
53) Ernst L. Rochholz: Schweizersagen aus dem Aargau. Aarau 1856. Band 2, Nr. 484.
54) Rochholz 2, Nr. 235.
55) Sagen aus dem Limmattal. Hrsg. von der Kommission für Heimatkunde. Separatdruck aus dem «Limmattaler» 1942.
56) Sagen aus dem Limmattal.
57) Glaettli V, Nr. 18.
58) Nach Heinrich Hedinger: Sagen aus dem Zürcher Unterland. Dielsdorf 1955, p. 5.
59) Hedinger, p. 5.
60) Hedinger, p. 25.
61) Hedinger, p. 10.
62) Hedinger, p. 17.
63) Hedinger, p. 17.
64) Herzog I, p. 215.
65) Glaettli V, Nr. 43.
66) Glaettli V, Nr. 44.
67) Hedinger, p. 23.
68) Stauber, p. 70.
69) Glaettli V, Nr. 50; vgl. dazu Vernaleken, Alpensagen, «Die weisse Frau»: «Ein Hügel auf der Breite im Kanton Zürich heisst Engelreih. Am Fuss desselben ist ein Steg der Frau Escher. Man erzählt, Frau Escher werde öfters an diesem Steg gesehen.»
70) Herzog I, p. 247, Nr. 222.
71) Glaettli VI, Nr. 8.
72) Herzog I, Nr. 223.
73) Glaettli VI, Nr. 18.
74) Paul Corrodi in «Zürcher Bauer». 25. 7. 1941.
75) Glaettli VI, Nr. 25.
76) Glaettli VI, Nr. 29.
77) Herzog I, Nr. 233.
78) Stauber, p. 69.
79) Glaettli VI, Nr. 39; Peterhans, p. 41.
80) Nach Eduard Fischer: Schweizer Legendenbuch. Einsiedeln 1943, p. 179.
81) Nach Josef Hollenstein: s'Heidemaitli. Sagen und Legenden rund um Rapperswil und Jona. Rapperswil 1982, p. 13.

82) Hollenstein, p. 21.
83) Hollenstein, p. 86.
84) Hollenstein, p. 101.
85) Hollenstein, p. 127.
86) Hollenstein, p. 145.
87) Nach Konrad Bächinger: Rapperswiler Heimatkunde. Rapperswil 1992, p. 205.
88) Bächinger, p. 205.
89) Bächinger, p. 207.
90) Nach Hans Steinegger, der wiederum verschiedene Quellen zitiert: Schwyzer Sagen. Schwyz 1985. Band IV, p. 18.
91) Steinegger, p. 48 ff.
92) Steinegger, p. 59.
93) Steinegger, p. 61.
94) Steinegger, p. 64.
95) Steinegger, p. 68 ff. Vgl. zur Anna-Verehrung in dieser Region: «Gegen Ende des 15. Jahrhunderts geschahen in der Kapelle zu St. Anna im Oberdorf von Pfäffikon auf Anruf der hl. Anna hin Zeichen und Wunder. Der Pfarrer traute der Sache nicht und warnte in Predigten und Gesprächen davor, an Wunder zu glauben. Zwischen ihm und seinen Kirchgenossen kam es darob zum Streit, so dass sich der Rat von Schwyz mit der Schlichtung befassen musste. Der Pfarrer sagte, solche Zeichen seien nicht immer von Gott, sondern Bettler und Buben spielten zu Zeiten aus Gewinnsucht solches den Leuten vor. Einer der Kirchgenossen bestritt das so heftig, dass der Pfarrer in Zorn geriet und erwiderte, wenn es sich wirklich so verhalte, wie vorgegeben werde, bitte er zu Gott und St. Anna, dass er kein Wort mehr reden könne. Sofort fiel der Geistliche in der Ratsstube zu Boden und konnte nicht mehr sprechen. Einige Tage lag er ohne Verstand im Bett. Doch der Pfarrer kam wieder zu Vernunft und Gesundheit und bat St. Anna um Verzeihung.» (Steinegger, p. 186)
96) Steinegger, p. 72.
97) Steinegger, p. 74.
98) Steinegger, p. 79.
99) Steinegger, p. 84.
100) Steinegger, p. 74.
101) Steinegger, p. 76.
102) Steinegger, p. 82.
103) Steinegger, p. 93.
104) Steinegger, p. 96.
105) Steinegger, p. 98.
106) Steinegger, p. 98.
107) Steinegger, p. 113.
108) Corrodi, p. 319.
109) Steinegger, p. 126.
110) Steinegger, p. 128.
111) Steinegger, p. 128.
112) Steinegger, p. 136.
113) Steinegger, p. 146.
114) Steinegger, p. 167.

Kultplätze

1) Walter Drack u.a.: Der Üetliberg. Zürich 1984.
2) Vgl. dazu das männliche Pendant zu dieser Ahnfrau: Der Bölima, der auf dem Uetliberg wohnt und einen Ledersack besitzt. Darin trägt er die unfolgsamen Kinder hinauf in seine Höhle und gibt ihnen Brot zu essen, das aus Hobelspänen gebacken ist. (Vermerk bei Ernst L. Rochholz, Schweizersagen aus dem Aargau. Aarau 1856. Nr. 407, p. 182).
3) Turus sei ein keltischer Personenname. Diese Behauptung ist spekulativ. Vgl. Sigmund Widmer: Zürich – eine Kulturgeschichte. Band 1, Ur- und Frühzeit. Zürich 1975, p. 73.
4) Kurt Derungs: Landschaften der Göttin. Avebury. Silbury, Lenzburg, Sion. Bern 2000.
5) Hans Kläui und Viktor Schobinger: Zürcher Ortsnamen. Zürich 1989.
6) Thomas Gadmer: Namenlandschaft Üetliberg. Zürich 1998. Auch von einem «Vogt Utonus» ist die Rede. Vgl. Sigmund Widmer p. 83.
7) Zürcher Seeufersiedlungen. Sonderheft helvetia archaeologica 45/48. Basel 1981. Vgl. Die ersten Bauern. Pfahlbaufunde Europas, Band 1 und 2. Hrsg. vom Schweizerischen Landesmuseum. Zürich 1990.
8) René Wyss: Wirtschaft und Gesellschaft in der Jungsteinzeit. Bern 1973, p. 65.
9) Emil Vogt, Ernst Meyer, Hans Conrad Peyer: Zürich von der Urzeit zum Mittelalter. Zürich 1971. Die Pfahlbauer – Les Lacustres. Hrsg. vom Schweizerischen Landesmuseum. Zürich 2004.
10) Kurt Derungs: Mythen und Kultplätze im Drei-Seen-Land. Bern 2002.
11) Martin Kerner: Mondhörner. Urgeschichtliche Messgeräte. In: helvetia archaeologica 127/128. Basel 2001.
12) Michael Dames: The Silbury Treasure. London 1976. Kurt Derungs: Landschaften der Göttin. Bern 2000.
13) Kurt Derungs: Struktur des Zaubermärchens I + II. Bern, Hildesheim 1994. Ders.: Amalia oder Der Vogel der Wahrheit. Chur 1994.
14) Marija Gimbutas: Die Sprache der Göttin. Frankfurt 1995. Vgl. Georg Kossack: Studien zum Symbolgut der Urnenfelder- und Hallstattzeit Mitteleuropas. Berlin 1954.
15) Beat Eberschweiler: Ein rätselhafter Holzstab aus dem Zürichsee. In: Archäologie der Schweiz. Basel 1998/21, p. 98-102.
16) Michael Oppitz: Onkels Tochter, keine sonst. Frankfurt 1991, p. 362.
17) Vgl. helvetia archaeologica 134. Basel 2003, p. 52 ff.
18) Heinrich Runge: Wasserkult in der Schweiz. In: Mythologische Landschaft Schweiz. Hrsg. von Kurt Derungs. Bern 1997.
19) Emil Stauber: Sitten und Bräuche im Kanton Zürich. I. und II. Teil. Zürich 1924.
20) Nach E. Stauber, II. Teil.
21) Nach E. Stauber, II. Teil.
22) Nach E. Stauber, II. Teil.
23) Nach E. Stauber, II. Teil.
24) Robert von Ranke-Graves: Griechische Mythologie. Reinbek b. Hamburg 1984.
25) Kurt Derungs: Geheimnisvolles Basel. Bern 1999.
26) Kurt Derungs (Hg.): Mythologische Landschaft Schweiz. Bern 1997.
27) Kurt Derungs: Kultplatz Zuoz-Engadin. Die Seele einer alpinen Landschaft. Bern 2001.
28) Kurt Derungs (Hg.): Keltische Frauen und Göttinnen. Bern 1995.
29) Heide Göttner-Abendroth: Die Göttin und ihr Heros. München 1997. Kurt Derungs: Struktur des Zaubermärchens I + II. Bern. Hildesheim 1994. Edwin O. James: Der Kult der Grossen Göttin. Bern 2003.
30) Paul Bösch: Warum steht das Grossmünster so quer? In: Tages-Anzeiger. Mittwoch, 21. Dezember 1994, p. 15.
31) Hans Hoffmann: Das Grossmünster in Zürich. Teil II. Der Kreuzgang. Zürich 1938.
32) Daniel Gutscher: Das Grossmünster in Zürich. Bern 1983, p. 50 f.

33) Nach Robert von Ranke-Graves: Griechische Mythologie.. Reinbek b. Hamburg 1984.
34) John Meier: Ahnengrab und Rechtsstein. Berlin 1950, p. 62. Ders.: Der Brautstein. Bern 1996 (Reprint).
35) Nach E. Stauber, I. Teil.
36) Kurt Derungs: Mythen und Kultplätze im Drei-Seen-Land. Bern 2002.
37) Nach Ernst L. Rochholz: Schweizersagen aus dem Aargau. Aarau 1856.
38) Nach E. L. Rochholz, Schweizersagen.
39) Johannes Duft: Die Lebensgeschichte der Heiligen Gallus und Otmar. St. Gallen 1988. Alexander Tanner: Römer – Heilige – Alemannen im Zürichbiet. Zürich 1977.
40) Margrit Schmid: Die Wallfahrt zur schwarzen Madonna. In: Schwarze Madonna. Nachlese zu einem Bildungszyklus. Bern 1998.
41) Sigrid Früh und Kurt Derungs: Die Schwarze Frau. Kraft und Mythos der schwarzen Madonna. Zürich 2003.

Zum Autor

Kurt Derungs, geboren 1962, studierte Germanistik, Ethnologie, Geschichte, Sprachwissenschaft und Philosophie. Er promovierte im Bereich Europäische Ethnologie, in historischer Mythologie und Erzählforschung. 1992 Forschungsbericht für das Bundesamt für Umwelt, Wald und Landschaft für ein neues Landschaftskonzept. Entwicklung und Begründung der Landschaftsmythologie. Studienreisen nach Irland, England, Frankreich, Deutschland, Österreich, Kreta, Malta, Zypern, China, Vietnam, Malaysia und Thailand. Exkursionen und Seminare zur Landschaftsmythologie. Gastreferent u.a. bei der Rätischen Akademie (CH), im Centro di Ecologia Alpina (I), Gesellschaft für Erzählforschung (D), Kongress Archäopark (Tirol), Wassersymposium Luzern (CH) oder beim Weltkongress für Matriarchatsforschung (L). Radio- und Filmprojekte zur Landschaftsmythologie der Schweiz. 2002 Konzeption und Realisierung der ersten landschaftsmythologischen Ausstellung «Lenzburg – Landschaft der Göttin» im Museum Burghalde Lenzburg (CH). Entwicklung von Kunstprojekten aus der Landschaftsmythologie heraus. Seit 2003 Dozent an der Hochschule der Künste HKB Bern; Studien- und Forschungsprojekt «Raumgestaltung – Mythenlandschaft. Aufwertung bedrohter Kultplätze im Dreiseenland durch Kunst und Gestaltung». Kurt Derungs lebt und arbeitet in Bern und Grenchen bei Solothurn.

Kurt Derungs

Geheimnisvolles Basel

Sakrale Stätten im Dreiland

Mit über 70 Fotos, Zeichnungen und Grafiken, 220 Seiten

Kennen Sie Basel – mythologisch? Warum steht das Basler Münster in Richtung Sonnenaufgang am 21. Juni? Ist der Münsterhügel ein heiliger Ort, der Rhein ein heiliger Fluss? Warum besitzt Basel den Greif und Basilisk als Tiersymbol? Inmitten einer industrialisierten Stadt finden wir Schritt für Schritt geheimnisvolle Orte und Kultstätten, an denen wir sonst ohne Beachtung vorübergehen.

In einer magischen Hügel- und Flusslandschaft entdecken wir seltsam orientierte Kirchen, alte Steinstätten und Mythensagen, die in Beziehung zur Landschaft stehen. Basel selbst lebt von der Wasserader Rhein und von den traditionellen Kraftorten Münsterhügel, Chrischona, Margarethen und Tüllingen. Aber auch überregionale Beziehungen lassen sich feststellen, indem die Stadt ein Kreuzpunkt im faszinierenden Belchen-System mit seiner heiligen Geometrie ist.

Das keltische Basel vernetzt sich mit weiteren Kultlandschaften wie Pratteln, Augst, Arlesheim oder Mariastein. Sie alle sind ebenfalls Mysterienorte mit naturzyklischen Ritualen im mythischen Jahreskreis. Die naturreligiöse Dimension der Landschaft erklärt die archaischen Volksbräuche und die Spiritualität von Kirchenorten, die besonders im Dreifrauenkult der Region immer wieder auf eine göttliche Ahnfrau hinweisen. Wer auch immer die besonderen Orte von Basel und in der Region Dreiland entdecken möchte und sich für traditionelle Kraftorte im Jura, im Elsass und im Schwarzwald interessiert, wird mit diesem Buch auf Spurensuche gehen können.

edition amalia

Kurt Derungs

Geheimnisvolles Graubünden
Kultplatz Zuoz-Engadin
Die Seele einer alpinen Landschaft

Mit über 60 Fotos, Zeichnungen und Grafiken, 200 Seiten

Das Engadin in Graubünden ist eine der beliebtesten Ferienregionen der Schweiz. Erstmals beschreibt Kurt Derungs die mythologischen Landschaften des Tales und erschliesst Kultplätze im Fextal, in Sils Maria, in St. Moritz oder in Zuoz. Im Vordergrund steht die mythologische Tradition des Oberengadins, das mit sakralen Plätzen im Unterengadin, im Puschlav, im Bergell oder im Münstertal verglichen wird. Dazu verweist der Autor immer wieder auf verzauberte Täler in Graubünden, im Tirol oder im Val Camonica. Dabei entschlüsselt er die Seele der alpinen Landschaften, die er in der «Alten Mutter» der Sagen und Volksüberlieferung vorfindet. Als besondere Sakralstätte entziffert der Ethnologe das landschaftsmythologische System der Region Zuoz, die reich an Brauchtum und Fundstätten ist. Dem Buch mitgegeben ist ein ausführliches Ortsregister und eine Sammlung von zauberhaften Mythenmärchen und Sagen, die das Tal nochmals als Seelenlandschaft beschreiben.

edition amalia

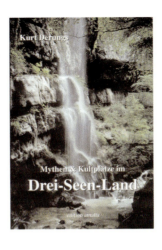

Kurt Derungs

Mythen und Kultplätze im Drei-Seen-Land

Mit über 50 Fotos, Zeichnungen und Grafiken, 240 Seiten

Dieses Buch ist eine «Poesie der Landschaft» – es beschreibt erstmals die mythologische Landschaft des Drei-Seen-Landes am Fusse des Juragebirges. Im Dreieck von Bieler-, Murten- und Neuenburgersee entdecken wir heilige Quellen, Steine und Berge wie den Jolimont mit dem steinernen Thron oder den Mont Vully als Jenseitsparadies. Eine reiche Sagensammlung führt uns zu Kultstätten und Erzählungen von Feen in geheimnisvollen Grotten, zu Berichten von der Drachenschlange Vouivre oder vom Grünen Mann auf der Petersinsel. Dabei entschlüsseln uns die Mythensagen das Drei-Seen-Land als Landschaft der Weissen Göttin, die als Königin Bertha, Stadtgöttin Belena oder in einer Doppelgestalt Ana-Brigit erscheint. Das Buch ist ein mythologischer Reiseführer zu Starken Plätzen, um den Zauber des Drei-Seen-Landes erwandern zu können. Auf dieser Entdeckungsreise erkunden die Lesenden Kindersteine, Brautsteine, Drehsteine, Ahnensteine, Heidensteine, Schalenstein und Menhire. Durch die Erklärungen der Kultplätze, der mythologischen Ortsnamen und der archäologischen Funde führt das Buch schrittweise in die archaischen Spuren der Landschaft ein, die uns in keltische und sogar vorkeltische Zeiten einer faszinierenden Jungsteinzeit und Megalithkultur versetzen. Als ein Höhepunkt gilt die Entzifferung der sakralen Geometrie in den Landschaftstempeln von Biel und La Tène sowie des Steingartens von Yverdon, der eine einzigartige Kultstätte in Europa darstellt.

edition amalia

edition amalia
Bücher, Mythologisch Reisen, Seminare

Bei der edition amalia erscheinen regelmässig Bücher zur
Landschaftsmythologie und Kulturgeschichte.

Beispiele aus unserem Sortiment sind:

Mythologische Landschaft Schweiz
Mythologische Landschaft Deutschland
Magisch Reisen Bern
Mythen und Kultplätze im Drei-Seen-Land
Landschaften der Göttin
Kultplatz Zuoz-Engadin
Steinkultbuch Schweiz
Die Göttin im Labyrinth
Der Baum des Lebens
Das Wasser des Lebens
Raumgestaltung – Mythenlandschaft
Geheimnisvolles Basel

Jährlich führen wir ein Reiseprogramm unter dem Signet *Mythologisch
Reisen*. Die Studienreisen und Exkursionen verdeutlichen anschaulich die
Vielfalt von Mythenlandschaften und bieten eine Einführung in die
Landschaftsmythologie.

Beispiele bisheriger Reisen sind:

Goldener Herbst im Engadin – Mythologische Landschaft Basel –
Landschaftstempel Lenzburg – Wassergöttin Verena/Solothurn – Geheimnisvolles
Zürich – Kultplätze am Bielersee – Schwarze Madonna in Einsiedeln –
Geheimnisvolles Luzern/Rigi – Sagenhaftes Berner Oberland – Kultplatz
Sion/Wallis – Falera und Carschenna in Graubünden – Feen und Steine der
Romandie – Kultplatz Heiden/Appenzell – Dracheninsel Reichenau/Bodensee –
Mysterienort Odilienberg/Elsass

Verlangen Sie Prospekte zu unseren Büchern, Reisen und Seminaren unter:

edition amalia
Breitengasse 32
CH-2540 Grenchen b. Solothurn
Switzerland
Telefon +41 032-653 31 40
Telefax +41 032-653 31 41
Internet www.amalia.ch
Email info@amalia.ch